Mariam führt ein Doppelleben: Zu Hause die folgsame Tochter kurdischer Eltern, in der Welt außerhalb die selbstbewusste »Arab-Queen«, die mit ihrer deutschen Freundin Lena Tanzen geht und Jungs trifft, dies aber durch Lügen vor ihrer Familie zu verbergen weiß. Als der Vater ihr eröffnet, dass ihr Cousin Walid auf dem Weg nach Deutschland ist, um sie zu heiraten, weiß Mariam, dass sie eine Entscheidung treffen muss, an der sie zu zerbrechen droht. Die Journalistin Güner Balci erzählt eindrucksvoll am Schicksal Mariams, wie es ist, in zwei unvereinbaren Welten zu leben – für viele junge muslimische Frauen in Deutschland die bittere Realität – und welchen Preis die Freiheit hat.

»Glaubwürdig im Kampf gegen Gewalt und Rückständigkeit in Migrantenfamilien: Die türkischstämmige Journalistin Güner Balci wuchs selbst in Berlin-Neukölln auf und hat mit ›Arabqueen‹ einen eindringlichen Bericht über Frauenleben im Abseits geschrieben.«
Anna Reimann, Spiegel Online

Güner Yasemin Balci, 1975 in Berlin-Neukölln geboren und aufgewachsen, hat Erziehungs- und Literaturwissenschaft studiert und im Modellprojekt ›Kiezorientierte Gewalt- und Kriminalitätsprävention‹ im sozialen Brennpunkt Neukölln und in einem Mädchentreff mit Jugendlichen aus türkischen und arabischen Familien gearbeitet. Sie war ZDF-Redakteurin und arbeitet heute als freie Autorin und Fernsehjournalistin. ›ArabQueen oder Der Geschmack der Freiheit‹ ist nach ›Arabboy. Eine Jugend in Deutschland oder Das kurze Leben des Rashid A.‹ ihr zweites Buch.

Unsere Adresse im Internet: www.fischerverlage.de

Güner Balci

ArabQueen

oder Der Geschmack der Freiheit

Fischer Taschenbuch Verlag

Veröffentlicht im Fischer Taschenbuch Verlag,
einem Unternehmen der S. Fischer Verlag GmbH,
Frankfurt am Main, Februar 2012

Mit freundlicher Genehmigung der S. Fischer Verlag GmbH,
Frankfurt am Main

Druck und Bindung: CPI – Clausen & Bosse, Leck
Printed in Germany

ISBN 978-3-596-18623-5

Für Neo und Nihat

Inhalt

Anleitung zur Rebellion

Es liegt mehr als zehn Jahre zurück, dass ich die beiden Freundinnen kennenlernte, die die Hauptpersonen der Geschichte sind, die ich hier erzähle. Mariam war damals 18, Fatme 16 Jahre alt. Sie heißen anders, und erst bei mir werden sie zu Schwestern, aber sie waren so, wie ich sie in dieser Geschichte schildere: zwei aufgeweckte, schlagfertige und lebenshungrige Mädchen, beide nicht auf den Mund gefallen, und doch war ihnen auch eine untergründige Traurigkeit zu eigen, eine vage Sehnsucht nach einem anderen Leben. Beide arbeiteten in einer sozialen Einrichtung, kochten und putzten, veranstalteten Grillpartys für Kinder und Jugendliche im Kiez und waren glücklich, dass sie für einige Stunden am Tag befreit waren von dem Käfig ihrer engen und drückenden Familienverhältnisse, von denen ich nach und nach erfuhr. Sie flirteten gern mit Polizisten oder Sozialarbeitern, die in dem Viertel unterwegs waren, und freuten sich an den flüchtigen Bekanntschaften, die dabei entstanden, mussten zugleich aber immer auf der Hut sein, dass keiner aus ihrer Familie, die von Zeit zu Zeit jemanden zur Kontrolle der Mädchen vorbeischickte, davon Wind bekam.

Mariam trat als die Stärkere, die Selbstbewusstere von beiden auf. Nie war sie um einen vorlauten Spruch oder eine ironische, manchmal auch eine rüde und ätzende Bemerkung verlegen. Und sie sah tatsächlich ein bisschen wie eine junge Ausgabe von Penelope Cruz aus. Ich weiß noch genau, wie sehr mich die Energie und die Schönheit, die sie ausstrahlte, von der ersten Begegnung an fasziniert haben. Ohne dass ich ihr viele Fragen stellen musste, erzählte sie mir im Laufe der Jahre ihre Geschichte. Ich merkte, dass es ihr ein großes Bedürfnis war, sich diese von der Seele zu reden; und ich hörte ihr zu, ließ mich von ihr zum Lachen bringen und wurde immer wieder nachdenklich, wenn ich das Gefühl hatte, Mariam versuchte, über Dinge zu lachen, die alles andere als lustig waren.

Zwei Jahre ging es so, dann wurde Mariam schwanger. Fatme arbeitete weiter in der Einrichtung, und Mariam nutzte jede Gelegenheit, um ihre Freundin dort zu besuchen. Wenn wir uns trafen, rauchten wir zusammen eine Zigarette und redeten miteinander, bis Mariam meist hektisch aufstand und sich hastig verabschiedete, weil sie panisch registrierte, dass sie schon viel zu lange von zu Hause weg gewesen war. »Der Penner kommt gleich vom Sport«, sagte sie dann, »und das Essen ist noch nicht fertig!« Der »Penner«, das war ihr Mann, über den sie meist auch nicht besser sprach als über alle Männer. Ihre Verbitterung darüber, dass sie einen Mann hatte heiraten müssen, den ihre Eltern für sie bestimmt hatten, obwohl sie ihn nicht wollte, übertrug sie auf alle Männer. Vielleicht wollte sie sich damit selbst einreden, dass ihr Schicksal auch mit einem anderen Mann nicht erträglicher geworden wäre.

Von den dramatischen Umständen ihrer Verheiratung erfuhr ich erst durch Fatme. Mariam war wochenlang in ihrem Zimmer eingesperrt gewesen, bevor sie mit Jamal verheiratet wurde, den sie nie zuvor getroffen hatte, sondern nur vom Hörensagen kannte. Er war ganz anders als der Mann, von dem sie – wie so viele junge muslimische Frauen – immer geträumt hatte, ein Mann, der sie erlösen würde aus dem Gefängnis familiärer Unterdrückung, ein Mann, der mit ihr vielleicht sogar tanzen oder ins Schwimmbad gehen würde, der ihr erlauben würde, sich nach ihrem eigenen Geschmack zu kleiden, einer Arbeit nachzugehen und eigenes Geld zu verdienen. Ein Mann eben, mit dem man ein gemeinsames Leben aufbauen konnte, das anders war als das, was sie bei ihren Eltern sah.

Aber Jamal wollte von solchen Vorstellungen nichts wissen, er war geradezu durchdrungen von den alten patriarchalischen Geboten: Eine Frau habe auf der Straße nichts verloren, sie solle auch nicht arbeiten gehen, sondern sich um den Haushalt und die Familie kümmern – keine Freunde haben, keine Freizeit, keine Freiheit. Dass Mariam überhaupt arbeiten durfte, hatte sie nur den Auflagen des Jobcenters zu verdanken. Man hätte ihr sonst die Sozialhilfe gekürzt, und auf das Geld, das zum Einkommen der gesamten Familie beitrug, wollte – oder konnte – man dann doch nicht verzichten. Zumindest eine Zeitlang.

Nachdem Mariam ihr erstes Kind bekommen hatte, wurden ihre Besuche im Laden immer seltener, irgendwann blieben sie ganz aus.

Fatme wurde mit ihrem Cousin verheiratet, mit dem sie bis zu diesem Zeitpunkt wie Bruder und Schwester aufgewachsen war. Ihr Vater hatte das mit dem Onkel so ausgehandelt; dass seine Tochter darüber verzweifelt war, scherte ihn nicht. Als Fatme uns von ihrer Hochzeitsnacht erzählte, weinte sie. Ihre Tanten und ihre Mutter hatten vor der Schlafzimmertür gesessen, bis die Brautleute Vollzug melden konnten. Danach habe ihr Mann ihr nicht mehr in die Augen schauen können, und auch Fatme hätte vor Scham sterben mögen. Zwei Wochen später zerstritten sich Vater und Onkel über das Brautgeld, Fatmes Vater beorderte seine Tochter wieder zurück unter sein Dach. Von diesem Tag an galt Fatme als befleckte Frau, die froh sein musste, wenn überhaupt noch ein Mann sie heiraten würde. Inzwischen ist sie wieder verheiratet und erwartet ihr zweites Kind.

Hätte die »Gnade der Geburt« es besser mit den beiden Frauen gemeint, hätten sie gute Chancen gehabt, auch in dieser Gesellschaft »anzukommen«, wie es die Migrationsforscher nennen. Sie waren allemal intelligent genug, um einen guten Schulabschluss zu machen, zu studieren und auch im Beruf erfolgreich zu sein. Fatme wäre vielleicht Modedesignerin geworden, und Mariam hätte ich mir gut als energische und zielstrebige Leiterin eines Kindergartens oder eines Jugendclubs vorstellen können. Sie hatten so viel Energie, dass weder die Armut noch die mangelnde Bildung ihrer Eltern sie daran hätten hindern müssen, zu selbstbewussten Frauen zu werden, die ihr Leben eigenverantwortlich in die Hand nehmen. Sie verfügten durchaus über das »Potential«, wie die Personalberater sagen würden, um diese Gesellschaft mit ihrer Lebenslust, ihren Talenten und ihren Fähigkeiten zu bereichern.

Aber solche Aussichten waren weit entfernt von ihrem wirklichen Leben. Und beide fanden sich im Laufe der Jahre mit dem ab, was ihre Familie und ein patriarchalisches System für sie vorgesehen hatten, in dem die Wünsche und Hoffnungen dieser Mädchen nichts zählten, sondern nur ihre »Jungfräulichkeit«, nur die »Ehre der Familie«, nur die Unterordnung der Frau unter eine von Männern bestimmte Welt.

So einfallsreich die beiden Freundinnen auch waren, wenn es darum ging, sich kleine Freiheiten zu erschleichen, oft heimlich und in ständiger Angst, dabei womöglich doch erwischt zu werden, wenn sie nur teilhaben wollten an dem, was anderen Mädchen ihres Alters erlaubt war, nie konnten sie sicher sein vor der Kontrollwut anderer Familienmitglieder und den Strafen ihrer Väter. Immer wieder versuchten sie, mit solchen Verhältnissen zurechtzukommen, sich anzupassen, sich an die Hoffnung zu klammern, dass es eines Tages ja doch vielleicht anders, nein: besser werden könnte, wenn sie sich fügten, statt aufzubegehren. Der permanente Psychoterror, dem sie unterlagen, hat ihnen nach und nach allen Mut geraubt und sie gebrochen. Sie haben sich, wie die meisten muslimischen Mädchen, in die Unfreiheit gefügt, vielleicht glauben sie inzwischen selbst, dass es ein von Gott gegebenes Gesetz ist, dies zu tun.

Warum sie nicht ausgebrochen sind? Weil die Angst, für immer allein zu sein, für solche Mädchen fast noch schlimmer ist als jede Knechtschaft. Von Geburt an sind sie in einen Familienverbund eingesperrt, der ihnen nie eine eigene, ihren individuellen Möglichkeiten und Vorstellungen entsprechende Entwicklung zugesteht; der sie nie selbst etwas entscheiden lässt, sondern sie einspannt in ein Dickicht aus Verpflichtung und Verboten, das jede Energie, jedes Wollen, jede Lust auf Dauer ersticken kann.

Wir nennen solche Familien verharmlosend »Großfamilien«, oft mit diesem schwärmerischen Unterton, als handele es sich bei ihnen um einen Hort von Geborgenheit, Aufgehobenheit, Verständnis und Nähe. Das ist eine Illusion, die mit dem Leben solcher Mädchen wenig zu tun hat. Ihnen werden von klein auf Pflichten auferlegt, die ihnen häufig selbst noch jede Möglichkeit rauben, zumindest über ein Quäntchen Zeit am Tag selbst zu bestimmen. Ihre Welt besteht meistens aus Lidl, Aldi und dem Kaufhof, sie kennen im Wedding, wo meine Geschichte spielt, vielleicht noch den Humboldthain und die großen Einkaufscenter, aber sie sind noch nie auf dem Berliner Funkturm gewesen, haben noch nie im Wannsee gebadet oder die Reichstagskuppel bestiegen – es sei denn, ein Klassenausflug hat sie dorthin geführt. Und selbst dann ist es fraglich, ob die Mädchen dabei sein durften.

Teilhabe an dieser Gesellschaft? Wir brauchen das alles nicht, sagt Mariams Vater in dieser Geschichte, wir haben ein Dach über dem Kopf und etwas zu essen, seid zufrieden. Für ihn ist jeder Schritt, den seine Töchter in die Welt »der Deutschen« tun, eine »Versuchung« des Teufels, eine Gefährdung. Die Mischung aus archaischer Kultur und angeblich religiösen Geboten, die Mariams und Fatmes Familie – wie viele andere muslimische Familien – beherrscht, ist für die weiblichen Mitglieder ein Gefängnis, das von dem obersten Gesetz geregelt wird: Es gibt für eine Familie keine größere Schande als die selbstbestimmte Frau, besonders wenn diese sich auch noch die Freiheit zu sexueller Selbstbestimmung herausnimmt.

Auch ich bin in einer solchen Umgebung aufgewachsen. Aber die Verhältnisse in meiner Familie waren anders. Mein Vater hat mich nicht geprügelt, meine Mutter hat mich nicht verstoßen, meine zwei älteren Brüder haben mich nicht kontrolliert, mich weder geschlagen noch beleidigt; aber ich habe während meiner sozialpädagogischen Arbeit und in meiner Tätigkeit als Journalistin viele junge Frauen kennengelernt, die in Unfreiheit lebten; die sich den Verboten und Regeln ihrer Familien unterwarfen und dabei kreuzunglücklich, ja, depressiv wurden; Frauen, deren ständiges Streben es war, den Vorstellungen und Ansprüchen ihrer Familien gerecht zu werden, nicht weil es ihnen Freude bereitete, sondern weil sie in großer Angst vor dem sozialen Tod lebten, der sie ereilen würde, wenn sie sich »unehrenhaft« verhielten.

Ein solches Leben wollte ich meiner »ArabQueen« nicht zumuten. Ihre Geschichte sollte besser ausgehen als die ihres realen Vorbilds. Das letzte Mal, als ich Mariam sah, war sie wieder schwanger. Ich traf sie zufällig auf dem Bürgeramt, ihr Kind im Kinderwagen vor sich herschiebend, in Begleitung ihres Mannes. Ihr Kopf war fest eingebunden in zwei Kopftücher, straff und eng bis unters Kinn, sie sah aus wie eine Mumie. Sie trug ein langes Kleid über einer Hose und darüber noch eine Jacke, um alle Körperkonturen zu verdecken. Sie sah blass und grau aus und schaute zu Boden, als sie mich sah, um meinem Blick auszuweichen. Erst als ich auf sie zutrat, schenkte sie mir ein traurig-verkrampftes Lächeln. Noch bevor ich sie wie früher mit einer Umarmung begrüßen konnte, trat ihr Mann mit finsterem Blick dazwischen. Er musterte mich von oben bis unten und schien schnell für sich entschieden zu haben, dass ich kein guter Umgang für seine Frau war. In schroffem Ton wollte er von ihr wissen, wer ich sei, und die Antwort gefiel ihm offensichtlich auch nicht. Erst als ich mich verabschiedete und auch ihm einen schönen Tag wünschte, entspannte er sich ein bisschen. Einige Schritte weiter blickte ich noch einmal zurück, Mariam guckte schnell weg, ich glaube, dass sie sich vor mir schämte. Denn ich hatte dereinst ein so anderes Bild von ihr gewonnen, und sie wusste das. Ihr hellwaches Wahrnehmungsvermögen funktionierte wie in alten Tagen. Aber sonst war nichts mehr da von dem Mädchen, dem einst keine Lüge zu gefährlich gewesen war, um sich aus dem Haus zu schleichen, bei Freunden Kleidung überzustreifen, für die ihr Vater sie krankenhausreif geschlagen hätte; die gewagt hatte, auf die Love Parade zu gehen oder sich heimlich mit Freunden im Park zu treffen. Sie hatte sich offenbar dafür entschieden, ihr Leben, das ihr immer wieder von anderen enteignet worden war, laufen zu lassen, hinzunehmen, was es ihr auferlegte.

Auch Fatme schien um zehn Jahre gealtert zu sein, als ich sie das letzte Mal vor einem Jahr traf. Auch sie trug das Kopftuch eng umschlungen um ihr Kinn, keine Strähne ihrer schwarzen Mähne lugte darunter hervor, und ihre Kleidung glich der einer alten Frau. Sie schlich mit einem Kinderwagen durch die Straße, zum Glück ohne ihren Mann. Als sie mich sah, fiel sie mir um den Hals. Ihre Augen waren geschwollen, sie musste unmittelbar zuvor geweint haben, doch ich sprach sie nicht darauf an. Wir erzählten uns Geschichten von früher, und wehmütig meinte Fatme, dass es die schönste Zeit in ihrem Leben gewesen sei. Sie konnte sich an Einzelheiten und Geschehnisse aus unseren gemeinsam verbrachten Jahren erinnern, die ich längst nicht mehr präsent hatte, und während sie so redete, tat es mir unendlich leid, sie so hoffnungslos zu sehen.

Mariam und Fatme sind nur zwei von Zehntausenden muslimischen Frauen in Deutschland, die nicht frei sind. Sie werden von ihren Familien als Menschen überhaupt nicht wahrgenommen, sie sind immer nur Tochter, Schwester oder Frau, die bevormundet, bestraft und verschachert werden. Sie werden früh verheiratet, damit ihre Jungfräulichkeit – das Einzige, was zählt – bis zur Ehe erhalten bleibt. Ihre eigenen Träume und Wünsche gelten nichts. Von ihrer Familie als Besitz und von der deutschen Gesellschaft oft achselzuckend als »anders«, als fremd oder »rückschrittlich« zur Seite geschoben, führen sie ein trauriges Schattendasein.

Es macht mich wütend, dass es in meinem Land Frauen gibt, die nicht von den Vorzügen der gesetzlich garantierten Gleichberechtigung profitieren, ja, die nicht einmal wissen, welche Rechte sie haben. Es macht mich auch wütend, wenn diese tiefe Zweiteilung der muslimischen Männer- und Frauenwelt von der Mehrheitsgesellschaft immer noch verharmlost wird. Wenn eine »arrangierte Ehe«, die den beiden Freundinnen aufgezwungen wurde, nicht entschieden genug bekämpft wird. Wenn Lehrer an den Schulen es nicht schaffen, gerade den muslimischen Mädchen mehr Selbstbewusstsein zu vermitteln, damit sie mit dem nötigen Rüstzeug versehen werden, sich gegen diese Verschacherung durch ihre Eltern zu wehren. Es sollte zum Pflichtprogramm an den Schulen gehören, dass solche Mädchen aufgeklärt werden über ihre Rechte, dass sie die Organisationen kennen, bei denen sie Hilfe und Unterstützung erhalten können, damit sie wissen, an wen sie sich wenden können, wenn sie bedroht sind.

Zumindest in diesem Buch wollte ich davon etwas einlösen. Ich wollte, dass meine ArabQueen lernt, *ich* zu sagen – dieses wunderbare Wort, mit dem alle Selbstbestimmung anfängt. In den letzten beiden Kapiteln erzähle ich ihre Geschichte so, wie ich sie mir gewünscht hätte – dass sie eine Möglichkeit für sich entdeckt und Hilfe gefunden hätte, um sich dem ihr drohenden Schicksal entziehen zu können. Meine Mariam entscheidet sich nach vielen Zweifeln und Rückschlägen zur Rebellion.

Es ist mein Versuch, mich zu solidarisieren mit den vielen Mariams und Fatmes, die unter uns leben. Sie verdienen eine andere Zukunft als die, in der sie immer wieder in ein fremdbestimmtes Schicksalskorsett gezwängt werden, das ihnen Lügen und ein Doppelleben aufzwingt, um zu überleben; das sie vor die grausame Alternative stellt, die auch meiner Mariam nicht erspart bleibt: entweder fremd in dieser Gesellschaft zu bleiben, entrechtet und entmündigt, oder Abschied zu nehmen von allem, was ihr »Zuhause« ist. Ich möchte ihnen zumindest ein literarisches Vorbild des Aufbegehrens schenken. Denn sie gehören zu uns, sie sind unsere Zukunft. Solange es Menschen gibt, die mit dem Schlimmsten rechnen müssen, wenn sie »nur« frei sein wollen, leben wir alle nicht in einer wirklich demokratisch-zivilen Gesellschaft.

Berlin, im April 2010

Verschwunden

Lena trug ein schulterfreies Sommerkleid, als sie sich an einem frühen Abend im Frühling durch die Menschenmassen vor dem Gesundbrunnencenter im Berliner Wedding drängte. Sie hoffte inständig, dass es nicht Masud sein möge, der die Tür öffnete, wenn sie gleich bei Familie Omar in der Prinzenallee klingeln würde. Sie fürchtete Masud, der ihre Freundschaft mit Mariam gar nicht gern sah, am liebsten würde er seiner Schwester den Kontakt zu der »Deutschen« ganz verbieten.

Als sie schon fast das Ende der Badstraße erreicht hatte, spürte sie, wie sich ihr Magen mit jedem Schritt noch mehr zusammenzog, in der Vorahnung, dass ihr etwas Unangenehmes bevorstand. Aber Lena wollte sich durch nichts mehr aufhalten lassen, sie war fest entschlossen, ihre Ängste zu ignorieren und nach Mariam zu suchen. Schließlich waren schon Wochen vergangen, seit sie ihre beste Freundin, mit der sie sich sonst täglich traf, das letzte Mal gesehen hatte. Auch telefonisch war Mariam nie zu erreichen gewesen. Meistens hatte einer der Männer den Hörer abgenommen, entweder Kamil, Mariams Vater, oder einer ihrer beiden Brüder. Mariam sei entweder nicht da oder habe keine Zeit, lautete die Standardauskunft. Bei ihrem letzten Anruf hatte Masud Lena sogar gedroht: Wenn sie es wage, noch einmal nach Mariam zu fragen, dann werde er persönlich dafür sorgen, dass sie das nie wieder tun würde. Und dann hatte er den Hörer auf die Gabel geknallt.

Lena wusste, wie die Männer in der Familie Omar über die

Freundschaft der beiden jungen Frauen dachten, immer schon hatten sie beide vor Rafi, Masud und Kamil auf der Hut sein müssen. Aber warum schien Mariam sich jetzt mit der über sie verhängten Kontaktsperre abzufinden? Warum ließ sie sich selbst gegenüber ihrer besten Freundin verleugnen? Wollte Mariam nichts mehr von ihr wissen?

Lena verstand das alles nicht. Was war passiert? War es Mariam womöglich ähnlich ergangen wie Zara, einem kurdischen Mädchen, das in demselben Haus wie die Familie Omar wohnte; Mariam hatte Lena erzählt, dass Zara kurz vor Weihnachten von ihren Eltern zu ihrer Tante nach Mardin, in die anatolische Geburtsstadt von Mariams Mutter, geschickt worden und nicht wieder zurückgekommen war – eine Strafaktion, vermutete Mariam, weil Zara von einem ihrer Cousins in einem Club an der Warschauer Brücke erwischt worden war. Wenn Lena von der Vorstellung überfallen wurde, dass auch Mariam von ihren Eltern aus Deutschland abgeschoben worden sein könnte, dann wurden ihr die Knie weich. Sie musste einfach wissen, was mit ihrer Freundin geschehen war.

Eine Woche hatte sie mit sich, ihren Ängsten und der drohenden Demütigung gekämpft und sich dann entschieden, zu den Omars zu gehen. An diesem Samstagabend hatte sie endlich den Mut dazu gefunden – ein Tag, den sie bewusst gewählt hatte. Denn samstags waren Masud und Rafi meist im Gemüseladen ihres Onkels, wo sie helfen mussten, den Andrang zum Wochenende zu bewältigen. Sie sollten die Regale nachfüllen, das von den Kunden zerpflückte Gemüse wieder neu arrangieren, die Äpfel zu einer Pyramide auftürmen und darauf achten, dass auf den Boden gefallenes Obst nicht zu bunten Matschpfützen zertreten wurde, sondern im Komposteimer landete. Ihr Onkel Hamed konnte grob werden, wenn die beiden den Laden nicht in Ordnung hielten.

Viel verdienten sie dabei nicht. Seit Hamed den ersten großen Halal-Lebensmittelladen im Wedding aufgemacht hatte, sei er ein Geizkragen, hatte Mariam erzählt, einer, der jeden gern anschnorrte, obwohl er mit dem Laden sehr gut verdiente. Hamed hatte vorher einige Jahre bei der Wal-Mart-Kette in der Obst- und Gemüseabteilung gearbeitet und gesehen, wie die Deutschen mit Fleiß, Sparsamkeit und Ordnung diesen Laden florieren ließen. Die konnten das. Er aber auch. Er würde es ihnen zeigen. Und so mussten sich Rafi und Masud fleißig nach Tomaten, Kiwis und Pflaumen bücken und auch noch bescheiden »Danke« sagen, wenn ihr Onkel um zehn Uhr bei Ladenschluss auf der Bildfläche erschien, um jedem der beiden widerwillig zwanzig Euro in die Hand zu drücken. Nie vergaß er dabei, sie zu ermahnen, den Boden noch zu wischen, bevor sie gingen. Oft hatten Mariam und Lena die beiden an solchen Samstagen heimlich von der anderen Straßenseite aus beobachtet und sich darüber lustig gemacht, dass die sonst so coolen Brüder in ihren viel zu großen hellgrauen Kitteln wie Spießbürger aussahen. Und vor ihrem Onkel kuschten sie. Denn wenn er sich bei ihrem Vater über die beiden beschwerte, gab es Stress zu Hause.

Aber solche gemeinsamen Abende waren Vergangenheit. Mariam war spurlos von der Bildfläche verschwunden. Jetzt musste Lena endlich herausfinden, ob sie überhaupt noch hier war. Mariams Vater Kamil würde, wie jeden Samstagabend, im Männer-Café sein, da war sich Lena sicher. Um 12 Uhr mittags verließ er die Wohnung und ging ins Café, wo er mit anderen Männern aus seinem Heimatdorf arabisches Fernsehen guckte. Bis Mitternacht saß er sich dort den Hintern platt – man konnte die Uhr danach stellen. Lena kannte den Tagesablauf der Männer der Familie Omar genau, schließlich war sie die letzten drei Jahre – seit sie und ihre Eltern aus Paris hier in eine große Dachgeschosswohnung im Wedding gezogen waren – fast jeden Tag mit Mariam zusammen gewesen.

Ihre Herz pochte, und ihr Atem ging schneller, als sie endlich den Klingelknopf drückte, sekundenlang hielt sie die Luft an, um genau herauszuhören, wer oben an der Gegensprechanlage antwortete. Zu ihrer großen Erleichterung hörte sie die Stimme von Mariams Mutter. Lena hastete die Treppen in den fünften Stock hoch, drehte sich schnell noch einmal um, als müsse sie sich vergewissern, dass ihr auch wirklich niemand gefolgt war, und stieß dann die angelehnte Wohnungstür auf.

***

Hawwa stand in der Küche und war gerade dabei, einen Stapel bauchiger Teegläser zu spülen. Die kleine runde Frau mit den ungewöhnlich groben Händen und einem von vielen Furchen durchzogenen Gesicht, das eng von einem weißen Kopftuch umrandet war, hatte sichtlich Mühe, mit ihren Pranken den Schwamm in die schmale Öffnung der Gläser zu zwängen. Lena beobachtete sie einen Augenblick dabei, bevor sie schüchtern ihre Hilfe anbot. Aber Hawwa beachtete sie gar nicht, sie keuchte und fluchte leise vor sich hin, hob nur einmal kurz den Blick von dem überfüllten Spülbecken, um sich gleich darauf wieder in den Abwasch zu vertiefen – als zöge sie eine unsichtbare Wand zwischen sich und der deutschen Freundin ihrer Tochter. Die existierte für sie gar nicht.

Lena war unschlüssig, was sie tun sollte. Ziellos schweifte ihr Blick über die Wände der Küche, an denen drei verschiedene Tapeten hingen, Restposten, die in den Ecken Falten warfen; auf dem Herd kochte Wasser in einem großen Topf, Dampf perlte in feinen Tropfen vom beschlagenen Fenster.

Als Hawwa den Blick in ihrem Nacken nicht mehr ertragen konnte und sich ruckartig umdrehte, rutschte sie auf dem selbstgehäkelten Fischteppich aus, der sich über die ganze Länge der Küche erstreckte – wenn Lena sie nicht aufgefangen hätte, dann läge Hawwa jetzt mit dem Gesicht nach unten auf den grünen Kiemen. Doch statt dankbar reagierte die kleine Frau wutentbrannt, in ihren Augen war Lena an dem Missgeschick schuld, ohne die Fremde in ihrer Küche wäre das nicht passiert.

»Was willst du hier? Mariam nix Zeit. Nix Mariam, kein Mariam, du verstehst?«

Diese Küche, dachte Lena, ist wahrlich kein Ort, um freundliche Gespräche miteinander zu führen, eher macht er stumm, hier wird gegessen, nicht geredet, und gearbeitet – zumindest von den Frauen. Noch nie hatte sie Kamil oder einen der Söhne der Familie in der Küche arbeiten sehen. Die saßen, wenn sie zu Hause waren, im Wohnzimmer. Oft hatte Lena mit Mariam und deren jüngerer Schwester Fatme an dem Küchentisch gehockt, aber wehe, wenn die Mädchen dabei lachten oder laut redeten. Dann stand Kamil in der nächsten Minute vor ihnen und ermahnte sie, Gottes Gaben zu würdigen, still zu sein und sich mit dem Essen zu beeilen, sonst würden die Arme der Engel erlahmen, die unsichtbar ihre Tafel trugen. Das Einzige, was Lena bei solchen Moralpredigten verstand, war das Wort »Allah«, das er wieder und wieder mit finsterem Blick in feierlicher Tonlage fallen ließ. Sie musste sich dann jedes Mal zusammenreißen, um nicht loszuprusten, so komisch wirkte Kamil dabei. Meistens kassierte sie in solchen Momenten einen heftigen Fußtritt von Mariam unter dem Tisch, der sie vor Schmerzen aufschreien ließ, was den irritierten Kamil aus der Küche vertrieb.

Solche Erinnerungen gingen Lena durch den Kopf, als sie

ratlos vor Hawwa stand und hoffte, dass im nächsten Moment Mariam aus einem der Zimmer treten würde, um der unbehaglichen Situation ein Ende zu machen.

»Ist Mariam denn zu Hause?«

»Ja. Was du wollen von Mariam?«

Hawwa guckte grimmig, als von Lena keine Antwort kam. Dann ging sie an Lena vorbei, die nackten Schultern des Mädchens mit einem verächtlichen Blick streifend, und klopfte leise an die Tür des Zimmers, das Mariam sich mit Fatme teilte. Ein kaum wahrnehmbares »Ja« war von drinnen zu hören.

Vorsichtig, als fürchtete sie, ein schlafendes Baby zu wecken, öffnete Hawwa die Tür zum Zimmer ihrer Töchter. Fast wäre Lena in Tränen ausgebrochen, als sie ihre Freundin zusammengekauert auf dem Bett sitzen sah. Wochen waren vergangen, in denen sie Mariam nicht gesehen hatte, Wochen, in denen sie nicht einmal mehr wusste, ob sie überhaupt noch ihre Freundin war oder ob Mariam sich zurückgezogen hatte, weil sie beide vielleicht doch zu verschieden waren. In der letzten Zeit hatten sie sich häufiger gestritten. Lena hatte sich zunehmend geärgert, dass Mariam immer, wenn sie beide verschiedener Meinung waren, betonte, dass Lena »eben eine Deutsche« sei. Es gab so viel, was sie miteinander teilen konnten, doch das Trennende war ihnen auch bewusst geworden.

In den letzten Wochen hatte Lena viele Abende mit ihrer Mutter Mechthild über die Gründe von Mariams Verschwinden gerätselt. Mechthild hatte sich an den Küchentisch gesetzt, war ihrer Tochter aber bei solchen Gesprächen keine Hilfe, weil sie nichts anderes dazu beizutragen wusste als die üblichen Beschwichtigungen: »Mariam wird schon wieder auftauchen, Lena. Vielleicht ist sie nur verreist. Oder sie hat einen jungen Mann kennengelernt. Oder ihr Handy verloren.«

Lena wusste es besser. Mariam verreist? Mechthild hatte ja keine Ahnung von den Verhältnissen der Familie Omar, wo für Reisen der Kinder bestimmt kein Geld vorhanden war, und schon gar nicht würden Mariams Eltern erlauben, dass ihre Tochter allein verreiste.

Lena quälte die Frage, ob sie selbst zum Verschwinden ihrer Freundin beigetragen hatte. Vielleicht hatte sie Mariam verprellt, weil sie in einem ihrer Streitgespräche offen bekannt hatte, sie glaube nicht an Gott. Mariam hatte damals, wie es ihre Art war, ihre pechschwarzen Haare, die von einem weißen Gummiband zusammengehalten wurden, in heftigem Unmut erst über die linke, dann über die rechte Schulter geworfen – ihre übliche Reihenfolge, wenn sie sehr erregt war. Lena kannte diese Geste. Oder hatte Mariam die Heimlichtuerei vor ihren Eltern und Brüdern nicht mehr ausgehalten, die auf keinen Fall wissen durften, dass Lena und sie zuweilen am Potsdamer Platz abhingen und vor einiger Zeit sogar zusammen mit Mariams Tante Hayat heimlich in einem Club in Berlin-Mitte gewesen waren? Hatte irgendjemand sie, trotz aller Vorsicht, die sie an den Tag legten, dabei gesehen?

* * *

Die vielen Fragen, die Lena in der letzten Zeit so beschäftigt hatten, lösten sich in Luft auf, als sie Mariam in dem dunklen Zimmer auf dem Bett hocken sah, das aus mehreren übereinandergestapelten Matratzen bestand. Wie sie da saß, die Arme um die Beine geschlungen, den Kopf seitlich auf die Knie gelegt und mit ihren großen Augen verzweifelt zu ihrer Freundin aufblickte, wirkte sie auf Lena wie ein hilfloses Kind, das sich schämte, weil es irgendetwas verbrochen hatte.

Das stumme Einverständnis, das sich bei diesem Anblick

zwischen ihr und Mariam einzustellen schien, wurde jäh unterbrochen, als Hawwa plötzlich eine arabische Schimpfkanonade auf ihre Tochter niederprasseln ließ; und noch bevor Mariam darauf antworten konnte, knallte die Mutter fluchend die Tür hinter sich zu und stapfte in die Küche, wo sie kurz darauf unüberhörbar mit dem Geschirr herumpolterte.

»Deine Mutter ist sauer auf mich, stimmt's? Ich hätte nicht kommen sollen, ich mach dir nur noch mehr Ärger.«

Ohne zu antworten, erhob sich Mariam von ihrem Lager, nahm einen Teller voller Pfannkuchen, der neben dem Bett auf dem Tisch stand, und ging damit auf Lena zu.

»Hier, nimm einen, die sind lecker. Ich will die nicht. Sonst sehe ich bald aus wie die Frau vom Dönerverkäufer, die sich immer in das viel zu kleine Auto quetschen muss. Weißt du noch, wie wir die auf dem Klo beobachtet haben, wo sie fast nicht durch die Tür passte?«

Mariam hielt Lena den Teller mit der Pfannenkuchenpyramide unter die Nase, klopfte dabei mit ihrem Fingernagel auf die glänzende Zuckerglasur und lachte leicht hysterisch.

»Mariam, lass doch mal die blöden Pfannkuchen! Ich will wissen, warum du dich seit Wochen nicht mehr bei mir gemeldet hast. An dem Montag, als wir verabredet waren, hast du mich einfach vor dem Kino warten lassen und nicht einmal angerufen. Und jetzt tust du so, als sei nichts gewesen. Deine Mutter behandelt mich, als hätte ich eine ansteckende Krankheit, und Masud hat angekündigt, mir die Fresse zu polieren, nur weil ich am Telefon nach dir gefragt habe. Und du sitzt hier und machst dir Gedanken über deine Figur? Das glaub ich einfach nicht. Was ist los?«

»Nichts! Was soll schon los sein? Ich hab einfach keine Lust mehr, jeden Tag auf der Straße herumzuhängen. Ich bin kein kleines Kind mehr, das sich den ganzen Tag mit anderen Kindern herumtreibt. Ich möchte jetzt mehr bei meiner Familie sein, ist das denn so schlimm? Ich kann doch machen, was ich will. Bei uns ist das eben so, dass man viel Zeit mit der Familie verbringt. Euch Deutschen ist die Familie ja nicht so wichtig, ihr könnt das deshalb auch nicht verstehen. Und was Masud betrifft: Der ist immer so, nicht nur zu dir, der meint das nicht so, es ist halt seine Art. Auf Kino hatte ich damals keine Lust, und anrufen konnte ich dich nicht, weil ich kein Guthaben mehr auf meinem Handy hatte. So, muss ich dir jetzt noch mehr erklären, oder reicht das?«

Schweigen. Obwohl draußen die Abendsonne noch Helligkeit spendete, war es im Zimmer düster, nur einige dünne Strahlen drangen durch die schmalen Ritzen der heruntergelassenen Rollläden. Wäre Lena einige Minuten früher ins Zimmer getreten, hätte sie Mariam dabei ertappt, wie sie sehnsüchtig durch die kleinen Schlitze spähte in der Hoffnung, da draußen irgendein vertrautes Gesicht zu entdecken. Als Hawwa geklopft hatte, war ihre Tochter schnell aufs Bett gesprungen. Niemand sollte wissen, wie gern sie dieses Zimmer verlassen würde, diese dunkle, vom Leben abgeschnittene Höhle, in der sie kaum atmen konnte. Solange sie nicht zeigte, wie sehr ihr dieses Gefängnis zusetzte, würde niemand erfahren, dass sie schwächer war, als sie sich gab. Keiner musste wissen, wie oft sie von dem Wunsch gepackt wurde, allem ein Ende zu setzen, Schluss zu machen. Ihr Stolz war in dieser Situation der einzige Halt, den sie hatte.

»Ach, Mariam, mach mir doch nichts vor! Ich kenne dich doch. Wie redest du denn? Das erinnert mich an damals, als wir an die Ostsee fahren wollten und deine Eltern dir das verboten haben. Du hast mir weismachen wollen, dass du nicht in den Osten wolltest, weil du Angst vor Neonazis hättest. Hast du wirklich geglaubt, ich kauf dir diese Ausrede ab? Da hatte ich dich doch schon ganz anders erlebt! Weißt du noch, wie ich dich kaum zurückhalten konnte, als du dich am Alexanderplatz wie eine Irre auf die zwei Typen stürzen wolltest, weil der eine weiße Schnürsenkel in seinen Dogs hatte? Die beiden haben sich sofort aus dem Staub gemacht, obwohl sie uns nicht einmal angemacht hatten. Versuch bloß nicht, mir wieder irgendeine Geschichte aufzutischen!«

»Lena, du bist nicht meine Mutter! Ich will nicht, dass du mir nachspionierst. Ich hab dir nichts zu sagen. Wenn du magst, kannst du einen Pfannkuchen essen, und wir trinken noch einen Tee zusammen; wenn du das nicht willst, wünsche ich dir einen schönen Tag. Grüß deine Eltern von mir, und sag ihnen, ich werde bald heiraten. Wenn es soweit ist, schicke ich euch eine Einladung.«

Lena fiel aus allen Wolken: Mariam und heiraten? Sie war gerade achtzehn! Aber noch bevor sie sich wieder gefasst hatte, ertönte eine Stimme aus der anderen dunklen Ecke des Zimmers. »Du könntest sie auspeitschen, und sie würde doch nicht zugeben, dass sie unglücklich ist«, raunte Fatme verächtlich von ihrem Matratzenstapel herüber. Lena bemerkte sie erst jetzt, denn bisher hatte sie sich ganz auf Mariam konzentriert. »Aber du hast recht, Lena: Sie lügt, wir lügen alle, was sollen wir auch anderes tun? Was hast du davon, wenn du weißt, dass sie nicht tun will, was sie jetzt tun soll? Bildest du dir ein, sie retten zu können? Unser Leben ist anders, das wirst du nie verstehen, du bist eine Deutsche. Ihr habt doch eine schöne Zeit gehabt, Mariam und du, ihr könnt zufrieden sein, dass ihr so viel zusammen machen konntet. Aber jetzt ist Mariam kein Kind mehr, das Leben ändert sich. So ist das bei uns.«

Lena ärgerte sich über die altklugen Bemerkungen von Fatme. Hatte die sich auch so verändert? Fatme war diejenige gewesen, die in der ersten Zeit, als Mariam noch ganz misstrauisch und ablehnend gewesen war, dafür gesorgt hatte, dass Lena nicht völlig abblitzte. Oft genug hatte Fatme selbst gegenüber ihrer Schwester Partei für Lena ergriffen. Und immer wenn Mariam und Lena zusammen am Gesundbrunnencenter abhingen, den Jungs nachpfiffen und Pläne ausheckten, wie sie der Geliebten vom Fahrschullehrer Farid eins auswischen könnten, weil diese »Hure«, wie Mariam sie nannte, »diese allerletzte Schlampe« keine Rücksicht darauf nahm, dass Farid Frau und Kinder hatte, war Fatme Punkt sechs Uhr angerannt gekommen, um Mariam nach Hause zu holen, bevor Masud nach ihr suchte. Ihr Kopftuch, das sie eines Tages plötzlich zu tragen angefangen hatte, war dabei immer leicht nach hinten gerutscht, weil sie so schnell rannte, um ihre Schwester vor den Ohrfeigen des Bruders zu bewahren. Und jetzt, dachte Lena, sitzt sie hier auf einem Stapel verschlissener Matratzen und hält mir eine Predigt. Sie war kurz davor, Fatme zu packen und kräftig durchzuschütteln, um das liebenswerte offene Mädchen wiederzukriegen, das sie dereinst kennengelernt hatte.

Es war ein deprimierendes Gefühl, das sie schon öfter befallen hatte, nein, es war Gewissheit, dass sie nicht dazugehörte, nicht teilhaben konnte an dem, was Mariam und Fatme verband. Von Anfang an, seit sie die Mädchen kannte, hatte sie das so empfunden, schon damals, an dem Tag, als sie und ihre Eltern mit dem großen Umzugswagen mitten im Weddinger Kiez gelandet und den beiden Schwestern zum ersten Mal begegnet waren. Lena dachte nicht gern an den Tag zurück, er verband sich mit unangenehmen Erinnerungen: Die Schwestern und ihre beiden Brüder hatten sie verhöhnt, sich über sie lustig gemacht und sie gedemütigt. Auch wenn diese Geschichte jetzt schon einige Jahre zurücklag, konnte Lena das Gefühl der Wehrlosigkeit und des Ausgeschlossenseins, das sich damit verband, nicht vergessen.

»Soll ich dir mein Hochzeitskleid zeigen?« Noch bevor Lena irgendetwas sagen konnte, öffnete Mariam schon den Schrank, aus dem ein bonbonrotes Kleid wie ein riesiger Berg Zuckerwatte hervorquoll, von dem funkelnde Pailletten abfielen und sich auf dem grauen Teppich sammelten.

»Das ist Hayats Brautkleid gewesen, und die hat es von ihrer Cousine aus Syrien bekommen; muss nur noch gereinigt und vielleicht ein bisschen enger gemacht werden, damit Mariams Hintern zur Geltung kommt«, kommentierte Fatme. »Es gibt ja sonst nichts zu sehen bei so viel Stoff. Ich hätte ja ein schulterfreies Kleid schöner gefunden, aber Baba würde uns umbringen.« Fatme lachte schrill, als sie Mariam das Kleid aus der Hand zerrte und damit vor dem langen schmalen Spiegel posierte, durch den sich ein langer Riss von oben bis unten zog.

Lena konnte sich einfach nicht vorstellen, dass Mariam freiwillig dieser Heirat zustimmte, schon gar nicht in einem solchen Bonbonkleid. Mariam musste das Kleid doch einfach scheußlich finden! Wenn sie eins der von ihr bevorzugten knappen Fummel von Mango trug, wie bei ihrem heimlichen Ausflug in den Club, war Mariam eine auffällige Erscheinung, so etwas wie eine jüngere Ausgabe von Penelope Cruz, fand Lena; die Männer drehten sich zweimal nach ihr um, wenn sie sie sahen, selbst wenn sie in Pluderhosen, die Haare zu einem zotteligen Zopf zusammengebunden, auf der Bildfläche erschien, um den Müll zu entsorgen.

»Ich verstehe das alles nicht. Warum weiß ich nichts von deiner Heirat? Du hast mir doch sonst immer alles erzählt.« Vorwurfsvoll blickte Lena zu Mariam, während Fatme sich inzwischen – völlig entrückt – mit dem Kleid an den Bauch gepresst vor dem gesprungenen Spiegel hin und her wiegte. »Ich wusste gar nicht, dass du dich verliebt hast. Da muss die Liebe ja wie ein Blitz eingeschlagen haben, wenn du dich deswegen seit Wochen nicht mehr meldest. Wer ist denn dieser Supermann?«

»Na, ein Schwanzgesteuerter!«

»Waaas?«

»Ich sagte: ein Schwanzgesteuerter! Einer, der mein Foto gesehen hat. Einer wie alle Männer. Ist doch egal.«

Mariams und Fatmes grobe Wortwahl, wenn sie über Männer redeten, hatte Lena schon immer verstört. Sie hatte sich erst daran gewöhnen müssen, dass Jungen und Männer für die beiden muslimischen Mädchen eine Spezies waren, die sich vom Urmenschen nur darin unterschieden, dass das eine oder andere zeitgenössische Exemplar besser gekleidet war.

»Hier, nimm doch einen Pfannkuchen, wir haben ein bisschen Eierlikör reingetan, hat meine Mutter gar nicht bemerkt, ist eigentlich *haram.*« Mariam kicherte und stopfte sich beherzt einen Krapfen in den unnatürlich weit aufgerissenen Mund.

***

Lena spürte, dass etwas nicht stimmte. Mariam kam ihr so unecht vor, so verloren, so völlig neben sich. Mit den dunklen Ringen unter den Augen, dem leichtverquollenen Gesicht und den angeknabberten Fingernägeln wirkte sie so ähnlich wie damals, in den Tagen, nachdem sie zum ersten Mal in ihrem Leben mit Lena und ihren Eltern im Theater gewesen war. Lenas Vater Pierre hatte Kamil endlich einmal überreden können. Ein Theaterbesuch, hatte Pierre gesagt, sei doch für ihre beiden Töchter sehr wichtig, sie müssten doch teilnehmen an der Kultur dieser Stadt. Erstaunlicherweise hatte Kamil zugestimmt. Vermutlich hatte Pierres Zusage, Kamil seinen Citroën für den Transport alter Autoreifen zu überlassen, den Ausschlag gegeben. Die Bilanz dieses Deals war jedenfalls ein staubtrocken leergefahrener Tank gewesen, eine Anzeige für Rafi wegen Fahrens ohne Führerschein und nur noch zehn Euro in Kamils Portemonnaie, weil er einer jungen Frau Starthilfe gegeben und die Reifen am Straßenrand liegengelassen hatte.

Aber gemeinsam hatten Mariam und sie mit Lenas Eltern einen wunderbaren Abend im Deutschen Theater erlebt. Es gab eine Inszenierung von Lessings »Nathan der Weise«; der Regisseur hatte das Stück in eine zeitgenössische Kulisse versetzt. Der junge Tempelritter wurde von einem Schauspieler dargestellt, der für Mariam in seiner Attraktivität gleich nach Brad Pitt kam. Vor dem ersten Akt hatte Pierre den Mädchen zur Feier des Tages ein Glas Sekt spendiert, der Mariam schon nach dem zweiten Schluck so zu Kopf gestiegen war, dass sie während der Vorführung gluckste und kicherte und Lena ihr den Mund zuhalten musste, damit sie nicht alle aus dem Saal flogen.

Was danach bei den Omars zu Hause passiert war, wusste Lena nicht. Kamil hatte ihnen noch höflich die Tür aufgemacht, als sie seine Tochter, wie von Pierre zugesichert, bis vor die Wohnungstür brachten, und noch einen schönen Abend gewünscht. Bevor er die Tür verriegelte, hatte die beschwipste Mariam Pierre eine unschuldige Kusshand zugeworfen; Lena war nicht entgangen, wie sich Kamils Augenbrauen dabei finster zusammenzogen und wie er argwöhnisch die Luft durch die Nase zog, als sich Mariam an ihm vorbei durch die Wohnungstür drückte. Lena konnte nicht wissen, dass Kamil ein hochentwickeltes Gespür für Verbotenes hatte, zumal seine Nase ihn unzweifelhaft wissen ließ, dass seine Tochter Alkohol getrunken hatte. Kaum hatten sich Pierres und Lenas Schritte auf der Treppe entfernt, traf der erste Schlag Mariam so heftig, dass ihre Oberlippe aufplatzte und ihr einziges Mango-Shirt, für das sie Geld von Rafi erbettelt hatte, mit Blutspritzern besudelt war. Das Shirt ist ruiniert, schoss es Mariam wehmütig durch den Kopf.

Danach war sie drei Tage lang nicht zu sehen und nicht zu sprechen gewesen. Auf die Frage, was denn geschehen sei, hatte sie nur ausweichend geantwortet, aber Lena war der leere, traurige Blick in Mariams Augen nicht entgangen.

***

»Ist einer deiner schwachsinnigen Cousins aus dem Libanon der Grund dafür, dass du dich nicht mehr bei mir meldest? Wegen eines solchen Kameltreibers lässt du, die Frau, der keiner gut genug war, mich plötzlich hängen?« Lenas Gesicht war rot vor Zorn, während Mariam und Fatme sich über ihren Wutausbruch lustig machten. »Wisst ihr was? Ich hab jetzt keine Lust mehr auf euer Theater, ich gehe. Und wenn du runter bist von deinem Trip, Mariam, weißt du ja, wo du mich findest.«

Streng fixierte Lena Mariams Blick in der Hoffnung, aus diesen schwarzen Augen das Geheimnis herauslesen zu können, das Fatme und Mariam nicht preisgeben wollten, das aber schwer im Raum lastete, so drückend, dass Lena das Gefühl hatte, es lege sich wie eine Zentnerlast auf ihren Brustkorb. Doch Mariam hielt ihrem Blick stand, zog sich dann betont gleichmütig ihren langen Blumenrock über die Knie, rückte ihre Latschen zurecht, die sie unter den Tisch geschoben hatte, und ging mit einem milden Lächeln auf Lena zu.

»Geh jetzt lieber, mein Vater kommt bestimmt gleich nach Hause, und wir sind froh, wenn heute mal kein Stress ist. Ich melde mich bei dir, mach dir um mich keine Sorgen.«

»He, Lena«, rief Fatme ihr noch nach, »guck doch bitte, ob Masud und Rafi noch im Laden sind. Dann schick mir eine SMS, oder lass mein Handy kurz klingeln. Ich muss nämlich noch was erledigen!«

Kopfschüttelnd verließ Lena das Zimmer der Mädchen, schlich an Hawwa in der Küche vorbei, die gerade ihr Münzgeld im Portemonnaie zählte, und zog dann, ohne sich zu verabschieden, die Wohnungstür hinter sich zu. Für einen Moment blieb sie im muffigen Treppenhaus stehen, spürte erleichtert den kühlen Abendwind und konnte es noch immer nicht fassen, dass Mariam wirklich heiraten würde.

Auf der Millionenbrücke machte sie noch einmal kehrt und ging zurück zu Onkel Hameds Fruchtoase – fast hätte sie Fatmes Bitte vergessen. Da saßen die beiden Brüder auf umgestülpten Obstkisten im schummrigen Licht einer Straßenlaterne und aßen ihre Döner. Es würde noch dauern, bis sie nach Hause kämen, Fatme würde Zeit genug haben, um zu erledigen, was immer sie zu erledigen hatte, dachte Lena. Sie würde wie üblich irgendeinen Grund erfinden, um das Haus verlassen zu dürfen, und würde dann ins Internetcafé hasten, um mit ihrem Liebsten zu chatten. Lena wusste, dass Fatme in Mano verliebt war, den Jungen aus der Putbusser Straße 72, der mit seiner Latino-Mutter und drei jüngeren Brüdern vor einem Jahr aus Hamburg-Billstedt zugezogen war.

Lena spukte Fatmes Satz im Kopf herum: »Wir lügen alle, was sollen wir auch anderes tun?« Der Satz ließ sie einfach nicht los. Nicht nur für Fatme, auch für Mariam hatte Lena oft lügen müssen, damit die beiden sich ihre kleinen Freiheiten erschleichen konnten. Es hatte sie einige Überwindung gekostet, Kamil die Unwahrheit mitten ins Gesicht zu sagen, als er sie einmal auf der Straße traf und fragte, wo Mariam sei, und sie ihm weismachte, seine Tochter habe einen Termin beim Arbeitsamt. Dabei saß Mariam gerade im Tattoo-Studio und ließ sich eine dicke Nadel durch die Bauchdecke jagen. Sie war die Erste unter den muslimischen Mädchen, die ein Bauchpiercing hatte, das sie vor Eltern und Brüdern sorgsam verborgen hielt. Das Schwindeln musste Mariam mit Lena wieder und wieder üben, bis sie so gut trainiert war, dass sie vielleicht sogar einem Lügendetektor standgehalten hätte. »Du darfst nicht wegschauen, wenn er dich anguckt und etwas fragt, bilde dir einfach ein, dass die Lüge die Wahrheit ist, so mache ich es auch immer, das ist das Beste. Dann glaubst du nämlich selbst, was du sagst, und dann ist es auch keine Lüge mehr.« Lena gewöhnte sich daran zu lügen, sie entwickelte sogar einen gewissen Ehrgeiz, als gute Lügnerin zu bestehen; nur manchmal, wenn sie sich dabei erwischte, wie sie ihre Eltern belog, einfach so, aus Gewohnheit, dann hatte sie ein schlechtes Gewissen.

Als sie jetzt ihr Handy aus der kleinen Stofftasche zog, die Mariam ihr genäht und mit bunten Perlen bestickt hatte, um eine SMS für Fatme einzutippen, entdeckte sie überrascht eine SMS von Mariam, die zwar von Fatme geschickt worden war, aber von Mariam stammte: »Tut m leid, aber brauchst d keine Sorgen machen. Ist alles in Ordnung, i melde m, wenn i wieder mehr Zeit habe. LG. Mariam.«

Das war das Letzte, was Lena von Mariam hören sollte.

Willkommen im Wedding

Wenn Lena daran zurückdachte, wie sie Mariam kennengelernt hatte, wunderte sie sich immer wieder aufs Neue, wie aus ihnen beiden Freundinnen hatten werden können.

Lena war gerade 15 geworden, als sie, aus Paris kommend, knapp an der neuen Mitte Berlins vorbei, im Wedding landete, wo die Straßen so bunt und die Mieten so niedrig waren, dass ihr Vater Pierre einem beruflichen Angebot aus Berlin nicht hatte widerstehen können. Dass auch Mechthild sofort einverstanden war, hatte Pierre überrascht. Denn Paris hatte Mechthild dereinst magisch angezogen, eine andere Stadt war für sie als Malerin kaum in Frage gekommen. Aber Berlin schien ihr jetzt durchaus attraktiv – ein hipper Ort, an dem sich viel bewegte. Davon versprach sie sich Inspiration. Und so hatten sie und Pierre den Umzug lange geplant, ohne dass Lena davon wusste. Als ihre Tochter die Neuigkeit erfuhr, versicherten sie ihr wieder und wieder, sie dürfe in den Ferien, so oft sie wolle, nach Frankreich fliegen, um ihre Freunde zu besuchen. Lena wusste es besser: Dieser Abschnitt ihres Lebens war beendet.

Sie war gar nicht allzu unglücklich, Paris zu verlassen. Denn der Abschied fiel in die bitterste Phase ihrer Trennung von Jean Ribet, dem Schönling der Schule, der sie mit seinen zirkusreifen Kunststücken auf dem Skateboard betört, aber nach nur einem Monat mit Nadine, Tochter eines reichen Unternehmers, aus der Parallelklasse betrogen hatte.

Das allein war schon schlimm genug gewesen, hinzu aber kam, dass die ganze Schule von dieser Geschichte erfuhr. Nadine sorgte dafür, dass Lena sich vor allen bloßgestellt sah. Dabei hatte sie, um Jean zu gefallen, ihre hüftlangen blonden Haare verfilzen lassen, um sie zu dicken Dreadlocks zusammendrehen zu können. Aber zum Zeitpunkt von Jeans Verrat sahen sie eher noch wie ein ungeordneter Haufen Baumaterial für ein winterfestes Vogelnest aus. Für Nadine war das ein Grund mehr, tuschelnd und kichernd mit ihren Freundinnen ihre Runden auf dem Pausenhof zu drehen, Lena dabei triumphierend in den Blick nehmend, wie eine Löwin, die den Kampf gewonnen hatte. Lena rasierte sich daraufhin in einem Anfall von Trauer und Wut die frisch verfilzten Haare kurzerhand ab und zog täglich, passend zu ihrer Fast-Glatze, das verschlissene »I am a Rebel«-Shirt an, das sie in Amsterdam erstanden hatte. Es gab ihr das Gefühl, cooler als alle anderen auf dieser Spießerschule zu sein.

***

Es war jedenfalls genau der richtige Zeitpunkt, um Paris den Rücken zu kehren. Und nun waren Pierre, Mechthild und sie im Wedding angekommen. Der Möbelwagen blockierte die ganze Straße, und den Bürgersteig hatte Mechthild mit ihren himmelblauen Balkonstühlen nebst Tisch verbaut, um den Packern Kaffee zu servieren – wenn es um einfache Arbeiter ging, war sie immer besonders sozial veranlagt.

»Diese Menschen sind die tragenden Säulen unserer Gesellschaft, wenn sie nicht wären, wer würde dann die ganze Arbeit machen!?« Das war nur einer ihrer übertriebenen Sprüche, wenn sie in Wahrheit ein schlechtes Gewissen hatte. Denn sie selbst war in wohlhabenden Verhältnissen aufgewachsen und machte sich höchstens im Umgang mit Farben und Lösungsmitteln die Hände schmutzig.

Normalerweise hätte Mechthild zu einem solchen Anlass zwei große Kuchen gebacken, aber ihre Küche war noch nicht eingerichtet, und so schlenderten Mutter und Tochter die Straße hinunter zu »Bagdad-Baklava«, wo sich im Schaufenster arabische Süßspeisen zu riesigen Bergen türmten, von denen der Zuckersirup heruntertropfte.

»Zwei Kilo gemischt, bitte. Davon und davon und davon auch noch.« Mechthild zeigte mit dem Finger auf die mit Pistazien gefüllten Blätterteigröllchen und das vom Sirup glänzende Baklava. »Sie haben aber auch so leckere Schweinerein, da möchte man gleich alles auf einmal probieren«, schmeichelte sie dem bärtigen arabischen Verkäufer. Sein wütender Blick bei dem Wort »Schweinereien« fiel nur Lena auf. Im Zeitlupentempo beugte er sich mürrisch über die Auslage seiner Vitrine, füllte den Pappkarton lieblos mit triefendem Zuckergebäck und überreichte ihn Mechthild, ohne sie dabei auch nur eines Blickes zu würdigen. Lenas Mutter nahm seine Verstimmung gar nicht wahr, drückte ihm zwanzig Euro in die Hand und verließ mit einem »Der Rest ist für Sie!« beschwingt den Laden.

»Weißt du eigentlich, Lena, dass dein Vater und ich drei Monate in Marokko gelebt haben? Damals warst du noch nicht auf der Welt, und wir zogen mit einer Gruppe von Freunden in Wohnmobilen durch das Land. Dieses Land und diese Menschen dort – es war einfach wundervoll!«, schwärmte sie und hatte wieder diesen verklärten Ausdruck im Gesicht, der sich immer einstellte, wenn sie in Erinnerungen an alte Zeiten schwelgte, als sie und Pierre noch an Anti-Kriegs-Demos teilgenommen und zu einer Hippie-Kommune gehört hatten. Lena kannte alle diese Geschichten, sie hasste die alte Zeit, in der sie mit Naturholzspielzeug und Blumenpressen zum Geburtstag beschenkt worden war, während andere Mädchen in ihrem Alter ihre erste Barbie mit biegsamen Gelenken bekommen hatten.

Als Lena und Mechthild jetzt um die Ecke in ihre Straße einbogen, sahen sie, dass sich die leichten Balkonmöbel inzwischen in Luft aufgelöst hatten – vermutlich als Pierre und die Männer der Umzugsfirma, mit Kartons bepackt, gerade auf dem Weg nach oben in die fünfte Etage waren. Nur das Geschirr befand sich noch auf dem Bürgersteig – zerdeppert zu einem kümmerlichen Scherbenhaufen. »Willkommen im Wedding«, lautete die gleichmütige Reaktion der Packer, »nu wissen Se jedenfalls, wo Se sind!«

***

Gegenüber auf dem Stromkasten saßen einige dunkelhaarige Jugendliche, die feixend den Umzug verfolgten. Lena spürte ihre Blicke; immer wenn sie hinüberschaute, kicherten die zwei Mädchen und schienen sich über das Malheur mit den geklauten Balkonmöbeln und dem Scherbenhaufen sichtlich zu amüsieren. Die beiden Jungen spuckten in der Gegend herum, und Lena konnte immer mal wieder einige Satzfetzen aufschnappen, die allerdings auch so laut gesprochen wurden, dass sie ganz offensichtlich für sie bestimmt waren.

»Guck mal, dieses Opfer!«

»Hast du gesehen, ob ein Computer dabei war?«

»In welchen Stock ziehen die denn?«

Lena ahnte, dass auf der anderen Straßenseite die Antwort auf die Frage zu finden war, wie die Balkonmöbel verschwinden konnten. »Wollt ihr nicht mal die Jugendlichen da drüben fragen, ob die was gesehen haben?«, fragte sie einen der Packer.

»Frag doch selber, Mädchen, oder trauste dir etwa nich?«

Lena wurde rot, die Männer lachten. »Nee, lass dit ma lieba, dit is'n andret Kaliba, nich, dass du gleich noch ens aufs Maul kriegst«, nuschelte ein Dickbäuchiger, dessen Augen so tief in einem aufgedunsenen Gesicht verschwanden, dass Lena meinte, einen berlinernden Asiaten vor sich zu haben.

Jetzt erst recht, dachte sie und ging mit entschlossenem Blick, den sie sonst nur beim Basketballspiel aufsetzte, wenn es darum ging, die gegnerische Mannschaft einzuschüchtern, auf die schwarzhaarige Gruppe am Stromkasten zu. Als sie vor den Mädchen stand, guckten diese nur abschätzig von oben auf sie herab und wollten gerade mit den Jungs weiter herumalbern, als Lenas Stimme sie verstummen ließ: »Denkt ihr, ihr könnt uns verarschen?! Wenn die Möbel nicht gleich wieder auftauchen, ruf ich die Polizei!«

Stille. Mit so einer klaren Ansage hatte niemand gerechnet. Auch Lena war erstaunt über den strengen Ton, der sich scheinbar wie von selbst, ohne ihr Zutun von ihren Stimmbändern gelöst und durch den Mund den Weg ins Freie gefunden hatte.

»Iii, guck mal, die sagt, wir klauen. Verschwinde, du Opfer, sonst gibt's ein paar auf die Fresse!«, tönten die beiden Jungen, die offensichtlich nur darauf gewartet zu haben schienen, der armseligen Erscheinung, die da mit ihren Stoppelhaaren vor ihnen stand, klarzumachen, wer hier das Sagen hatte.

»Verschwinde, du dumme Deutsche, denkst wohl, alle Ausländer klauen, was?«

Lena spürte die Gefahr, ihr Körper war von der Aggression, die in der Luft lag, ganz erstarrt; wie festgeklebt stand sie da und wünschte sich, sie könnte den Film zurückspulen bis zu dem Bild, als sie gerade noch das Zuckergebäck in der Hand gehalten hatte und auf die Gruppe am Stromkasten aufmerksam geworden war. Dieses Mal wäre sie nicht über die Straße gegangen.

»Mann, ey, lass sie«, meinte das jüngere Mädchen, »guck doch mal, wie die schon aussieht!! So ein Opfer!«

Die Mädchen sprangen mit einem Satz vom Stromkasten, warfen Lena einen verächtlichen Blick zu, warteten noch einen kurzen Moment ab, ob von ihr irgendeine Reaktion kommen würde, und machten sich dann davon. Da hatte Lena schon körperlich signalisiert, dass sie klein beigeben würde. Mit hängenden Schultern, die Arme steif am Körper, die Hände in den Hosentaschen und einem ausweichenden Blick stand sie da und hoffte, dass die vier endlich verschwinden würden. Sie wollte wenigstens nicht als Erste das Feld räumen.

Beim Abgang spuckten die Jungen noch einmal vor Lenas Füße und ließen sie, den Nachhall arabischer Schimpfworte im Ohr, fassungslos zurück. Willkommen im Wedding, dachte Lena und kam sich so besudelt vor, als hätte ein Hund ihr ans Bein gepinkelt.

***

Beim Abendbrot war der Vorfall kein Thema mehr. Nur kurz hatte Pierre sich aufgeregt, dann aber seine Tochter belehrt, dass man nicht gleich jeden Ausländer unter Generalverdacht stellen dürfe. Das könnten die als ehrverletzend empfinden. »Nächstes Mal bist du vorsichtiger mit solchen voreiligen Schlüssen, Lena. Am besten, du entschuldigst dich morgen bei den vieren.«

Typisch Pierre. Lena hielt ihren Vater prinzipiell für unfähig, mit aggressiven Situationen fertig zu werden. Wenn er Angst hatte, zeigte sich das durch hektische rote Flecken, die auf seinem blassen Teint sichtbar wurden. Nein, Pierre war kein Vater, auf dessen physischen Schutz man sich verlassen konnte. Lena wollte sich gar nicht ausmalen, was passiert wäre, wenn sie am Stromkasten doch noch richtig Prügel bezogen hätte; vermutlich hätte ihr Vater »ey, was soll das? Hört sofort auf damit!« aus sicherer Entfernung gerufen und ansonsten abgewartet, dass sich das Problem von selbst erledigte. Zeit ihres Lebens hatte Lena sich bei Auseinandersetzungen mit Gleichaltrigen immer selbst helfen müssen. Ihre Eltern waren aus Prinzip gegen körperliche Auseinandersetzung, ihrer Meinung nach musste man über alles reden können. Als Kind hatte Lena ihre Mutter vor Wut einmal so heftig in den Arm gebissen, dass dieser vor Schmerz die Tränen kamen. Mechthild hatte nicht einmal die Stimme erhoben – nie tat sie das; stattdessen wurde zu Hause darüber gesprochen, ganz in Ruhe, versteht sich. Vielleicht fühlte Lena sich deshalb von Menschen angezogen, die eher das Gegenteil von dem verkörperten, was ihre Eltern eine »gute Erziehung« nannten. Und davon, da war sie sich nach diesem ersten Tag im Wedding ziemlich sicher, würde sie hier einige kennenlernen können.

***

In dem etwas heruntergekommenen Gründerzeithaus in der Bastianstraße, in dessen Dachgeschoss sie einzogen, wohnten überwiegend muslimische Familien, deren Namen entweder viele Ö und Ü, unaussprechliche Szt oder maghrebinisch anmutende Ou enthielten. Unten im Parterre mit Souterrain und direktem Blick auf die chronisch überfüllten Mülltonnen hausten die Kasulkes hinter einer Tür mit dem Aufkleber »Ein Herz für Kinder«, eine der wenigen deutschen Familien. Wie viele Kinder zu der alleinstehenden Frau Kasulke wirklich gehörten, blieb Lena ein Rätsel. Tagelang hatte sie, auf Beobachtungsposten am Küchenfenster stehend, nach ihrem Einzug versucht, das Geheimnis zu lüften. Von den verschiedenen Jugendlichen und Kindern, die merkwürdigerweise regelmäßig durch das Küchenfenster der Wohnung einstiegen und auch wieder hinauskletterten, schienen nur zwei blondhaarige Mädchen und ein schlaksiger, etwas älterer Junge zur Familie zu zählen. Lena sah sie oft, wenn sie von Lidl um die Ecke kamen, meistens mit einem Sack Katzenstreu beladen, der gegen den strengen Geruch im Eingangsbereich auch nichts auszurichten vermochte.

»Diese Leute sind eben arm«, meinte Mechthild, wenn Lena sich darüber aufregte, dass es im Treppenhaus nach Katzenurin stank, »und haben es nicht so gut wie wir, dafür können sie nichts.« Als Mechthild dann aber eines Tages die drei Kasulkekinder, jedes mit einem Hundewelpen auf dem Arm, durch das Küchenfenster steigen sah, wurde sie vorübergehend doch leicht hysterisch: »Das kann doch wohl nicht wahr sein, nichts zu essen und dann die ganzen Tiere!«, entfuhr es ihr, wobei sie den Muffinteig in der Keramikschüssel, die sie im Arm hielt, mit einer Heftigkeit umrührte, dass die klebrige Masse in alle Richtungen spritzte. Und wenige Tage später wurde Mechthild noch ein zweites Mal – und das binnen einer Woche – so wütend, dass Lena, die ihre Mutter eigentlich nie unkontrolliert erlebte, aus dem Staunen nicht herauskam.

Es war ein heißer Sommertag, Familie Kasulke genoss die letzten Strahlen der Mittagsonne im sonst eher schattigen Hinterhof und hatte, vis-à-vis der Mülltonnen, neben einer löchrigen Wolldecke für die Haustiere Tisch und Stühle mit Kuchen und Schnaps zum verspäteten Frühstück herausgestellt. Die Möbel sahen dreckig und fleckig aus, ganz offensichtlich hatte jemand ziemlich ungeübt schwarze Lackfarbe über die einst hellblauen Balkonmöbel gesprüht. »Das kann doch wohl nicht wahr sein«, schrie Mechthild auf, als sie beim Blick aus dem Küchenfenster die Szenerie im Hof sah, »wie kann man nur so dreist sein! Meine Balkonmöbel!«

Mit riesigen Sprüngen, zwei Stufen auf einmal nehmend, stürzte Mechthild die Treppe hinunter; Lena eilte, voller Erwartung auf das, was da kommen würde, auf ihren Posten am Küchenfenster. Aber was sie sah, war nicht einmal die Ansage einer Auseinandersetzung. Der Ritt durch die Stockwerke hatte Mechthild offensichtlich erschöpft. Aus der Vogelperspektive betrachtet wirkte die Unterhaltung ihrer Mutter mit Familie Kasulke eher wie eine freundliche nachbarliche Unterhaltung. Es dauerte auch nicht lange, da war Mechthild wieder bei Lena in der Küche. »Sie behaupten, die Möbel so gefunden zu haben, wie sie da unten stehen. Frau Kasulke wollte sie mir wiedergeben, aber ich hab sie ihnen jetzt geschenkt.« Ganz offensichtlich war Mechthild von der Situation überfordert, und so beließ auch Lena es bei einem Achselzucken, was nichts anderes hieß als »was soll's«.

»Hast du sie eigentlich mal wiedergesehen?«, wollte Mechthild wissen. Lena ahnte, wen ihre Mutter meinte, und antwortete nicht, in der stillen Hoffnung, dass Mechthild ihre Frage gleich wieder vergessen oder in ihr Atelier gehen würde. »Ich finde, jetzt musst du dich erst recht bei den jungen Leuten von neulich entschuldigen, Lena. Immerhin hast du sie fälschlicherweise des Diebstahls bezichtigt. Das waren doch ganz offensichtlich diese Kasulkes. Wie würdest du es denn finden, wenn man dich zu Unrecht eine Diebin nennt?«

Lena war dieses Thema höchst unangenehm. Seit dem Einzug hatte sie die Wohnung nur selten verlassen, sie hatte einfach Angst, im nächsten Moment auf eins der Gesichter aus der Stromkasten-Truppe zu treffen und damit erneut einer Stresssituation ausgesetzt zu sein. Auf dem Französischen

Gymnasium im Stadtbezirk Mitte fühlte sie sich inzwischen eigentlich ganz wohl, dort war sie unter ihresgleichen. Zwar gab es auf der Schule zahlreiche Streber, aber von denen ging keine Gefahr aus. Auf dem neuen Campus hatte sie sich dank Glatze und Piercing sofort Platz drei in dem Ranking der unangepassten Schüler gesichert.

Das Leben hinter den Schulmauern war friedlich im Gegensatz zu dem, was sie im Kiez erwartete. Sie wusste genau, wo der Treffpunkt der Jugendlichen aus ihrem Viertel war; schon einige Male war sie an ihnen vorbeigefahren, in sicherem Abstand natürlich, genauer: auf dem Rücksitz des schwarzen Citroën DS, den Pierre so sorgfältig pflegte, als solle der Wagen noch der übernächsten Generation vererbt werden können. Mit seiner hochglanzpolierten schwarzen Lackierung und seinen Chromzierleisten, die so blitzen, dass man beim Hinsehen geblendet wurde, war die Karre zu auffällig, um nicht gesehen zu werden. Jedes Mal, wenn sie an dem verwahrlosten Bolzplatz vorbeifuhren, sank Lena tief in die Polster, damit die Jugendlichen, die teils neidisch, teils staunend dem Gefährt nachschauten, sie bloß nicht hinter den spiegelnden Scheiben entdeckten.

»Kann ich heute schon das Taschengeld für nächste Woche haben?«, fragte sie Mechthild.

Eigentlich hatte Lena einen solchen Vorschuss gar nicht nötig, schließlich war ihr Sparschwein seit dem Besuch von Tante Gerdi aus Hannover und ihrem letzten Geburtstag, der von ihren Eltern mit Schmerzensgeld für den Wegzug aus Paris versüßt worden war, gut gefüllt. Aber es konnte nichts schaden, Mechthild glauben zu lassen, dass sie bereit war, in eine Wiedergutmachung gegenüber den zu Unrecht Beschuldigten zu investieren. Sie wusste nur zu gut, dass Mechthild so einen Akt garantiert gutheißen würde.

»Ich dachte, ich lade die vier zum Eis ein. Ich werde es zumindest versuchen. Nur so eine trockene Entschuldigung ist mir einfach unangenehm.«

Wenn Lena ihre Mutter so beobachtete, wie sie fröhlich durch die frisch getünchte Fünf-Zimmer-Wohnung tänzelte, in ihren naturfarbenen Leinenklamotten, immer mit einer bunten Perlenkette um den Hals, fand sie Mechthild irgendwie nicht auf der Höhe der Zeit. Und in dieses Haus, hier im Wedding, schien sie gar nicht zu passen. Dass sie den ganzen Tag lang Bilder malte, nur wenig vom Kochen verstand und auch sonst nichts tat, was für eine Mutter typisch war, damit hatte sich Lena schon in ganz jungen Jahren abgefunden. Aber dass sie so wenig auf sich achtete, das war Lena peinlich. Früher hatte sie ihre Mutter mit ihren langen dunklen Haaren bewundert, da war sie eine strahlende Erscheinung gewesen. Auch heute würden sich die Männer noch nach ihr umdrehen, wenn sie mehr Wert auf ihr Äußeres legen würde.

»Ach, Schätzchen, das finde ich ganz toll von dir. Reichen zwanzig Euro, oder brauchst du mehr? Ich hab gerade nur noch den einen Schein in der Tasche, aber wenn du kurz wartest, kann ich mal gucken, was noch im Atelier herumliegt.«

* * *

Mechthilds Verhältnis zum Geld hatte Lena immer schon merkwürdig gefunden – mal war sie so knauserig, dass selbst Pierre sich für seine Frau schämte, wenn sie eine Restaurantrechnung penibel studierte, auf den Cent passend bezahlte und beim Verlassen des Lokals dann auch noch lautstark alle Gäste wissen ließ, dass die Spaghetti in einem anderen Restaurant nicht nur besser, sondern auch günstiger waren. An anderen Tagen konnte es passieren, dass sie anstandslos zwanzig Euro berappte, um ein mit Salz aus irgendeiner iranischen Hochebene gefülltes Döschen zu erstehen, oder in Antiquitätengeschäften Anzahlungen leistete, die sie zwei Tage später schon wieder völlig vergessen hatte. Mechthild hatte in ihrem ganzen Leben keinen Tropfen Schweiß für Geld vergießen müssen. Ihr Vater war ein Immobilienhai gewesen, der schon in jungen Jahren, gleich nach dem Krieg, gut ins Geschäft gekommen war und ihr nach seinem Ableben ein Vermögen hinterlassen hatte, von dem sogar noch die Ausbildung seiner Enkelkinder finanziert werden konnte. Geldnöte kannte Mechthild nicht, vielleicht war das auch der Grund, weshalb sie sich – mit Ausnahme von afrikanischen Kindern, die erkennbar einen Hungerbauch vorweisen konnten – meist nicht vorstellen konnte, dass andere Menschen ernsthaft in Geldnöten sein konnten. Den Verkäufern von Obdachlosenzeitschriften jedenfalls gab sie keinen Cent, und das aus Überzeugung. Für sie waren Menschen mit Alkohol- und Drogenproblemen ein gesellschaftliches Übel, das man zwar hinnehmen, aber nicht noch zusätzlich zu staatlichen Transferzahlungen honorieren sollte; die waren doch selbst schuld an ihrem Elend und obendrein auch noch so entsetzlich ungepflegt.

»Schätzchen, vergiss bitte nicht, heute Abend schon einmal ein paar Sachen rauszusuchen für morgen. Ich möchte nicht, dass du schon wieder diese speckigen Jeans anhast, wenn wir in die Oper gehen«, rief sie ihrer Tochter noch zu, bevor sie hinter ihrer Ateliertür verschwand.

Lena seufzte. Einmal im Monat schleiften die Eltern sie ins Theater, in die Philharmonie oder in die Oper. Als sie sieben war, hatte Mechthild ihr ein Cello geschenkt. »Ich möchte, dass du ein Instrument erlernst, Kind«, hatte sie ihre irritiert dreinschauende Tochter wissen lassen. »Das ist wichtig. Wenn du schon nicht malen kannst, soll zumindest die Musik dir etwas Künstlerisches vermitteln. Ich habe dich schon bei Maestro Bergson zum Unterricht angemeldet. Jeden Dienstag am Boulevard Hausmann. Sei höflich und üb fleißig, sonst schmeißt er dich wieder raus.«

Lena hatte den Unterricht gehasst. Aber erst als der Maestro Mechthild zum Gespräch bat und ihr klarmachte, dass ihre Tochter selbst nach drei Jahren Unterricht nicht ein Fünkchen Begabung zeigte, war Mechthild bereit zu kapitulieren. Seitdem stand das Cello in einer dunklen Ecke von Lenas Zimmer und staubte vor sich hin. Der Preis, den sie im Gegenzug für ihr musikalisches Versagen hatte zahlen müssen, waren die verpflichtenden Opernbesuche. »Wenigstens das Hören sollst du lernen«, meinte ihre Mutter, die schon in Paris mit Begeisterung festgestellt hatte, dass Berlin über drei Opernhäuser verfügte. Auch hier würde Lena nicht davon verschont bleiben, neben ihren Eltern sitzend, begeistert zu klatschen, wenn sich der Vorhang zur Vorstellung hob. Da kannte Mechthild kein Pardon.

Jetzt aber stand Lena ein anderer Besuch bevor. Noch war sie unschlüssig: Ob sie wirklich die Mädchen aufsuchen sollte, die ihr vor zwei Tagen noch fast wie kampfbereite Raubkatzen an die Kehle gesprungen wären? Zögerlich fuhr sie mit der Hand über die Stoppeln auf ihrem Kopf. Dann aber griff sie entschlossen nach ihren ausgelatschten Chucks, die nur noch von den Schnürsenkeln zusammengehalten wurden. Wenn sie mich vor zwei Tagen nicht umgehauen haben, machte sie sich Mut, werden sie es jetzt auch nicht tun. Und trat vor die Tür.

Das Leben der anderen

Die flirrende Hitze ließ die Großstadtszenerie vorm Brunnencenter wie im Weichzeichner verschwimmen. Alles schien an diesem Tag im Zeitlupentempo abzulaufen, selbst die Autos schleppten sich über den klebrigen Asphalt. Vor der Currybude hatten sich die wenigen noch im Viertel verbliebenen Deutschen – wie jeden Tag – mit ihren Bierdosen und zwei Yorkshire-Terriern versammelt. Die Motörhead-Buttons an ihren abgewetzten Jeanswesten und ihre ausgelichteten Vokuhilas auf dem Kopf ließen erkennen, dass die besten Jahre dieser Männer mit Walkie-Talkie-Verabredungen und Roland-Kaiser-Abenden »beim Italiener« Vergangenheit waren. Der Italiener um die Ecke war seit langem schon eine Dönerbude mit Automatencafé, und Vokuhilas galten mittlerweile als Muss für Mitte-Trendsetter, die in ihren farbigen Stretchhosen die Szenekneipen drei Straßenblocks weiter bevölkerten. Aber als wollten die letzten Deutschen an der letzten Currybude diesen Veränderungen trotzen, fanden sie sich jeden Tag vor dem Imbiss mit Blick auf das große türkische Frühstückscafé ein.

Lena mochte diese kleine Wurst-Insel mit der toupierten Verkäuferin Inge, deren raue Stimme und aufgequollene Augenränder von zäher Trinkfestigkeit zeugten. Als sie an ihr vorüberschlenderte und noch überlegte, ob sie sich von dem Geld, das Mechthild ihr gegeben hatte, später eine Currywurst mit rohen Zwiebeln und extra scharfem Ketchup holen sollte, rempelte jemand sie von der Seite an und zischte: »Na du Opfer!«

Eins der Stromkasten-Mädchen stand vor ihr, die langen schwarzen Haare zu einem schweren Knoten gebändigt, der nur von einem Bleistift zusammengehalten wurde. Frisch lackierte Zehennägel leuchteten Lena in perlmuttbesetzten Espandrillo-Latschen entgegen; mit dem langen gelben Rock und dem Blumenshirt sah das Mädchen wie eine der Roma aus, die in den letzten Jahren immer häufiger in Berlins Straßen zu finden waren, um sich hier mit Akkordeonspiel oder Autoscheibenwischen ein paar Cent zu verdienen. Das Mädchen war so umwerfend schön, dass Lena sich trotz des Schocks der Begegnung einen bewundernden Blick nicht verkneifen konnte. Obwohl seine schmal gezupften Augenbrauen, die in einem gleichmäßigen Halbmondbogen die großen dunklen Augen überdachten, zornig zusammengezogen waren und in dem aparten Gesicht auch sonst kein Friedenszeichen zu erkennen war, lächelte Lena das Mädchen an.

»Was lachst du? Machst du dich lustig über mich, oder was?«

»Tut mir leid, das vom letzten Mal, ich hab euch zu Unrecht beschuldigt und wollte mich bei euch entschuldigen.«

»Ach, lass mal, geh weiter, ist schon okay. Solche wie dich treffen wir öfter.«

Lena wusste nicht, was sie darauf erwidern sollte. Irgendwie fand sie keine Worte, die sie diesem selbstbewussten Mädchen entgegensetzen konnte. Die Unbekannte machte sich auf, ihren von Obst und Gemüse überquellenden Einkaufswagen weiterzuzerren und mitsamt ihren zum Bersten vollen Supermarkttüten wieder zu entschwinden. Da nahm Lena ihr, ohne lange zu überlegen, den Einkaufswagen aus der Hand und lief einfach mit.

»Du brauchst mir nicht helfen, das schaff ich schon allein!

Lass mal lieber. Wenn Mariam dich sieht, gibt es womöglich Ärger. Besser, du gehst.«

Für Lena klang das verheißungsvoll, das Mädchen wollte offensichtlich nicht, dass sie von anderen Prügel bezog. Wenn ich jetzt hartnäckig bleibe und das richtige Gespräch anfange, dachte sie, könnten wir vielleicht einen neuen Anfang finden. Also zog sie den quietschenden Rentnerroller einfach weiter, den Blick unverwandt zu Boden gerichtet. So gingen die beiden eine Weile schweigend nebeneinanderher.

»Wir kaufen auch immer beim Türken ein, das Obst und Gemüse ist viel frischer als im Supermarkt. Ich heiße Lena und du?«

»Ich bin Fatme. Mariam ist meine Schwester. Sag mal, bist du neu hier?«

»Ja, wir sind erst vor ein paar Tagen hierhergezogen.«

»Und wo hast du vorher gelebt?«

»In Paris.«

»Was? In Paris? Und dann zieht ihr in den Wedding? Was ist denn bei euch falsch gelaufen?«

»Meine Eltern haben sich beruflich nach Berlin orientiert, und außerdem ist es ganz gut, von Zeit zu Zeit etwas anderes zu sehen.«

»Na, dann sieh dich mal schön um im Wedding. Viel Spaß dabei!«

Fatme lachte Lena aus. Immer wieder hielt sie sich ungläubig die Hand vor den Mund, murmelte: »Von Paris in den Wedding! Ich glaub's einfach nicht!«, und guckte dabei belustigt auf Lenas zerfetzte Schuhe.

Dann standen sie auch schon vor Fatmes Haustür. Fatme drückte dreimal hintereinander den Klingelknopf, und als eine Stimme in der Gegensprechanlage ertönte, brüllte sie mit voller Lautstärke in den Lautsprecher: »Rafi und Masud sollen mal runterkommen. Ich hab genug geschleppt! Sie sollen sich beeilen, meine Hände fallen gleich ab, *yallah*, *yallah*!«

Lena war erschrocken und zugleich begeistert von dem Temperament, das diese zierliche Person an den Tag legte, die binnen einer Sekunde von null auf hundert kam und ein ganzes Haus zusammenschreien konnte. Einfach so. Das hätte Lena sich selbst nie getraut. Nicht einmal, als sie klein war. Einmal stand sie nach einer Rangelei auf dem Spielplatz mit blutender Nase vor der Haustür, aber selbst dann hatte sie geduldig gewartet, bis ihre Mutter die Treppen hinunterkam. Eigentlich mochte Lena keine Überreaktionen, aber bei Fatme gefiel ihr das.

»Fatme, es ist mir wirklich wichtig, dass ich mich auch noch einmal bei den anderen entschuldige. Weißt du, wo ich die finden kann?«

Jetzt brach Fatme in schallendes Gelächter aus: »Du bist echt ein Professor, was? Wie du redest! Ja, natürlich kenne ich die. Wenn du willst, kannst du sie auch gleich alle kennenlernen. Ich brauch ohnehin deine Hilfe, um das ganze Zeug nach oben zu schleppen. Hier, nimm das mal und komm.«

Fatme drückte Lena die Tüten in die Hand, packte den Einkaufswagen und schleppte ihn ächzend vier Stockwerke hoch. Einen Fahrstuhl hatte der sanierte Altbau nicht. Lena schlug das Herz bis zum Hals, als sie sich mit jeder Stufe der Wohnung näherte, aus der schon eine weibliche Stimme lautstark durchs ganze Treppenhaus schallte. Lena verstand nicht, was sie sagte, aber es klang nach einem heftigen Streit. Doch als Fatme mit einem Tritt die Tür aufstieß, stand das ältere Stromkasten-Mädchen, Mariam, lachend mit einem Geschirrtuch in der Hand da, erstarrte aber ganz plötzlich, als sie Lea sah.

»Was will denn die Kuh hier? Hast du jetzt eine neue Freundin, Fatme?«

Was dann kam, war wieder ein arabischer Wortschwall, aber Lena konnte an Mariams giftigen Blicken und an den zornigen Worten der Mutter, die aus der Küche hinzukam, um in Mariams Schimpftirade einzustimmen, unschwer erkennen, dass sie hier unerwünscht war, ganz unerwünscht.

Vorsichtig platzierte sie die Tüten auf dem cremefarbenen Teppich, der so sauber war, dass sie nicht wagte, auch nur einen Fuß daraufzusetzen. Womöglich würden ihre Schuhe einen Abdruck hinterlassen. Dann verabschiedete sie sich mit hochrotem Kopf, denn sie spürte, wie Mariam und ihre Mutter ihr Erscheinungsbild von oben bis unten mit verächtlichen Blicken maßen. Zum ersten Mal war ihr das »against the system«-Outfit peinlich, auf das sie sonst immer so stolz war. Aber als sie gehen wollte, packte Fatme sie am Arm, zischte ihrer Mutter und ihrer Schwester etwas zu und sagte dann ganz gelassen, so als sei Lena schon Dutzende Male bei ihnen gewesen: »Zieh die Schuhe aus, wir trinken einen Kaffee.«

Dann saßen sie zu dritt am Küchentisch, der anfängliche Stress schien wie weggeblasen, nur Mariam rührte auffällig lange schweigend in ihrer Kaffeetasse herum, bis sie sich endlich dazu durchrang, Lena anzusprechen.

»Wir brauchen deine Einladung nicht. Ist schön, dass du dich entschuldigst. Wenn du willst, können wir dich zum Eis einladen. Leute wie du halten sich zwar für was Besseres als wir. Aber wir sind nicht auf eure Einladungen angewiesen. Es reicht, dass du dich entschuldigt hast.«

Lena sagte nichts, nickte nur und drehte verlegen an ihrer Tasse. Mariams kräftige Stimme und ihr durchdringender Blick beeindruckten sie, die Frau strahlte eine Stärke aus, von der sie, Lena, nur träumen konnte. Wie magisch angezogen, wanderten ihre Blicke immer wieder zu Mariam. So merkte sie auch erst spät, dass der Stuhl, auf dem sie saß, zweifellos zu den Balkonmöbeln ihrer Mutter gehörte. Fast hätte sie sich verschluckt, als sie das registrierte. So abgebrüht sind die beiden also, sitzen hier und halten mir eine Moralpredigt über deutsche Überheblichkeit, dachte sie und fasste neuen Mut.

»Wisst ihr, ich kann nur noch einmal sagen, dass es mir sehr leidtut und dass ich einen Fehler gemacht habe, als ich euch an dem Tag einfach beschuldigt habe. Wenn ihr meine Einladung nicht annehmen wollt, dann finde ich das schade. Ich meine die ja gar nicht als Wiedergutmachung. Ich bin neu hier und kenne noch niemanden, vielleicht könnt ihr mir helfen, mich hier einzuleben. Ich wäre euch echt dankbar, ich finde euch nämlich ganz nett.«

Die beiden Schwestern blickten sich an, wechselten ein paar arabische Wörter und prusteten dann laut los.

»Du bist ja süß. Was gibt's denn hier kennenzulernen?«, meinte Fatme. »Wahrscheinlich ist es wirklich besser, wenn du erst einmal mit uns bist, dann kann dir nichts passieren. Du hast ein weiches Herz, und das ist hier nicht angesagt. Besser, wir passen auf dich auf. Du bist nicht wie andere Deutsche, du hast dich entschuldigt. Du hast Ehre.«

Auch wenn Lena nicht ganz verstand, was damit gemeint war, so spürte sie doch, dass sie mit diesem letzten Satz geadelt wurde, aufgestiegen war vom »Opfer« zur Fast-Freundin. Den Rest würde sie auch noch schaffen, das nahm sie sich fest vor, an diesem Küchentisch, in diesem fremden Haus, auf dem Balkonstuhl ihrer Mutter. Endlich eine neue Herausforderung. Eine fremde Welt. Und die schmeckte nach Abenteuer.

* * *

Nachdem Lena gegangen war, saß Mariam noch lange am Küchentisch. Es war ihr nicht entgangen, dass diese Deutsche Kontakt zu ihr suchte. Eine merkwürdige Person war das. Sie sah ein bisschen aus wie Stefanie, ein Mädchen aus Mariams Klasse in der Grundschule. Und mit der, dachte Mariam, hatte es schließlich auch nicht geklappt. Warum sollte es diesmal anders sein? Zu viel sprach dagegen.

Seit ihrer Kindheit kannte sie dieses Gefühl, dass ihr Leben anders war als das der anderen, mit denen sie damals in der Grundschule zusammengesessen hatte. Wenn sie sah, dass die Eltern ihrer deutschen Klassenkameradinnen – anders als ihr Vater und ihre Mutter – zum Elternabend gingen oder ihre Kinder nach der Schule zum Schwimmen, Keyboard- oder Ballettunterricht brachten, dann wurden in ihrer Vorstellung solche Eltern zu Überwesen, die sich um nichts anderes sorgten als um die Frage, wie sie ihren Kindern größtmögliche Fürsorge zukommen lassen konnten; wenn andere sich nachmittags zum Spielen verabredeten oder ins Kino gingen, hatte sie Fatme vom Hort abholen müssen und konnte froh sein, wenn sie noch eine Weile auf den Spielplatz durfte, bevor sie ihrer Mutter bei der Hausarbeit helfen musste.

Für Freunde hätte sie ohnehin kaum Zeit gehabt. Manchmal begegnete sie jemandem aus ihrer Klasse, wenn sie selbst gerade schwer bepackt, meist noch mit einer Rolle Klopapier unter dem Arm, die Tüten von Aldi nach Hause schleppte. Dann schämte sie sich, versuchte, sich unsichtbar zu machen, und ging grußlos vorüber. Sie schämte sich auch für ihre billigen Plastik-Ballerinas, von denen die rote Farbe schon am ersten Tag wie billiger Nagellack abblätterte. Es gab selten neue Kleidung und immer nur das Billigste, keine Markenturnschuhe, keine schicken Schulsachen und kein Geld für den Eiswagen, der im Sommer vor dem Schultor stand. Sie konnte einfach nicht mithalten, wenn die anderen sich auf dem Schulhof über die Abenteuer ihres letzten Osterausflugs unterhielten oder sich gegenseitig ihre Weihnachtsgeschenke zeigten. Das Einzige, was sie zu bieten hatte, waren die fettigen Börek oder die dick mit Ziegenkäse und Knoblauchwurst belegten Pide-Ecken, die Hawwa ihr immer mitgab. Und wenn Mariam den anderen davon abgab, empfand sie für einen kurzen Moment sogar eine Art Zusammengehörigkeit.

Die meiste Zeit aber fühlte sie sich einsam an dieser Schule, inmitten ihrer Klassenkameradinnen, von denen niemand, selbst wenn die Mütter alleinerziehend oder die Väter in den Kiezkneipen anzutreffen waren, so vielen Verboten und Strafen ausgesetzt zu sein schien wie sie, Mariam. Immer wenn Mariam deutsche Familien mit ihren Kindern sah, dann überfiel sie eine große Sehnsucht danach, auch einmal Ähnliches zu erleben, zugleich aber auch ein Hass auf all jene, die alles hatten, wovon sie nicht einmal träumen konnte. Und aus einem solchen Haus, das spürte sie, kam auch Lena.

Einmal, ein einziges Mal, war Mariam zum Kindergeburtstag eingeladen worden. Das war in der zweiten Klasse. Von Stefanie, der Klassenbesten mit den glatten blonden Haaren. Die hatte ihr eines Morgens schüchtern eine Karte überreicht, selbstgemalt in einem rosafarbenen Blütenumschlag. Schon allein das war für Mariam ein kostbares Geschenk – noch nie hatte sie so etwas erhalten. Der Umschlag bekam einen Ehrenplatz an der Wand über ihrem Bett, damit er in dem Chaos ihrer Schulsachen nicht unterging, die zusammen mit dem ganzen Papierkram der Familie in einer großen Schublade abgeladen wurden.

Mariam saß eine halbe Stunde lang auf dem Klo, bis sie genug Mut gesammelt hatte, ihren Vater um Erlaubnis zu fragen. Das Badezimmer war für sie der einzige Rückzugsort, an dem niemand sie stören konnte, hier konnte sie Ideen ausbrüten oder einfach nur Löcher in die Luft starren, ohne sich beobachtet zu fühlen oder jeden Moment verfügbar zu sein. Weil sie es als kleines Kind genoss, lange auf dem Klo zu sitzen, hatten ihre Eltern schon befürchtet, sie leide unter Verstopfung, doch mit der Zeit gewöhnten sich alle in der Familie daran und ließen sie gewähren.

Es lag ihr viel an Stefanies Geburtstag, und sie wollte auf jeden Fall die richtigen Argumente parat haben, wenn sie ihren Vater fragte. »Guck mal, Baba, Stefanie ist die Klassenbeste bei uns, sie hat fast nur Einsen. Wenn ich mit ihr befreundet bin, dann hilft sie mir in der Schule, ich hab jetzt auch eine Zwei in Mathe, weil sie mit mir manchmal in der Pause geübt hat.«

Kamil nickte bei solchen Einleitungen stumm, ohne die Augen von dem Fernseher abzuwenden. Erst wenn Mariams Stimme dünner und leiser wurde und als Frage an sein Ohr drang, schaute er sie an. Dann musste sie alles noch einmal wiederholen, denn er hatte nie zugehört, wollte aber auch keine Antwort geben, die er im nächsten Moment bereuen könnte.

»Du kannst deine Freundin in der Schule sehen, wir brauchen keinen Geburtstag.« Kamils Nein traf Mariam wie ein Tiefschlag in den Magen – damit war die Fragestunde beendet. An Stefanies Geburtstag ging Mariam nicht zur Schule, am nächsten auch nicht. Hinterher erzählte sie, sie sei krank gewesen. Aber nie wieder wurde sie von irgendjemandem zum Geburtstag eingeladen, auch von Stefanie nicht.

Auf dem Faschingsfest unter dem Motto »Dschungelbuch« am Ende der sechsten Klasse hatte Mariam dann einen letzten Versuch gemacht, mit allen mithalten zu können. Sie bastelte sich aus allem, was sie zu Hause an Stoff- und Pappresten finden konnte, eine Verkleidung. Viel war es ohnehin nicht, was ihr dafür zur Verfügung stand, bestenfalls würde daraus ein grünlich-braun-weißes Phantasiekostüm entstehen. Sie hätte sich gern als Panther oder als Affe verkleidet, aber um sich dafür eins der Polyester-Fertigkostüme bei Karstadt zu kaufen, so wie es die meisten in ihrer Klasse machten, fehlte ihr das Geld. Auch gab es zu Hause kein Buch, in dem sie hätte nachschlagen können, welche Tiere es vielleicht sonst noch im Dschungel gab. Es gab auch niemanden, den sie um Rat fragen konnte. Sie war ganz auf ihre eigene Vorstellungskraft verwiesen und sah ein Meer aus grünen Pflanzen und riesigen Bäumen mit leuchtenden Blumen und bunten Vögeln vor sich – irgendwo dazwischen musste sie ihr Kleid finden. Sie wählte einen braunen Samtpullover, eine weiße Sommerhose, ein grünes Kopftuch, das sie zum Stirntuch band, und cremte sich das Gesicht mit brauner Faschingsschminke ein, die sie für 99 Cent bei Woolworth erstanden hatte – mehr Geld war von Kamil trotz Betteln und Tränen nicht zu bekommen. Er hasste solche Maskeraden, und seine Kinder sollten es ihm nachtun.

»Mädchen, diese Deutschen sind doch verrückt, kein vernünftiger Mensch macht so etwas, daran kann man doch sehen, dass bei denen etwas nicht stimmt. Wir Muslime brauchen keinen Faschismus!«

»Fasching, Baba, das Wort heißt Fasching!«

»Faschismus oder Fasching, ist doch alles dasselbe! Sie ziehen eine Uniform an und machen Sachen, die ein normaler Mensch nicht macht. Wir brauchen keinen Fasching.«

Um ihren Vater nicht weiter zu provozieren und damit zu riskieren, dass er sie womöglich gar nicht gehen lassen würde, blieb Mariam stumm, hörte sich seine Tiraden wortlos an und wischte dabei nur still mit der Hand über den Tisch, als könnte sie so jede seiner Bemerkungen aus ihrem Gedächtnis fegen.

Dabei brodelte es in ihr. Wie oft hörte sie Sätze wie diese: Wir brauchen keinen Fasching. Wir brauchen keine Klassenfahrt. Wir schlafen nicht in fremden Betten. Wir brauchen keinen Wandertag. Wir brauchen kein Kino, wenn du einen Film sehen willst, guck Fernsehen. Wenn du frische Luft brauchst, mach das Fenster auf, du brauchst nicht rauszugehen, was willst du da? Wir brauchen auch keinen Geburtstag – wenn jeder seinen Geburtstag feiern würde, müssten wir jeden Tag auf einen Geburtstag gehen, wer braucht so etwas? Wir sitzen zu Hause, und wir sind dankbar, dass wir zu essen und zu trinken haben, euch allen geht es gut, was wollt ihr? Wir haben eine Familie, und alle sind gesund, dankt Allah und seid zufrieden.

Zuhören und schweigen, wenn der Vater seine Predigten hielt. Mariam hatte im Laufe der Zeit eine Technik entwickelt, wie sie mit ihrem inneren Ohrmuskel das Trommelfell so zudrücken konnte, dass es in den Ohrmuscheln klang wie das Grollen eines nahenden Gewitters, ein Grollen, das Kamils Worte verschluckte und nur ein Gesäusel in verschiedenen Tonlagen, mal hoch, mal tief, zurückließ. Wenn man so tun musste, als höre man zu, nur um keine Ohrfeige zu kassieren, die es setzte, sollte Kamil den Eindruck haben, nicht ernst genommen zu werden, dann entwickelte man besondere körperliche Fähigkeiten – das war eine Art Überlebensstrategie. Auch Mariams Geschwister beherrschten solche Techniken, um die Seele vor den nervigen Worten, vor den Beschimpfungen und manchmal auch vor den Schlägen zu schützen.

***

Aber dann gab es auch Tage, an denen Kamil wie ausgewechselt schien. Sie waren so selten, dass Mariam sie nie wieder vergaß. Ein solcher besonderer Tag ereignete sich, als sie gerade elf geworden war. Es war Sommer, brütend heiß, und Kamil wedelte mit einem Zehn-Euro-Schein vor den Augen seiner Kinder und forderte sie fröhlich auf: »Geht doch ins Schwimmbad am Humboldthain!« Mariam hatte nicht einmal einen Badeanzug, so dass sie in ihren Turnsachen schwimmen musste, aber das war ihr egal, ebenso egal wie die stinkende Knoblauchwurst, die in der Badetasche zerlief, die sie und ihre Geschwister aber trotzdem mit Heißhunger verzehrten, um sich danach sogar noch ein Brötchen mit Ketchup am Imbiss zu holen.

Ein solches Angebot wiederholte sich nie mehr. Und als Mariams Körper ein Jahr später unverkennbare Rundungen zeigte, die ihr unangenehm waren, sich aber nicht mehr verbergen ließen, wurde ihr klargemacht, dass ein großes Mädchen wie sie jetzt im Schwimmbad nichts mehr zu suchen hatte. Eine Frau im Badeanzug, wurde sie von Hawwa und Kamil belehrt, sei praktisch nackt und würde nur die lüsternen Blicke der Männer auf sich ziehen.

Mariam ging trotzdem, wenngleich selten und heimlich, ins Schwimmbad, weit von dem Berliner Wedding entfernt, zu groß schien ihr die Gefahr, von Verwandten oder Bekannten erwischt zu werden. Die ständige Angst vor Entdeckung drohte ihr manchmal fast den Spaß zu verderben. Allein ging sie nie, Fatme musste mit, und das hieß jedes Mal für beide, die Schule zu schwänzen – anders war ein solcher Ausflug zeitlich nicht zu verbergen. Nur ihre Tante Hayat wusste wohl von solchen Ausflügen der Mädchen, jedenfalls hatte sie beiden eines Tages einen Badeanzug gekauft. »Lasst den bloß nicht irgendwo herumliegen. Wenn eure Eltern mitkriegen, dass ich euch so etwas besorgt habe, kriege ich gewaltigen Ärger mit meinem Bruder!«, ermahnte sie die beiden.

An solchen Tagen setzte Mariam die elterliche Unterschrift unter das Entschuldigungsschreiben. »Sehr geehrte Frau …

Meine Tochter … konnte nicht zur Schule kommen, weil sie Kopfschmerzen, Bauchschmerzen, Zahnschmerzen hatte« – oder so ähnlich. Dabei hatten die beiden keine Zahnschmerzen, sondern wunde Füße von dem weiten Weg zu irgendeinem weiter entfernt liegenden Freibad; Schmerzen an den aufgerissenen Händen, die sie sich holten, wenn sie über den Zaun kletterten, weil sie den Eintritt nicht bezahlen konnten.

Von einem solchen Leben hatte diese Deutsche doch gar keine Vorstellung. Die lebte in einer ganz anderen Welt.

* * *

Lena war hartnäckig. Am nächsten Tag stand sie wieder vor der Tür der Familie Omar. Der Balkonstuhl, auf dem sie am Tag zuvor gesessen hatte, war übrigens spurlos verschwunden, wahrscheinlich hatten die beiden Mädchen die Peinlichkeit bemerkt und ihn entsorgt. Lena verbuchte das als ein Zeichen von Respekt und war erleichtert, so musste sie auf den Stuhl erst gar nicht zu sprechen kommen.

An diesem Tag war auch der Rest der Familie anwesend. Schon auf der Treppe hörte Lena Mariams Vater durch die Wohnung brüllen. Als sie eintrat, blickte er sie mürrisch an, ein kleiner untersetzter Mann mit dunklen Augenbrauen. Er murmelte etwas auf Arabisch zu seiner Frau, die in der Küche hantierte, und ließ sich dann, ohne Lena auch nur eines Grußes zu würdigen, vor dem Fernseher nieder, der auf volle Lautstärke gedreht war. Rafi und Masud, die beiden Brüder, verschwanden wortlos, als Lena erschien. Auch Mariam und Fatme verkrochen sich mit ihr in ihr Zimmer. Alle schienen die Gegenwart des Vaters zu meiden, nur die Katze störte sich offensichtlich nicht an ihm, sondern nahm, wohlig schnurrend, auf seinem Schoß Platz.

Erst am Abend, als Fatme Lena zur Haustür brachte, deutete sie an, was am gestrigen Abend vorgefallen war – eine heftige Auseinandersetzung zwischen Hawwa und Kamil. Details erfuhr Lena nicht, die behielt Fatme lieber für sich; noch waren die beiden nicht so vertraut miteinander, dass die Deutsche schon in alle Geheimnisse des Familienlebens der Omars eingeweiht werden durfte. Und Lena fragte nicht weiter.

Hinter tausend Stäben

Dass Kamil anderen Frauen nachstellte, war nichts Neues. Es sei nicht seine Schuld; wenn Frauen in der Nähe sind, rechtfertigte er sich, sei die »Verführung des Teufels« einfach allgegenwärtig.

Hawwa wusste, dass Kamil oft in Fathis Café saß und das Geld mit den bulgarischen Frauen durchbrachte, die Fathi angeheuert hatte. Sie wusste auch, dass diese Frauen attraktiver waren als sie, die immer unförmiger wurde. Aber Essen gehörte – außer den täglichen türkischen Talkshows – nun einmal zu den wenigen Dingen, die ein bisschen Freude in ihr düsteres Leben brachten. Als sie ihrem Mann einmal Vorwürfe gemacht hatte, dass er seine Zeit und sein Geld mit Huren verschleudere, hatte er sie noch heftiger als sonst geschlagen. »Wie kannst du es wagen?! Benimm dich, du bist eine Frau! Schämst du dich nicht, so zu sprechen? Noch ein Wort, und ich bringe dich um!« Auch das war nichts Neues, dass Kamil seine Frau prügelte. Hawwas Gesicht sah oft schlimm aus.

Dieses Mal aber war Kamil zu weit gegangen. Talina Filipova, Osloer Straße 6, 17–4 Uhr, 3 x klingeln, stand auf dem Zettel mit dem Lippenstiftabdruck, den Hawwa in seiner Hose gefunden hatte, als sie die Wäsche für die Maschine vorbereitete. Ohne den Lippenstift wäre der Zettel wie alle anderen, die sie über die Jahre in seiner Kleidung fand, in den Müll gewandert. Diesen aber verwahrte sie in der Tasche ihrer

Schürze, bis Mariam von der Schule kam. Ihre Tochter sollte ihn ihr übersetzen.

»Es ist eine Adresse, nichts weiter, Mama, nur eine Adresse«, versuchte Mariam Hawwa einige Stunden später zu überzeugen, als diese ihr stumm den Zettel aus Kamils Hosentasche reichte. Dicke Tränen rollten der Mutter über die Wangen. Sie riss Mariam den Fetzen Papier aus der Hand und versuchte, die rätselhaften Buchstaben zu entschlüsseln. Sie traute ihrer Tochter nicht. Allzu stark hatte diese die Bedeutungslosigkeit des Zettels betont, und Hawwas bohrendem Blick war sie ausgewichen. Das ließ Hawwa misstrauisch werden.

»Lies mir den Zettel vor!«, befahl sie ihrer Tochter. »Oder soll ich etwa deinen Vater fragen, was draufsteht?«

So weit wollte Mariam es nicht kommen lassen, eine direkte Aussprache zwischen Mutter und Vater würde doch nur dazu führen, dass Kamil wieder ausrastete und die ganze Familie darunter zu leiden hatte. Denn dann fegte er wie ein Derwisch durch die Wohnung und drosch unkontrolliert auf jeden ein, der sich ihm in den Weg stellte. Danach verschwand er für Stunden ins Männer-Café, seine Frau und seine Kinder blieben in einem Zustand stummer Hilflosigkeit zurück, nicht wissend, ob sie jetzt froh waren, dass er fort war, oder Angst vor seiner Rückkehr hatten.

Mariam las der heulenden Hawwa den Zettel vor.

»Liebst du ihn denn etwa?«, wollte Mariam wissen und betonte dabei jedes einzelne Wort mit einem so wütenden Unterton, als nähme sie es ihrer Mutter übel, diese Frage überhaupt stellen zu müssen. Verständnislos blickte Hawwa ihre Tochter aus verquollenen Augen an.

»Geh und hol deinen Bruder Rafi! Er weiß bestimmt, was dieser Ehrlose den ganzen Tag treibt!«, fauchte Hawwa sie an, wischte sich mit dem Zipfel ihres Kopftuches den Rotz aus dem Gesicht und stopfte energisch die Waschmaschine.

Rafi hatte seinen Vater am Abend vorher erwischt, als er gerade auf seinem Heimweg vom Fitnessstudio nach Hause war. Im schummrigen Licht einer Straßenlaterne hatte er zwei eng aneinandergeschmiegte Körper im Schatten eines Hauseingangs gesehen. Er war mit Absicht dicht an ihnen vorbeigelaufen, um das zu tun, was er immer tat, wenn er zwei Menschen beim Knutschen auf der Straße sah: sich anschleichen, laut brüllen und dann wegrennen. Erst im letzten Moment erkannte er, dass der Mann, der ihn anstarrte, während er seine Hand unter den Rock der Frau schob, sein Vater war. Rafi hatte sich schnell weggedreht, war nach Hause gegangen und hatte sich gleich schlafen gelegt. Er hatte schon als Kind die prahlerischen Frauengeschichten seines Vaters mit anhören müssen, wenn die Männer unter sich waren. Es kostete ihn keine Überwindung, seiner Mutter bereitwillig Auskunft zu geben, ihm war das egal. Ob sie es nun von ihm oder einem anderen erfuhr – welchen Unterschied machte das schon?

»Bring mich zu dieser Adresse, Junge«, sagte Hawwa und tippte mit dem Finger auf den Zettel, »ich werde dieser Hure die Augen auskratzen!«

Rafi drehte sich wortlos um, nahm seine Jacke von der Garderobe und verließ das Haus. Die Liebschaften seines Vaters ließen ihn kalt, aber seine Mutter konnte er nicht ertragen, wenn sie diese Hassausbrüche hatte.

Auch Mariam zog sich in ihr Zimmer zu Fatme zurück und ahnte, dass es heute Abend wieder knallen würde. Rafi und Masud konnten in solchen Situationen einfach aus dem Haus gehen, aber Fatme und sie hatten unter dem Vater zu leiden. Es war ausweglos.

***

»Ich verstehe nicht, warum sie sich so aufregt, soll sie doch froh sein, wenn er so oft wie möglich nicht zu Hause ist«, meinte Fatme, als ihre Schwester ins Zimmer kam. Sie war verzweifelt bemüht, sich auf ein Gedicht zu konzentrieren, sie wollte nicht schon wieder die Einzige in der Klasse sein, die die Hausaufgaben nicht gemacht hatte. Zusammengekauert auf ihrem Matratzenberg, las sie, leise vor sich hin murmelnd, das Gedicht, das sie mit eigenen Worten wiedergeben sollte. Dreimal hatte sie es nun schon gelesen, aber mit jedem Mal schien ihr die Bedeutung der Wörter noch mehr zu entgleiten.

»Ist doch normal, dass sie durchdreht, wenn er sie ständig betrügt«, regte Mariam sich über Fatmes Bemerkung auf. »Du würdest doch auch ausrasten, wenn dein Mann dich mit einer anderen betrügt. Hör endlich auf zu lesen, das bringt doch sowieso nichts! Und dann auch noch Gedichte!«

Fatme ließ sich nicht aus der Ruhe bringen, sie wusste, dass es Mariams Verzweiflung war, die sich Luft machte. Irgendwo musste die Schwester manchmal Dampf ablassen.

»Ich würde auf keinen Fall so einen Mann heiraten«, meinte Mariam. »Diese Männer vom Dorf sind doch wie Tiere. Wenn die eine Frau sehen, dann drehen die gleich durch.«

»Warum hat sie ihn denn überhaupt geheiratet?«, warf Fatme dazwischen. »Ey, Mariam, hör mal zu: ›Sein Blick ist vom Vorübergehn der Stäbe/so müd geworden, daß er nichts mehr hält./Ihm ist, als ob es tausend Stäbe gäbe/und hinter tausend Stäben keine Welt.‹ Ich glaube, das Gedicht ist wie mein Leben, ich komme mir auch schon vor wie ein müder Panther im Knast.«

»Wer hat dir denn ins Gehirn geschissen?«, bellte Mariam

ihre Schwester an. »Denkst du, Mama hatte eine Wahl? Was soll sie denn machen, sie ist eine Frau. Wenn sie sich von ihm trennt, bringt er sie entweder um oder alle Leute klatschen so viel darüber, dass sie es selbst macht. Wo sollte sie denn deiner Meinung nach hin, Prinzessin?! Und hör endlich auf, hier Gedichte zu lesen! Geh lieber die Wäsche aufhängen. Danach kannst du Mama in der Küche helfen.«

Mariam trat dicht an Fatme heran, riss ihr das Blatt mit dem Gedicht aus der Hand und zerfetzte es zu kleinen Schnipseln. Fatme reagierte gar nicht, aber in ihren Augen konnte Mariam einen stummen Vorwurf lesen, der sie so verunsicherte, dass sie dem Blick ihrer Schwester ausweichen musste.

***

Zu dritt standen sie wenige Minuten später in der Küche. Fatme und Mariam vertieften sich ganz in das Schälen der Kartoffeln und das Brechen der grünen Bohnen. Sie wollten das Wimmern ihrer Mutter gar nicht hören, die mit einem stumpfen Messer Hühnerbeine zerlegte. Warum sollten sie dem noch besondere Aufmerksamkeit schenken? Zu oft schon hatten sie Hawwa weinen sehen.

Und doch spürte Mariam, wenn sie den Blick von den Bohnen hob und auf das gekrümmte, zitternde Kreuz ihrer Mutter richtete, einen Stich im Herzen – als sei sie verantwortlich für diese Frau, wie für ein Kind, das allein nicht lebensfähig ist. Unübersehbar, dass ihre Mutter in den letzten zehn Jahren wie im Zeitraffertempo gealtert war. Manchmal stellte sie sich dazwischen, wenn Kamil wieder auf die Töchter einprügelte. Dann provozierte sie ihn mit Beschimpfungen über seine Mutter – für einen muslimischen Sohn eine der schlimmsten Ehrbeleidigungen –, um seine Wut auf sich zu lenken. Aber wie sie der unglücklichen Hawwa helfen könnte, wusste Mariam auch nicht. Immer wieder gab es diese Gewaltausbrüche zwischen ihren Eltern, dann herrschte für einige Tage Friedhofsruhe, danach aber ging es irgendwann wieder von vorne los. Mariam sah, sosehr sie sich auch bemühte, keine Möglichkeit, diesen ewigen Kreislauf zu stoppen.

Manchmal wünschte sie sich, Kamil würde bei einem seiner Ausbrüche einfach tot umfallen. Für Hawwa wäre das eine richtige Befreiung. Dann könnte sie für den Rest ihres Lebens trauern oder sich ärgern, aber sie würde sich jedenfalls kein blaues Auge mehr holen und nicht länger von ihrem Mann gedemütigt werden. Wenn Mariam sich bei dem Todeswunsch für ihren Vater ertappte, schämte sie sich. Das war *haram*, Sünde. Und schnell bat sie Gott um Vergebung für solche Gedanken.

⋆⋆⋆

»Die sind doch alle so in seiner Familie, Mama, es lohnt nicht, sich darüber aufzuregen. Und ganz gleich, was du machst, am Ende bist du ja doch wieder schuld. Also bleib am besten schön ruhig, wenn er kommt, und lass dir nichts anmerken.«

Mariam hoffte inständig, ihre Mutter noch beruhigen zu können, bevor Kamil nach Hause kam. Je mehr Zeit bis zu seiner Ankunft verstrich, desto größer war die Aussicht, dass ihre Mutter wieder zur Vernunft käme und der befürchtete Sturm vielleicht sogar ausbliebe.

»Ja, ich weiß, seine Familie taugt nichts, ich hätte es besser wissen müssen. Hätte ich doch damals nicht meinen Cousin geheiratet, dann hätte ich heute ein schönes Leben. Ich habe es nicht anders verdient«, jammerte Hawwa und schnitt sich vor lauter Aufregung so tief in den Daumen, dass das Blut an die gelben Kacheln über der Spüle spritzte.

Zwei Stunden später stand der Eintopf fertig auf dem Herd. Mariam war gerade dabei, ihrer Mutter einen frischen Verband am Daumen anzulegen, als die Tür aufging und Kamil mit sichtbar schlechter Laune in die Küche trat. Sofort war die Anspannung im ganzen Raum zu spüren und ließ Mariams Puls höher schlagen. Ihre Hände zitterten. Sie war froh, dass sie nur noch ein Pflaster auf den Verband für ihre Mutter kleben musste, dann war er fertig.

Doch der erwartete Wutausbruch von Hawwa blieb aus. Ein Wunder, dachte Mariam. Kamil hockte sich vor den Fernseher, schaltete Al Dschasira ein und befahl seiner Ältesten, ihm das Essen zu bringen. Selbst Fatme widmete sich mit einem leisen Seufzer der Erleichterung ihrem Rilke-Gedicht, das sie am Küchentisch Schnipsel für Schnipsel sorgfältig wieder zusammenklebte.

»Du hast auch schon mal besser gekocht, Frau«, ertönte es plötzlich vom Sofa. »Hast du kein Salz in der Küche?«

»Geh doch zu deinen Huren, und iss bei denen!« Wie ein Peitschenhieb kam Hawwas Antwort.

Stille. Kamil brauchte einige Sekunden, um zu begreifen, was Hawwa gesagt hatte. Mariam sah durch die offene Küchentür, wie er langsam und fast ein bisschen erstaunt den Kopf zu seiner Frau drehte, dann aber ging alles sehr schnell: Ein Löffel sauste über den Kopf seiner Tochter hinweg an die Küchenwand und hinterließ dort eine grünrote Blume, dann sprang der untersetzte Mann vom Sofa auf, stampfte so heftig mit dem Fuß auf den Boden, dass die Dielen vibrierten, und stürzte sich auf seine Frau. Hawwa blieb völlig unbeirrt stehen, wo sie stand, und fauchte noch »Ehrloser! Ehrloser!«, als er ihr schon mit beiden Händen die Kehle so hart zudrückte, dass nur noch ein Röcheln aus ihrem Mund kam.

Zehn Minuten später war Kamil weg. Fatme und Mariam

hatten – wie so oft – Tritte ihres Vaters einstecken müssen, als sie versuchten, ihre Mutter aus seinem Würgegriff zu befreien. Den Rest des Abends saßen die drei Frauen stumm vor dem Fernseher. Nur Mariam suchte alle zehn Minuten das Badezimmer auf, um zu prüfen, wie erfolgreich sie die Prellung auf ihrer Wange gekühlt hatte.

Wenn sie vor dem Spiegel stand und sich anschaute, überfiel sie Mitleid mit dieser armseligen Figur in Jogginghose und verschlissenem Herrenpullover, die ihr dort gegenüberstand. Warum kann ich nicht einfach irgendjemand anderes sein, dachte sie in solchen Momenten. Warum nicht ein Leben führen wie Frau Schmitz von gegenüber, die zwar keinen Mann und keine Kinder, dafür aber ihre Ruhe hatte. Auch wenn die tiefen Falten um den Mund der Nachbarin davon erzählten, dass ihr Leben sichtbar dahinwelkte, so hätte Mariam doch gern mit ihr getauscht und ihre Jugend hingegeben, um endlich frei zu sein von dieser Last – der wimmernden Wut ihrer Mutter und dem gewalttätigen Zorn ihres Vaters.

Würde sich ihr Leben denn nie ändern?

***

Am nächsten Tag war Kamil noch schlechter gelaunt als am Tag vorher. Hawwa blieb stumm. Sie brachte es fertig, eine ganze Woche lang kein einziges Wort zu sagen. Ihr Unglück drückte sich dann in unüberhörbaren Seufzern aus, ihr Rücken war noch gebeugter als sonst, sie wich allen aus und sah niemanden an. Kamil ließ das unberührt, in seinen Augen war er das Opfer in dieser Familie. Seinem Zorn darüber machte er durch laute Flüche Luft.

Eigentlich fühlte er sich immer benachteiligt. Zeit seines Lebens war das schon so gewesen. Als Sechsjähriger hatte er seinem Vater auf dem Land bei der Viehzucht zur Hand gehen und schwere körperliche Arbeiten verrichten müssen – davon hatten diese verwöhnten Deutschen, die sich schon lange nicht mehr die Hände schmutzig machen wollten, doch gar keine Ahnung. Einst war er 1975, als er gerade zwölf geworden war, mit großen Hoffnungen hierhergekommen. Sein älterer Bruder Hasan, der mit seinen sechzehn Jahren bereits den gesamten Unterhalt für die achtköpfige Familie in Mardin verdiente, hatte dafür gesorgt, dass Kamil nachkommen konnte.

Die Einreise fand unter dem Vorwand der Familienzusammenführung statt. Kamils Onkel Hüsseyin war als Erster nach Berlin gekommen, und jeder in der Familie, der das nötige Geld aufbringen konnte, ließ sein Kind auf dem Geburtenregister in der nächstgrößeren Stadt auf Hüsseyin einschreiben. Als Kamils Eltern, die von einer kleinen Viehwirtschaft lebten und Mühe hatten, die Tiere in der kargen Landschaft mit den dürren langen Sommermonaten satt zu bekommen, das Geld für das Zugticket von Istanbul nach Berlin endlich beisammenhatten, konnte Kamil seine Habseligkeiten zusammenschnüren und die Reise antreten.

Deutschland war für ihn damals ein aufregendes Abenteuer gewesen. Zwar musste er nach der Schule in der Putzkolonne seines Bruders arbeiten und hatte auch gegenüber seinem Onkel Hüsseyin Verpflichtungen, die ihn sieben Tage die Woche kaum zur Ruhe kommen ließen, aber es gab kaum noch Prügel, der Vater war Tausende Kilometer entfernt, und von dem Geld, das er sich von seinem Verdienst zusammensparte, konnte er nicht nur seine Eltern in Mardin unterstützen, sondern sich auch noch jeden Tag eine Tafel echter Milchschokolade leisten. Im Laufe der Jahre wurde seine Distanz zur Familie in der Türkei immer größer und die Summe, die er ihr schickte, immer kleiner. An dem Tag, als Kamil plötzlich merkte, dass er nun mehr Mann als Junge war, als ihm die Haare nicht nur aus der Brust, sondern auch auf den Schulterblättern wuchsen und er die Kraft seines Körpers in seinen Fäusten spürte, ließ er sich auch nichts mehr von seinem Onkel sagen. Sein Bruder Hasan war längst in die Nähe von München gezogen, und Kamil suchte sich nun einen Job in einer Kfz-Werkstatt. Zwei Jahre später heiratete er seine Cousine Hawwa.

***

Hawwa war Analphabetin, sprach aber fließend Arabisch und Kurdisch, allerdings nur gebrochen Türkisch und, obwohl sie schon mehr als zwei Jahrzehnte in Deutschland war, nur unzulänglich Deutsch.

Ihr Vater war gestorben, als sie neun war, und ihre Mutter musste zusehen, dass sie ihre fünf Töchter so schnell wie möglich an den Mann brachte. Das Leben in den ostanatolischen Dörfern, wo Hawwa in der Nähe von Mardin aufwuchs, war hart für eine junge Witwe. Hawwas Großeltern hatten damals selbst kaum genug zu essen und hielten sich mit ihrem Gemüsegarten, ihren zehn Hühnern und drei Kühen über Wasser. Zu acht wohnten sie in einem alten Steinhaus, in einem einst von assyrischen Christen bewohnten Dorf, wo nur noch die Silhouetten vertrockneter Weinterrassen davon zeugten, dass hier dereinst ein anderes, ein fröhlicheres Leben stattgefunden haben musste. Doch an diese Vergangenheit wollte keiner der Dorfbewohner erinnert werden. Keiner wollte etwas wissen von der blutigen Vertreibung der christlichen Nachbarn durch die türkische Regierung Anfang des letzten Jahrhunderts. Denn viele der kurdischen und arabischen Bauern hatten eilig Besitz ergriffen von den fremden Häusern, die Kreuze aus dem Mauerwerk der Kirchen geschlagen und die einst heiligen

Stätten der Aramäer als Viehställe in Gebrauch genommen oder ihre Moscheen darin errichtet. »Das war schon immer unser Land!«, hatte Hawwas Vater die Inbesitznahme der fremden Ländereien gerechtfertigt, und niemand aus der Familie wollte daran zweifeln.

Bei Hawwas Geburt gab er seinem Bruder noch am selben Tag das Versprechen, seine Tochter, sobald die Zeit da wäre, einem seiner Söhne als Braut zu geben. An Hawwas sechzehntem Geburtstag war es soweit, ihre Mutter konnte es ohnehin kaum erwarten, das Geld zu bekommen, das ihr als Brautmutter zustand, Geld, mit dem sie ihre vier anderen Töchter durchbringen konnte, bis sich auch für diese Männer finden ließen.

Damit begann Hawwas Unglück, und sie wurde nicht müde, ihren Töchtern immer und immer wieder davon zu erzählen, dass es nicht Hoffnung auf Liebe und Geborgenheit war, was sie mit dem Passfoto Kamils verband – das Einzige übrigens, was sie vor ihrer Heirat von ihrem Künftigen zu sehen bekommen hatte; es war der Wunsch, nicht mehr herrenlos zu sein, jemanden zu haben, der für ihren Unterhalt sorgte und an dessen Seite sie eine Existenzberechtigung hatte, lebte sie doch in einer Gesellschaft, in der eine Frau ohne Mann nicht lebensfähig war.

Mariam hörte sich die Geschichten über Hunger und Kälte, von der ersten Fahrt allein im Bus, auf dem Weg zu einem fremden Mann, in ein ungewisses Schicksal, immer geduldig an, auch wenn sie die Details bereits auswendig hersagen konnte. Nie wagte sie es, ihre Mutter dabei zu unterbrechen, es kam ihr vor wie eine notwendige Therapie für Hawwa. So müssen sich Psychologen fühlen, dachte Mariam in solchen Momenten und war gern bereit, der Mutter durch stummes Zuhören Linderung zu verschaffen. »Wer als Frau auf die Welt kommt, muss Gottes Strafe bis in den erlösenden Tod ertragen«, das war einer dieser wiederkehrenden Sprüche, wenn Hawwa sich über ihre Ehe und über ihr Leben beklagte.

In solchen Momenten musste Mariam sich zusammenreißen, um ihrer Mutter nicht zu widersprechen. Zu gut hatte sie noch den Tag in Erinnerung, als sie als Elfjährige weinend zu Hawwa gelaufen war, um ihr den Blutfleck zu zeigen, den sie auf dem Klo in ihrer Unterhose entdeckt hatte. Damals hatte Hawwa ihr eine kräftige Ohrfeige verpasst: »Jetzt bist du auch schon dreckig!«, hatte sie geschrien. »Hättest du damit nicht noch warten können?« Dann reichte sie ihrer Tochter, die vor Angst und Scham fast verging, mit verächtlichem Blick eine ultradicke Binde, schlug die Tür zu und ließ das verschreckte Mädchen allein im Badezimmer zurück. Das Gefühl, etwas Unanständiges zwischen den Beinen zu haben, erfüllte Mariam fortan mit einem Schuldgefühl, das sie seit jenem Tag nie mehr ganz verlassen sollte.

Es war eine Art Hassliebe, die Mariam mit ihrer Mutter verband. Obwohl Hawwa von dem wenigen Geld, das der Familie zur Verfügung stand, heimlich etwas für ihre beiden Töchter zusammensparte und bei Familie und Bekannten gern mit ihren fleißigen Töchtern prahlte, so war es doch in erster Linie sie, die Mariam dauernd vom Schulbesuch abhielt. Es war nicht ein Mangel an Intelligenz, der Mariam wenig Erfolg in der Schule haben ließ. Es waren der Alltag zu Hause, in dem Schule keinen Platz hatte, der Stress in der Familie, der ihr die Konzentration raubte, und die zahllosen Fehltage in ihren Zeugnissen. Dafür war Hawwa verantwortlich. An den Tagen, an denen sie bereitwillig jede Entschuldigung ihrer Tochter in krakeliger Kinderschrift unterschrieb, musste Mariam Familienfeiern vorbereiten, Papierkram für die gesamte Omar-Sippe erledigen oder Verwandte, die zwar schon ewig in Deutschland waren, aber immer noch keinen einzigen deutschen Satz sprechen konnten, auf den Gang zu Behörden begleiten. Verweigern konnte sie sich bei solchen Diensten nicht. »Man muss für seine Familie da sein«, mahnte Hawwa ihre Tochter, wenn die aufbegehrte, »die Familie ist wichtiger als die Schule. Irgendwann kommt der Tag, an dem du ihre Hilfe brauchen wirst.« Es ärgerte Mariam, mit welcher Selbstverständlichkeit ihr und Fatme selbst noch Besorgungen für Verwandte abverlangt wurden, die sie in ihrem ganzen Leben noch nie kennengelernt hatten, die aber jetzt nach Deutschland geholt werden sollten. Mit unerschütterlicher Überzeugung erhob die Mutter die bedingungslose Pflege verwandtschaftlicher Beziehungen zum obersten Gebot – Mariam hasste das.

***

Auch diese »Tage danach«, wenn ihre Mutter ein tödliches Schweigen um sich herum verströmte und sichtbar litt, konnte Mariam kaum ertragen. Auch wenn Mariam Hawwa noch nie glücklich mit Kamil erlebt hatte, seit Kindheitstagen nicht, so konnte sie sich doch nicht – anders als Rafi, Masud und Fatme – an den Anblick dieser traurig-unglücklichen Frau gewöhnen. Die Hoffnung, dass es einmal vielleicht doch noch besser werden würde, ließ sich nicht aus dem Herzen reißen.

Manchmal phantasierte sie in Fatmes Gegenwart vor sich hin: »Stell dir mal vor, Fatme, ich sterbe. Vielleicht ist Baba dann so erledigt, dass er nie wieder eine andere Frau anguckt. Außerdem müsste er meine Überführung nach Mardin bezahlen und hätte kein Geld mehr für Fathis Café und für andere Weiber, *wallah.*«

Bei dieser Vorstellung mussten die Schwestern plötzlich losprusten, so absurd schien es, dass irgendein Schicksalsschlag an Kamils Verhalten etwas ändern könnte.

»Ach, Mariam, manchmal bist du dümmer als wir alle. Wenn du stirbst, kannst du sicher sein, dass Baba Mama die Schuld dafür geben würde. Und dann wären wir alle dran. Er würde sich alle nacheinander vornehmen.«

Als Mariam nun auch noch anfing, Kamils Zornesausbrüche nachzumachen, breitbeinig und mit leicht gekrümmtem Rücken, den Blick etwas schief von unten nach oben gerichtet, durchs Zimmer lief und von Zeit zu Zeit mit den auf dem Rücken verschränkten Armen zu Kamils berüchtigten »Vor- und Rückhand«-Ohrfeigen ausholte, musste Fatme ins Kissen beißen, damit ihr Lachen nicht bis ins Wohnzimmer drang.

»Ey, hör bloß auf, ich platze gleich!«, japste sie. »Ja, genau so macht er das, und ich blöde Kuh falle immer wieder darauf rein. Zuerst hält er seine Arme hinten auf dem Rücken, so dass ich glaube, diesmal wird er nicht zuschlagen, und schon habe ich – wummm – eine im Gesicht sitzen!« Fatme wischte sich die Tränen mit dem Ärmel aus dem Gesicht.

Wenn Mariam ihre Schwester beobachtete, wie sie jetzt so dasaß in ihren Putzklamotten, die Beine zum Schneidersitz auf ihrem Matratzenberg übereinandergekreuzt, und hemmungslos lachte, wurde sie ganz neidisch, wie ungezwungen und fröhlich Fatme sein konnte. Nie war ihr Lachen auch nur halb so mitreißend wie das von Fatme.

»Fatme, geh mal gucken, wer da geklingelt hat. Wenn es wieder einer von Rafis Freunden ist, dann lass ihn nicht rein, sonst schmeißt Baba wieder mit Blumentöpfen«, unterbrach Mariam ihre parodistische Vorführung und schubste Fatme vom Bett.

* * *

Außerhalb des Mädchenzimmers herrschte immer noch eine unheilvolle Stimmung, so konnte Fatme ihre Freude nicht verbergen, als sie Lena vor der Tür stehen sah.

»Ich dachte, ich komm mal vorbei, war grad in der Nähe und wollte fragen, ob ihr Zeit habt. Draußen ist so schönes Wetter.«

»Nee, geht jetzt nicht, aber komm doch rein.«

Fatme zog Lena an Hawwa vorbei durch die Küche und unterlief Lenas unsicheren Versuch, Fatmes Mutter einen Gruß zuzuwinken. Wenn es darauf ankam, konnte Fatme, ohne ein Wort zu verlieren, sehr entschlossen handeln. So manövrierte sie Lena auch geschickt an der halb angelehnten Wohnzimmertür vorbei, hinter der Kamils Schnarchen kundtat, dass er sich, erschöpft von seinen Flüchen, inzwischen zu einem Schläfchen hingelegt hatte, und stieß schließlich mit einem Tritt die Zimmertür so heftig auf, dass Mariam, die am offenen Fenster stand, sich erschrocken am Qualm einer halb aufgerauchten Zigarette verschluckte.

»Bist du behindert, Fatme?!«, schrie sie ihre Schwester an, nickte Lena kurz zu und schimpfte dann auf Arabisch weiter: »Was holst du die Deutsche hier schon wieder rein! Sie war doch erst gestern hier, das gibt nur wieder Ärger mit Baba!« Dann wandte sie sich mit einer eleganten Drehung Lena zu, setzte ein falsches Lächeln auf, als ginge es darum, für ein Foto zu posieren, und sagte, genussvoll die letzten Züge ihrer Zigarette inhalierend: »Weißt du, Lena, ist ja schön, dass du offensichtlich so gern bei uns bist, aber heute ist es schlecht. Wir haben keine Zeit.«

»Stimmt doch gar nicht«, unterbrach Fatme ihre Schwester und fügte grinsend hinzu: »Wir müssen gleich Tante Zaynab zum Friseur begleiten. Onkel Hamed hat keine Zeit, und allein darf sie nicht gehen.«

Mariam warf ihrer Schwester einen bösen Blick zu, brummelte etwas auf Arabisch und verdrückte sich dann ins Badezimmer, um sich den lilafarbenen Fleck zu überschminken, der sich inzwischen auf ihrer Wange gebildet hatte.

»Sie ist im Dunkeln gegen die Tür gelaufen«, meinte Fatme, als sie Lenas überraschten Blick sah. »Tja, kann passieren, wenn man nicht aufpasst.«

Heimlichkeiten

Tante Zaynab stand auf dem Balkon und hielt schon ungeduldig Ausschau nach den Mädchen, als Mariam, Fatme und Lena in die Straße einbogen. »Hey, guck mal, sie hat uns noch nicht gesehen. Pass mal auf, Lena, was jetzt passiert«, sagte Mariam, holte tief Luft, stieß einen gellenden Pfiff aus und rief zu der schmalen Frau auf dem Balkon hinüber: »Achtung, Tante Zaynab, Onkel Hamed kommt!« Mit einem Satz war die Frau vom Balkon verschwunden.

»Hast du gesehen?« Mariam stieß Lena, die nicht begriff, was daran komisch sein sollte, in die Seite. »Onkel Hamed erlaubt seiner Frau nicht, aus dem Fenster zu gucken, schon gar nicht, auf den Balkon zu treten.«

Hamed, Kamils jüngerer Bruder, war – wie Mariams Vater – dafür bekannt, in kritischen Situationen lieber seine Hände als seinen Mund sprechen zu lassen, hatte in einigen Punkten jedoch ganz andere Auffassungen als sein Bruder. Sein Gemüseladen lief gut, er hielt es für die Pflicht des Mannes, Frau und Kinder zu versorgen; nie sah man ihn mit den Männern im Café seine Zeit verschwenden. Dass sein Bruder, nachdem die Kfz-Werkstatt dichtgemacht hatte, in der Kamil lange tätig gewesen war, nun überhaupt nicht mehr arbeitete, missbilligte er.

Und dennoch waren seine beiden Nichten froh, dass er nicht ihr Vater war. Als Mariam noch ein kleines Mädchen war, hatte er ihr manchmal etwas Geld zugesteckt und sie gemeinsam mit ihren Geschwistern sogar einmal in den Berliner

Zoo eingeladen. Damals war er noch großzügig gewesen, nicht so ein Geizkragen wie heute. Als Mariam in die Pubertät kam, fiel das Geld weg, außerdem wurde er immer distanzierter; und als er sie eines Nachmittags auf einer Parkbank mit mehreren Jungen erwischte, war er es, der Kamil aufhetzte, seiner Tochter ein anständiges Benehmen einzuprügeln und sie künftig nicht mehr unnötig auf die Straße zu lassen. Da hatte Hamed für sich selbst längst eine Lebensentscheidung getroffen.

Als junger Mann hatte er sich verschiedenen kommunistischen Gruppen im Libanon angeschlossen, bis er durch die Lektüre des Muslimbruders Saed Qutb zu der Erkenntnis gelangte, dass nur der Islam dem greifbaren Werteverfall der gottlosen, christlichen Welt Paroli bieten konnte. Fortan wurde Hamed, der mit Religion in seiner Jugend nicht viel am Hut gehabt hatte, ein strenger Vertreter der islamischen Umma und ein eifriger Moschee-Besucher. Als das World Trade Center zu Asche und Staub zerfiel, störte ihn das nicht, es hatte ja nur die »Ungläubigen« getroffen. Im Laufe der Jahre rückte der Attentäter Mohammed Atta sogar zu seinem Idol auf, der hatte sich für Größeres, für den Islam, geopfert.

Gleichgesinnte fand Hamed im Interkulturellen Zentrum für Dialog und Bildung, einer tristen Gewerbeetage in der Drontheimer Straße, wo die Männer beteten, Geschäfte machten und politisierten. Er verbrachte immer mehr Zeit bei seinen Brüdern im Glauben, legte lange Gewänder an, ließ sich einen Prophetenbart wachsen.

Seine Frau Zaynab musste ihm auf diesem Pfad folgen, sich mit einem selbstgenähten schwarzen Tschador verhüllen, weil das Kopftuch, das das »Paradies um die Ecke« anbot, nach Hameds Geschmack zu wenig verhüllte, außerdem zu bunt und zu auffällig war. Ihr ohnehin nicht sehr freies Leben wurde nun noch weiter eingeschränkt; fortan durfte sie nicht mehr mit ihren männlichen Verwandten telefonieren – Vater und Brüder ausgenommen; Frauennachmittage waren nur geduldet, wenn sie dem Kochen oder dem Yasin-Treff dienten, auf dem eine Vorbeterin den Frauen aus dem Koran vorlas. Fernsehen wurde auf Nachrichten der arabischen Kanäle beschränkt; und aus dem Fenster zu schauen kam einem versuchten Ehebruch gleich.

Dass Zaynab sich längst nicht immer an seine Verbote hielt und gern tiefverschleiert aus dem Haus ging, wenn sie wusste, dass ihr Mann im Gemüseladen gebraucht wurde, musste Hamed ja nicht wissen.

***

Der monatliche Friseurbesuch, den Hamed erlaubte, war ein Höhepunkt in Zaynabs einsamem Alltag, obwohl sie nicht einmal über die Frisur unter ihrem Schleier entscheiden durfte. Billige Pornos, die sich Hamed bereits in der Pubertät, gemeinsam mit seinem Bruder Kamil, zu Gemüte geführt hatte, um sich – wie Kamil es nannte – in der absoluten Kontrolle der Lendengelüste zu üben, hatten seit dem ersten Anblick von Dolly Buster in Hamed eine heftige Leidenschaft für wasserstoffblonde Frauen geweckt, die nicht einmal in der Hochzeitsnacht mit der dunklen Schönheit an seiner Seite wieder zu löschen war. Damit das eheliche Triebverhalten auch weiterhin in seinen religiös vorgeschriebenen ehelichen Bahnen verlief und sich Zaynab der uneingeschränkten Libido ihres Gatten sicher sein konnte, wagte sie mit einer Packung »Born Blond« von Woolworth einen Selbstversuch. Das Resultat war eine brennende Kopfhaut und eine weinende Zaynab, die verzweifelt die kupferfarbenen Strähnen auf ihrem Haupt zu ordnen suchte. Was als Vorbereitung auf eine heiße Liebesnacht gedacht war, endete in einem Ehedrama.

Als Zaynab ihrem Mann schluchzend zu verstehen gab, dass ihre Haare auch nach zwei Stunden noch nicht einmal den Schimmer eines Blondtons aufwiesen, meinte er: »Du bist so dumm, Frau! Auf der Packung steht doch, dass man es nicht länger als 45 Minuten einwirken lassen soll.«

Aber Hamed sah in diesem gescheiterten Versuch ein Zeichen, dass es wohl gegen Gottes Willen war, seine Frau in Dolly Buster zu verwandeln. Hätte Renates Friseurstube nicht alles zum Guten gewendet, hätte er bei seinem Herrn demütig um Vergebung bitten und eigens eine Fastenzeit einlegen müssen. Doch als Zaynab wenige Tage später abends im Schlafzimmer das Tuch lüftete und eine Frau mit weißblonden Haaren enthüllte, die langsam die Bluse aufknöpfte, schickte er einen dankbaren Blick nach oben. Und Renates Friseurstube war um eine Stammkundin reicher.

***

Renates Friseurstube befand sich zwei Busstationen von Zaynabs Zuhause entfernt. Hamed hatte den Laden ausgesucht, er sollte möglichst nicht im Wohnviertel sein. Er wollte nicht, dass die Leute aus dem Viertel seine Frau beim Friseur antrafen. Zaynab sollte den Kontakt zu anderen Menschen möglichst meiden. Bei einem türkischen oder arabischen Friseur bestünde die Gefahr, dass sie zu oft auf andere Frauen treffen würde, die, da war Hamed sicher, viel Unsinn redeten und seine Frau womöglich ungünstig beeinflussen könnten. Hamed gab mehr auf die schlichten Weisheiten seiner Glaubensbrüder aus dem Interkulturellen Zentrum, besonders wenn es um Frauen ging.

Der Friseurladen roch muffig, nach Whiskey, und war eigentlich immer leer. Die grünen blumigen Tapeten und die Föhnhauben aus den siebziger Jahren signalisierten, dass hier die Zeit stehengeblieben war. Renate hatte seit ihrem Einzug in die kleine Ladenwohnung nichts verändert. Als die vier Frauen den Laden betraten, kam die Mittsechzigerin aus dem dunklen Flur geschlurft, der zu den Toiletten führte, grüßte knapp mit dem Kopf und wies auf den Stuhl, der vor dem Waschbecken stand. Dann schloss sie die Tür ab, zog die staubigen Vorhänge zu und knipste das Licht an.

»Na, dann woll'n ma schnell machen, sonst denken die Leute noch, ick hab den Laden jeschlossen. Wie immer, Ansätze färben, oder?!« Zaynab nickte, zog sich das Tuch vom Kopf und legte den Kopf ins Becken.

Lena stand staunend daneben. Was Mariam ihr auf dem Weg zu Zaynab über Hamed und seine Ehefrau alles erzählt hatte, war eine Lebensgeschichte, die sie so nicht kannte. Natürlich wusste sie, dass es andere Kulturen, andere Sitten und Frauen gab, die zu Hause wenig zu melden hatten, das gab es schließlich auch in deutschen Familien. Aber dass Zaynab sich so völlig dem Willen ihres Mannes unterwarf und sich in einen Laden zu einer angetrunkenen Friseurin schicken ließ, die sonst wohl nur noch Omis mit einer Betonwelle bedienen durfte, konnte sie sich nicht erklären. Bisher hatte sie sich dafür auch nicht besonders interessiert. Doch seit sie die Omar-Schwestern kannte und auch bei ihnen zu Hause auf manches stieß, was ihr rätselhaft blieb, wollte sie mehr wissen.

Für Lena begann eine Zeit des Lernens. Sie musste Dinge begreifen und akzeptieren, über die sie sich sonst im Leben nie Gedanken gemacht hatte. Auch sie hatte bestimmte Abmachungen mit ihren Eltern und musste mit Ärger und langen Diskussionen rechnen, wenn sie dagegen verstieß. Doch zu fragen, ob sie für eine Stunde auf die Straße dürfe, so etwas kannte sie nicht, und am Anfang fiel es ihr schwer, die Geduld aufzubringen, mit der Mariam ihre kleinen Freiheiten gegenüber den Eltern durchsetzte – oder genug Mut fasste, um heimlich das zu machen, was ihr verboten war.

Die meiste Zeit verbrachten sie in Mariams und Fatmes Zimmer. Lena begleitete Mariam zuweilen beim Einkaufen oder saß in der Küche, wenn ihre Freundin gemeinsam mit der Mutter das Essen für die Familie zubereitete.

Hawwa war ihr gegenüber großzügig, solange sie die Mädchen im Auge behalten konnte; nie ließ sie Lena gehen, ohne ihr eine von ihren arabischen Köstlichkeiten aufzudrängen, manchmal saß sie mit am Tisch, wenn Fatme, Mariam und Lena Kekse knabberten und Tee tranken. Aber sie sah es nur ungern, wenn ihre Töchter außerhalb ihrer Kontrolle mit der Deutschen verkehrten. Mariam wusste das.

»Ich würde dir gern auch mal meine Familie vorstellen«, sagte Lena zu Mariam. »Meine Mutter ist schon ganz neugierig, und auch mein Vater fragt immer nach dir.«

»Ist besser, du kommst zu uns«, winkte Mariam ab. »Ich kann nicht zu fremden Menschen in die Wohnung gehen, mein Vater würde durchdrehen, wenn er das erführe, und meine Mutter würde es auch nicht erlauben. Du kannst deine Eltern ja von mir grüßen, und nimm Kekse für sie mit. Meine Mutter backt jede Woche, ich kann die Dinger schon nicht mehr sehen.«

»Ich finde, du lässt dir viel zu viel gefallen, Mariam. Ich würde das nicht mit mir machen lassen. Du bist schon über sechzehn und darfst noch nicht einmal mit mir ins Kino gehen, das ist doch totale Scheiße!«

Bei solchen Diskussionen wurde Mariam von einer Mischung aus Zorn und Traurigkeit überfallen. Was wusste diese

Deutsche aus verwöhntem Hause schon von ihrem Leben? Was wusste Lena schon davon, wie es in der Familie Omar zuging? Wo jede Grenzüberschreitung nicht in eine ruhige, verständnisvolle Aussprache mit anschließender Versöhnung mündete, sondern wo es Schläge setzte, wenn man Pech hatte, ins Gesicht, wenn man Glück hatte, ohne dabei Spuren zu hinterlassen.

Aber Lena bettelte so lange, bis Mariam eines Tages sagte: »Okay, ich lass mir was einfallen, um am Wochenende mit zu dir zu kommen. Aber ich muss das erst mit Hayat absprechen.«

* * *

Hayat war Kamils jüngste Schwester. Mit ihren 22 Jahren hatte sie bereits so viel erlebt, dass sie für Mariam und die anderen Mädchen aus der Verwandtschaft jemand war, die in jeder Lebenslage den richtigen Rat und für jedes Problem die passende Lösung hatte. Als sie 14 Jahre alt war, wurde Hayat mit ihrem damals dreißigjährigen Cousin Majid verheiratet. Hayat erzählte den Mädchen immer wieder gern von ihrer Hochzeitsnacht, als sie Majid vorgegaukelt hatte, ihre Periode zu haben. Nach islamischen Regeln durfte er sie nicht anfassen, solange sie »unrein« war. Ganze sieben Tage konnte sie ihn sich mit dieser Lüge und ein paar Tropfen Rinderblut in der Unterhose vom Hals halten. Doch eines Tages, als sie beim Kochen war, packte er sie und nahm sich, was ihm seit der Hochzeitsnacht zustand: ihre Jungfräulichkeit. Hayat erzählte davon, als würde sie nicht von sich, sondern von einer Fremden sprechen.

Die Ehe blieb lange Jahre kinderlos. Erst nach monatelangen Untersuchungen und Hormonbehandlungen kam heraus, dass Majid zeugungsunfähig war. Seit der Zeit blieb er oft weg, manchmal kam er erst nach Tagen wieder nach Hause. Hayat fragte nie. Wenn sie es für angebracht hielt, täuschte sie Besorgnis vor; auch sonst achtete sie streng darauf, bloß keinen Streit zu provozieren. Sie wollte in Ruhe gelassen werden, kochte für ihn und schlief mit ihm, wann immer er es wollte. Dann machte sie sich steif wie ein Brett und zählte die Sekunden, bis er kam; seine Spitzenleistung lag bei 15 Sekunden.

Dass Majid ein Aktivist der Hisbollah in Deutschland war, erfuhr sie erst, als ein Anwalt auf der Bildfläche erschien, der Majid, dem man einen Auftragsmord anlastete, verteidigen sollte. Majid bekam acht Jahre und ein Ticket in den Libanon.

»Hey, Hayat, wann wird Majid denn nun eigentlich abgeschoben?«, wollte Mariam wissen, als Lena und sie am nächsten Tag bei Hayat in der Küche saßen.

»Wenn ich Glück habe, sitzt er noch ein paar Jahre hier im Bau, bevor das losgeht.«

»Und wenn er geht, fliegst du dann hinterher? Mach das bloß nicht! Was sollen wir denn machen, wenn du nicht mehr hier bist?«

»Denkst du, ich gehe da freiwillig mit?« Hayat gab Mariam einen leichten Klaps auf den Hinterkopf und grinste Lena dabei an. »Siehst du, Lena, so sind meine lieben Nichten, denken nur an sich, aber das hast du bestimmt auch schon gemerkt, was, Süße?«, wandte sie sich dann wieder Mariam zu, »das Einzige, was mein Mann von mir noch zu sehen kriegt, sind Fotos, die ich ihm in die Heimat schicken werde. Auf denen werde ich todkrank aussehen und ihm in meinen Briefen versichern, dass ich gleich, wenn ich wieder gesund bin, zu ihm kommen werde.«

»Ja und dann?? Versteh ich nicht.«

»Mann, Mariam, bist du wirklich so dumm?? Ich werde nicht mehr gesund, ich bin dann so krank, dass ich hier überhaupt nicht mehr wegkomme. So etwas gibt es schließlich.«

»Einen Scheiß redest du. Dein Mann kennt die ganze Hisbollah, denkst du etwa, der würde dir glauben? Er würde dafür sorgen, dass ein anderer Arzt zu dir kommt, der dir schnell klarmachen würde, wie krank du wirklich bist.«

Mariam griff sich bei ihren letzten Worten an die Gurgel, drückte zu und riss ihre Augen so weit auf, dass die roten Äderchen des Augapfels zu sehen waren. Sie lachte ihre Tante aus, und auch Lena konnte nicht an sich halten und fragte schadenfroh: »Und welche Krankheit hast du dann?«

»Darüber zerbreche ich mir doch jetzt noch nicht den Kopf. Es gibt schließlich alles Mögliche, da wird mir schon noch was einfallen.«

Mit einer flinken Handbewegung hatte Hayat bei diesen Worten drei Sektgläser aus dem Küchenschrank und eine Flasche teuren Prosecco aus dem Kühlschrank gegriffen. Sie ließ den Korken an die Decke knallen: »Prost!«

»Sag mal, bist du völlig verrückt? Trinkst jetzt auch noch Alkohol? Wenn Kamil das sieht, macht er Kebab aus dir«, protestierte Mariam erschrocken.

Statt einer Antwort kippte Hayat den Prosecco in einem Zug hinunter und goss sich gleich den nächsten ein. Dann steckte sie sich eine Zigarette an, nahm einen kräftigen Zug, blies den Qualm durch ihre Nasenlöcher aus und sagte schnippisch: »Was kümmern dich meine Sorgen, Süße? Bestimmt hast du wieder etwas auf der Seele, oder warum wolltest du mich heute so dringend sprechen?«

Hayat hatte ihre Nichten gern um sich. Sie wusste, welchem Stress die beiden zu Hause ausgesetzt waren, und wenn sie an ihren jähzornigen Bruder dachte, war sie glücklich, allein, ohne einen Mann im Haus zu leben. Freunde aber hatte sie kaum. Als junges Mädchen war es ihr nicht gestattet, Freundschaften zu haben, und nach der Hochzeit mit Majid verbrachte sie die meiste Zeit des Tages zu Hause oder bei ihren Schwiegereltern, die inzwischen nach Bremen gezogen waren. Die Freiheit, die sie seit Majids Verhaftung genoss, war ihr anfänglich so fremd gewesen, dass sie gar nicht recht damit umzugehen wusste.

Die einzige richtige Freundin, die sie hatte, war Dana aus Kreuzberg. Die beiden kannten sich von der Berufsschule, die Hayat für einige Monate besucht hatte, und teilten ein ähnliches Schicksal. Auch Dana war in jungen Jahren schon zwangsverheiratet worden, aber nach zwei Jahren Ehe, in der sie anfänglich alle nur erdenklichen Erniedrigungen stillschweigend ertragen hatte, begehrte sie auf gegen die Familie, gegen ihren Mann und schließlich gegen die ganze türkische Gemeinschaft, der sie entstammte. Sie hatte genug von diesen Macho-Männern, die glaubten, über das Leben von Frauen herrschen und verfügen zu dürfen. Nach ihrer Zeit im Frauenhaus tat sie sich nur noch mit Frauen zusammen, lehnte alles ab, was Frauen in ihren Augen zum begehrten Sexualobjekt der Männer machte, rasierte sich die Haare so kurz, als wolle sie in die American Army eintreten, trug schlabbrige Latzhosen und scherte sich nicht drum, dass sie immer dicker wurde. Hayat hatte irgendwann Probleme damit, sich mit ihrer Freundin noch zu treffen, und mied sie seitdem.

***

Mariam wusste um die Einsamkeit ihrer Tante. Hayat rief oft bei ihr an, lud sie zu sich ein oder chattete mit ihr. Manchmal verbrachten die beiden einen ganzen Tag gemeinsam bei Hayat vorm Computer, unterhielten sich mit fremden Männern und schickten Fotos ihrer schönsten Cousinen aus der Türkei herum, die sie als ihre eigenen Abbilder ausgaben. So konnten sie sicher sein, dass niemand sie erkannte, und trotzdem die interessierten Männer bei Laune halten. Zu einem Blind Date hatten sie sich noch nie überreden lassen, zu groß war ihre Angst, am Ende einen Bekannten oder Verwandten anzutreffen.

»Tantchen, du musst heute wieder mein Alibi sein; ich will mit zu Lena gehen, wir wollen dort ein bisschen abhängen. Wenn mein Vater anruft, sag ihm, dass ich gerade einkaufen bin – lass dir irgendwas einfallen. Hier, Lenas Nummer, wenn was ist, ruf an.«

»Und was mach ich, wenn dein bescheuerter Bruder wieder vorbeikommt?«

»Dann mach einfach nicht auf, bist eben unter der Dusche. Mach einfach nicht die Tür auf.«

Als Mariam registrierte, wie Lena dieser Unterhaltung mit großen Ohren folgte, merkte sie, wie unangenehm es ihr war, vor ihrer Freundin deutlich werden zu lassen, dass sie für vieles, was für Lena selbstverständlich war, immer ein ganzes Lügengebäude errichten musste. Sie wusste, dass Lena das kaum verstehen und sie wieder drängen würde, Kamil und Hawwa endlich klarzumachen, dass eine Sechzehnjährige fast schon erwachsen war und mehr Freiheiten haben musste. Dass es in muslimischen Familien gerade umgekehrt war, dass die Kontrolle und der Druck zunahmen, wenn ein Mädchen ins heiratsfähige Alter kam, das war den Deutschen einfach nicht klarzumachen. Manchmal träumte Mariam davon, sie stünde eines Tages auch in einer der langen Schlangen vor den Clubs an der Warschauer Brücke und würde nach Einlass in einem der tiefen Clubsessel versinken. Aber für Mädchen wie sie waren solche Orte, an denen andere sich trafen, verboten. Kamil würde sie totschlagen, wenn er davon erführe.

Solche trüben Gedanken beiseitewischend, ging sie entschlossen auf den Kleiderschrank ihrer Tante zu, nahm sich ein enges Ed-Hardy-Shirt mit Totenkopfaufdruck und Paillettenkreuz heraus und verschwand damit im Badezimmer.

»He, Mariam, Süße, warte mal, wie war noch dein Username im Netlog? Arabbeauty?« Hayat zog einen zweiten Stuhl an den Computertisch und bot Lena den Platz an.

»Nein, Mann, ArabQueen!«, tönte es hinter der verschlossenen Badezimmertür.

* * *

Mechthild hatte den Tisch im lichtdurchfluteten Dachgeschoss mit dem teuren Porzellan gedeckt, aber vergessen, den Tisch vorher abzuwischen, was Mariam sofort registrierte. Als Mechthild sich dann auch noch die Finger ableckte, nachdem sie die Kuchenstücke mit der Hand auf dem Porzellanteller arrangiert hatte, war für Mariam klar, in welche Kategorie von Hausfrauen Lenas Mutter einzuordnen war.

»So, du bist also Mariam. Schön, dass wir uns endlich einmal kennenlernen, Lena hat schon viel von dir erzählt. Und was machen deine Eltern?«

»Hartz IV.«

»Ach, sie arbeiten bei der Hartz-IV-Behörde? Interessant. Und auf welche Schule gehst du?«

»Nein, wir leben von Hartz IV. Und ich gehe zur Hauptschule.« Der giftige Blick, den Lena ihrer Mutter zuwarf, entging Mariam nicht. Es machte ihr Spaß, ein paar realistische Bleikugeln in die heile Welt dieser Wohnung zu schießen. Sie hatte ein gutes Gespür für Stimmungen und Menschen und schnell erkannt, dass Mechthild von der rauen Wirklichkeit auf den Weddinger Straßen keine Ahnung hatte. Einen kurzen Moment lang hatte sie mit dem Gedanken gespielt, Mechthild etwas vorzumachen, ihr irgendeine fantastische Familiengeschichte aufzutischen. Dann aber entschied sie, dass ein solcher Aufwand gar nicht lohnte – wozu auch? Vom ersten Augenblick an mochte sie diese Frau nicht besonders und entwickelte überhaupt keinen Ehrgeiz, sie positiv zu beeindrucken. Und einfach mal ehrlich zu sein war schließlich eine willkommene Abwechslung.

Mechthild stellte danach ohnehin keine Fragen mehr. Ihr anfänglich großes Interesse für die Freundin ihrer Tochter war schlagartig erloschen. Sie stopfte sich hastig ein Stück Kuchen in den Mund, entschuldigte sich dann und verschwand in ihrem Zimmer.

»Sag mal, Lena, habt ihr gar kein Wohnzimmer?«

»Jeder hat sein eigenes Zimmer und dann gibt es noch die Wohnküche.«

»Krass! Dann muss dein Vater bei deiner Mutter immer erst anklopfen, wenn er mal ranwill?«

Lena mochte es nicht, dass Mariam so von ihren Eltern sprach, traute sich aber auch nicht, ihr das zu sagen. Auch Mariam verkniff sich weitere Bemerkungen – wäre Lena nicht ihre Freundin, hätte sie nur zu gern noch länger über dieses merkwürdige Familienleben der Deutschen hergezogen. Sie lästerte gern über andere, das ließ ihr das eigene Leben erträglicher erscheinen. Seit sie Lena kannte, konnte sie sich nicht mehr so leicht einreden, dass die strengen Auflagen ihrer Eltern nur dazu da wären, sie vor falschen Einflüssen zu schützen, damit sie keine Schlampe wurde. Stattdessen ertappte sie sich manchmal dabei, dass sie wünschte, sie wäre Lena und könnte sich endlich einmal all die Klamotten leisten, von denen sie sonst nur träumen konnte.

Bei dem Rundgang durch die Wohnung kam Mariam aus dem Staunen nicht mehr heraus: »Ey, eure Wohnung ist ja doppelt so groß wie unsere, und dabei seid ihr nur zu dritt, oder? Sag deinen Eltern, ich zieh bei euch ein.«

Der begehbare Kleiderschrank in Lenas Zimmer hatte es ihr besonders angetan. Ohne zu fragen, wühlte sie in den Klamotten und griff sich, was ihr gefiel, heraus. »Sag mal, warum rennst du eigentlich immer wie so ’n Öko-Punk herum? Du hast doch voll die geilen Klamotten!«

Die nächsten Stunden verbrachten sie damit, Kleider, T-Shirts, Hosen und Röcke anzuprobieren, sich zu schminken und zu stylen. Wenn es ums Schminken ging, erwies sich Mariam als Naturtalent. Den Kajalstift in der Hand, die Vorderzähne auf der Unterlippe, die Brauen hochkonzentriert zusammengezogen, malte sie filigrane Linien um die Augen, wie ein Profi. Lena hatte noch nie viel Zeit darauf verwendet, sich die Augenbrauen zurechtzuzupfen, um sie anschließend mit einem Stift symmetrisch und wohlgeschwungen nachzuzeichnen. Jetzt aber genoss sie diese neue Erfahrung – wie sie überhaupt die Freundschaft mit Mariam trotz zuweilen auch unangenehmer Momente als großen Gewinn empfand, denn mit ihr war alles neu und spannend.

»Sag mal, wenn du ein eigenes Zimmer hast, nimmst du dann auch Jungs mit nach Hause?«

Das war eine dieser Fragen, bei denen Lena schon am Tonfall erkannte, dass sie jetzt aufpassen musste, um von Mariam nicht in die »typisch deutsch«-Schublade gepackt zu werden. Über Jungen konnte man mit Mariam nur schwer reden, sie war überzeugt, dass man keinem trauen konnte. Die hätten doch nur eins im Sinn: das Mädchen ins Bett zu kriegen. Wenn Lena darauf hinwies, dass sie mit einigen Jungen aus ihrer Klasse befreundet war, denen man das überhaupt nicht nachsagen konnte, dann reagierte Mariam fast unwirsch: »Ich weiß, wovon ich rede. Im Gegensatz zu dir habe ich zwei Brüder, und wenn die auf ein Mädchen scharf sind, dann spielen die auch gern den Heiligen. Und am Ende bekommen die Weiber einen Arschtritt.«

»Natürlich dürfen mich auch Jungs besuchen«, sagte Lena jetzt, während ihr Kopf immer noch auf einem Kissen in Mariams Schoß ruhte, obwohl ihre Augenbrauen schon fast komplett weggezupft waren, »aber ich hab nichts mit denen.«

Erleichterung war in Mariams Gesicht zu lesen. Lena hatte jetzt etwas gut bei ihr, fast war sie in den Rang einer Schwester aufgerückt. Keine von ihnen beiden hatte der anderen etwas voraus, beide gehörten sie der Schicksalsgemeinschaft von Jungfrauen an, die gern ausführlich über alles sprachen, was verboten war – so wie die Frauen in den türkischen Talkshows, die Fatme und Mariam sich oft gemeinsam mit Hawwa anschauten.

Lena hatte schon bei anderen Gelegenheiten gespürt, dass Mariam dieses Thema fast übertrieben wichtig fand. Auch bei Fatme war das so. So oft kam das in ihren Gesprächen vor, auch wenn sie über andere muslimische Mädchen und Frauen sprachen. Die Jungfräulichkeit schien ein Eckpfeiler ihres Lebens zu sein. Alles Streben, alle Hoffnungen und Träume kreisten immer wieder um diesen Zustand, den man nur einmal verlieren konnte, dessen Verlust das Leben aber für immer veränderte. Lena konnte dem nie ganz folgen. Solche Gedanken waren ihr fremd. Keiner ihrer deutschen Freunde würde fragen: »Bist du noch Jungfrau?« Eher würden sie wissen wollen: »Hast du schon mal mit einem Jungen geschlafen?«

»Ich sag ja auch immer, nicht alle sind gleich, es gibt solche und solche«, plapperte Mariam vor sich hin. »Guck mal, bei den Muslimen, da gibt's Mädchen, die Kopftuch tragen; manchmal sehe ich die irgendwo im Park, wo auch die Jungs gern abhängen, die am liebsten nur Pinguine schießen.«

»Wie, in welchem Park gibt's denn, bitte schön, Pinguine?«

Mariam konnte so blitzschnell das Thema wechseln wie ihre Laune. Lena hatte manchmal Schwierigkeiten, ihr zu folgen.

Inzwischen aber legte sie an Tempo zu, verstand die Gedankengänge ihrer Freundin immer besser und konnte fast schon mit ihr Schritt halten.

»Nein, Mann, ich mein doch nicht die Tiere, ich meine die Weiber mit Kopftuch, die sehen doch manchmal aus wie Pinguine. Na ja, ich hab gehört, dass die sich im Park heimlich poppen lassen.«

Mariam genoss die Stunden bei Lena zu Hause, für sie war das wie Urlaub. Die Atmosphäre in der großen Wohnung war so friedlich, die Zimmer mit den riesigen abstrakten Bildern an den Wänden, die Mariam gefielen, auch wenn sie sie nicht zu deuten wusste, waren hell und einladend. Hinter der Tür von Lenas Wohnung tat sich für sie eine aufregende Welt auf, die so viel verheißungsvoller war als das, was sie aus den deutschen Nachmittagsserien kannte, die Fatme und sie eher sterbenslangweilig fanden. Noch aufregender wurde es, als sie Lenas Vater Pierre kennenlernte. Einem Mann wie ihm war Mariam in ihrem ganzen Leben noch nicht begegnet.

* * *

Pierre war ein Mittvierziger mit grauen Schläfen, der sich einen jungenhaften Charme bewahrt hatte. Er hielt sich körperlich fit mit Laufen, Yoga-Übungen und regelmäßigen Besuchen im Kieser-Studio. Seine schlanke Figur betonte er mit taillierten Hemden, die er in diversen Grau-, Braun- und Anthrazittönen sowie in Schwarz und Weiß besaß. Meistens trug er enge Jeans dazu. Er war ein sehr viel besserer Koch als Mechthild und ein leidenschaftlicher Feinschmecker. Er liebte es, seine Frauen mit neuen phantasievollen Kreationen zu verwöhnen. In Mariams Augen hätte er sehr viel besser zu einem Fotomodell als zu Mechthild gepasst. Wie er mit einer solchen unweiblichen Frau zusammen sein konnte, die nicht kochen konnte, in Kleidersäcken durch die Wohnung lief und vermutlich noch nie in ihrem Leben Schuhe mit hohen Absätzen getragen hatte, war Mariam unbegreiflich.

»Und du bist Kurdin?«, sprach Pierre sie an.

Mariams Puls schnellte hoch, denn Pierre hatte die Angewohnheit, ihr dabei unverwandt in die Augen zu sehen, was Mariam erröten ließ. In ihrer Familie galt ein solcher Blick als unzüchtig. Seit ihrer Kindheit war ihr eingebläut worden, dass man vor Männern die Augen niederzuschlagen hatte.

»Ja, also nicht wirklich, also eigentlich sind wir mehr arabisch.«

So genau hatte Pierre es gar nicht wissen wollen. Eigentlich hatte er nur einen Einstieg gesucht, um von seinen großen Erlebnissen auf seinen Reisen in die weite Welt zu berichten.

»Ihr seid also Muslime, oder? Ich habe viele muslimische Freunde, in Kairo und in Marokko und sogar in Dubai. Sind alles sehr nette, gastfreundliche Leute. Ich habe einen guten Freund, der Beduine und ein so stolzer schöner Mann ist. Obwohl er sehr arm ist, darf es seinen Gästen an nichts fehlen.«

Seine Reisebeschreibungen über den Orient waren für Mariam Berichte aus Ländern, von denen sie nur so viel wusste, wie die TV-Dokus hergaben, die sie sich manchmal ansah. Die Geschichten, die Pierre erzählte, klangen in ihren Ohren wie Märchen aus Tausendundeiner Nacht. Lange zuhören konnte sie ihm ohnehin nicht, es strengte sie an, seinen Ausführungen zu folgen. Und manchmal stellte Pierre dabei Fragen, auf die sie keine Antworten wusste. Das war ihr peinlich. Außerdem bekam sie, wenn er so blumig plauderte, immer einen unerklärlichen Heißhunger auf Baklava, doch das behielt sie lieber für sich.

Als Pierre von ihr wissen wollte, in welcher Branche ihr Vater tätig war, sah Mariam endlich ihre Chance gekommen, auch einmal eine Geschichte zum Besten zu geben. Sie mochte es, Menschen zu unterhalten, noch lieber mochte sie es, wenn sie ihnen dabei einen kleinen Schock verpassen konnte.

»Also, wenn ich so auf die Uhr gucke, dann ist jetzt genau die Stunde, in der mein Vater wieder eine Karte abdrückt.«

Sie genoss Pierres und Lenas verwunderte Blicke, und noch bevor die beiden fragen konnten, legte sie nach: »Wie immer, wird er beim Kartenspiel in Fathis Café wieder verloren haben. Deshalb muss er erst einmal einige Gläser Raki kippen, bevor er auf dem Weg nach Hause über das Café flucht. Noch in der Küche wird er alle als Hurensöhne beschimpfen, bis meine Mutter ihn darauf hinweist, dass sein Cousin Farid auch ständig in diesem Café sitzt.«

Danach prustete sie los, Lena stimmte in Mariams Gelächter ein. Pierre blieb stumm. Solche Geschichten hörte er nicht gern. Unweigerlich musste er dabei an die arabischen Jungen denken, die ihm manchmal den Weg versperrten, wenn er mit seinem Fahrrad die Brunnenstraße hochkam. Meistens grinste er verkrampft, wenn er sie sah, täuschte erwachsenes Verständnis für diesen Jungenstreich vor oder versuchte, sich mit einem lockeren Spruch aus der Bedrängnis zu retten: »Ey, Jungs, tut mir leid, aber heute habe ich meinen MP3-Player nicht dabei. Und mein Handy ist auch schon vier Jahre alt.« In Wahrheit empfand er ziemliche Angst in solchen Situationen. Dass er dabei überreagierte und die Jungs ihn auch ohne solche Bemerkungen, die nur seine Furcht verrieten, ziehen lassen würden, wusste er nicht. Er kannte sich nicht aus in deren Welt. Diesmal rettete er sich aus seiner Sprachlosigkeit angesichts von Mariams Geschichte über ihren Vater durch die Aufforderung an seine Tochter: »Lena, hast du deiner Freundin schon unsere Terrasse gezeigt? Wenn ihr wollt, können wir heute Abend zusammen grillen.«

Aus solchen abendlichen Verabredungen wurde nie etwas. Mariam war froh, wenn sie ganze drei Stunden bei Lena sein konnte, ohne dass Hayat sich mit einem Brandanruf meldete. Anfangs machte sie Lena und ihren Eltern noch etwas vor, wenn sie sich spätestens um kurz vor 18 Uhr verabschiedete – ihre Mutter sei krank, Besuch habe sich angekündigt oder ähnliche Geschichten. Aber irgendwann wurde ihr das lästig, und sie sagte einfach, dass ihre Eltern es nicht gestatteten, wenn sie so spät noch draußen war. Spätestens um sechs Uhr musste sie zu Hause sein, um das Abendessen für die Familie mit vorzubereiten und die anfallende Hausarbeit zu erledigen, damit Hawwa keinen Anlass sah, bei Kamil zu petzen, dass seine Tochter erst so spät heimgekommen war.

Geschwisterliebe

Masud und Rafi waren das, was Soziologen und Kriminologen »Jugendliche mit Migrationshintergrund« nennen; darüber hinaus würde man sie aufgrund ihrer mangelnden schulischen Erfolge und ihrer Weigerung, eine handfeste Ausbildung zu erlernen und im geregelten sozialversicherungspflichtigen Berufsleben Fuß zu fassen, zu der sogenannten Risikogruppe zählen – kurz gesagt: zu den Loosern. Dabei waren sie zwei clevere Jungs, gesund und kräftig und in einem Alter, in dem man vor Kraft kaum laufen kann, nicht drogenabhängig, nicht dem Alkohol verfallen. Und auch sonst »clean«: Sie beteiligten sich nicht einmal an den unter ihresgleichen durchaus populären »Undercover-Geschäften« – den Beschaffungsaktionen von Geld jenseits der Legalität –, obwohl sie sowohl über die besten Kontakte wie auch über genügend Zeit verfügten, um in diese Branche einzusteigen, denn außer der Aushilfe in Onkel Hameds Gemüseladen gab es für sie nichts Sinnvolles zu tun.

Auch wenn sie, wie all die anderen Jungs in ihrem Viertel, davon träumten, von ganz unten nach ganz oben aufzusteigen, so wie »Scarface« Tony Montana, ein kleiner kubanischer Einwanderer, der es in Miami durch Kokaingeschäfte zu sagenhaftem Reichtum brachte, so blieb es doch bei Masud und Rafi ein eher vager Traum. Dass sie nicht auf den kriminellen Zug sprangen, mit dem sie ihn vielleicht realisieren könnten, war ihrem Respekt vor Allah zu verdanken. Denn stets meinten sie, seine unsichtbare Hand zu spüren, wenn sie auch nur gedanklich mit der Vorstellung spielten, den deutschen Kifferjungs am Humboldthain das Handy abzunehmen oder doch einmal – vielleicht nur ein einziges Mal – mit auf Bruch in das Automatencasino zu gehen. Immer wenn sie solche Möglichkeiten erwogen, war es, als erhielten sie einen leichten Schlag im Nacken, der sie verlegen gen Himmel blicken und stumm um Vergebung flehen ließ für ihre sündigen Gedanken.

Besonders Masud fühlte sich davon heimgesucht. Als er in die Pubertät kam, wuchs sein Interesse für den Islam. Er sah sich mit jeder neuen religiösen Weisung, die er auf der Straße von Gleichaltrigen aufschnappte, immer stärker in den Bann von Allahs Wort gezogen und wurde geradezu süchtig danach, jede Pore seines Körpers, seines Geistes und seiner Seele von der erlösenden Macht des Einzigen durchdrungen zu wissen.

Angefangen hatte das im City-Chickengrill auf der Sonnenallee. Der Mann mit krausem Bart und knöchellangem Gewand, der ihn anfixte, hieß Abdul. Er war einer von denen, die den Koran und alle islamischen Gesetze aus der Zeit des Propheten wörtlich nahmen. Und damit seine Vorstellung einer Gesellschaft wie zu Mohammeds Zeiten irgendwann Wirklichkeit werden konnte, saß er oft mit der Geduld einer Zecke und dem wachsamen Blick einer Raubkatze in Cafés und Bistros und hielt Ausschau nach potentiellen Opfern, denen er mit seinen Paradiesschwärmereien den Weg in die nächstgelegene Islamisten-Szene weisen könnte. Er war gerade dabei, die letzten Brustfleischfasern mit der Gabel vom Knochen zu pulen, als ihm Masud ins Auge fiel, der schüchtern und unbeholfen, den heißen Plastikteller mit Huhn, Pommes und einer übergroßen Portion Humus auf dem Handteller balancierend, nach einem freien Platz suchte.

»Setz dich zu mir, Bruder«, forderte er ihn mit sanfter, leiser Stimme auf, die dennoch keinen Widerspruch zu dulden schien.

Binnen Minuten, nachdem Abdul Masud alles entlockt hatte, was er über ihn wissen musste, waren sie auch schon bei Gott und dann, als Masuds Handy plötzlich zu klingeln anfing und dabei die smoothen Beats einer RnB-Ballade an Abduls Ohr drangen, beim Teufel angekommen.

»Musik ist *haram*, Bruder, Versuch des Teufels zu verführen. Ihr jungen Leute lebt gefährlich, überall ist Versuchung.«

Hätte Kamil ihm diese Predigt gehalten, hätte Masud wahrscheinlich auf Durchzug geschaltet und gedacht, dass der Alte sich nur wieder wichtigmachen wolle und ohnehin nicht ganz von dieser Welt sei. In Abduls Stimme aber hörte er eine Ernsthaftigkeit heraus, die ihn vom ersten Moment an gefangennahm. Er lauschte, an seinen Hähnchenflügeln knabbernd, und nickte nach jedem Satz, den der geheimnisvolle Fremde ihm mit dem Pathos eines Hellsehers anvertraute, als werde ihm, Masud, hier auch sein persönliches künftiges Schicksal vor Augen geführt. Der Mann mit den übertriebenen rollenden R- und zischenden S-Lauten, mit denen er sein schlechtes Deutsch zu kaschieren suchte, schrieb Masud die Adresse einer Moschee im Wedding auf die Papierserviette und gab sie ihm mit den Worten: »Hier gehst du, wenn du Wunsch hast, zu reden über Koran und Allah.« Er drückte ihm die Serviette in die Hand, fasste sich mit der linken Hand an die Brust und war mit einem »Bis bald, mein Bruder« auch schon verschwunden.

Masud war irritiert über den abrupten Abschied und fühlte sich, nachdem sie ein so intensives Gespräch gehabt hatten, plötzlich im Stich gelassen. Er konnte nicht ahnen, dass es Abduls Taktik entsprach, just in dem Moment zu gehen, wenn die Aufmerksamkeit seines Gegenübers ihn ahnen ließ, dass der Gipfel des Spannungsbogens erreicht war. Abdul war sich sicher, früher oder später würde ihm Masud erneut über den Weg laufen, da vertraute er ganz auf die Macht Allahs, der es so kommen lassen würde, wenn es so sein sollte. *Amin.*

⋆⋆⋆

Verglichen mit seinem Bruder Rafi, war Masud ein eher stiller Junge, der die Demütigungen und Ohrfeigen seines Vaters immer wortlos erduldete und sich danach stundenlang in sein Zimmer zurückzog. Mit seinen 23 Jahren war er der älteste Sohn und nach Meinung seiner Mutter ihr hässlichstes Kind. »Du kommst nach deinem verstorbenen Onkel, Gott hab ihn selig, mein Kind. Er hatte auch so eine große Nase, so wie du, und je älter du wirst, desto größer wird sie«, hatte Hawwa ihm schon in jungen Jahren prophezeit. Wenn es stimmte, dass Allah ganz nach seinem Ermessen die Schönheit unter den Menschen verteilte und jeder die Portion bekam, die der Allerhabene für angemessen hielt, musste er bei Masud einen schlechten Tag gehabt haben oder ihn eines Besseren nicht für würdig befunden haben – anders konnte Masud sich nicht erklären, warum er den unförmigsten Zinken in der Familie und, gemessen an seiner Körpergröße von 1,65 m, einen viel zu großen Kopf hatte. Komplexe häuften sich bei ihm an wie kleine schmerzende Wunden, die er besonders dann verspürte, wenn er in der U-Bahn ein hübsches Mädchen sah, das seinen bewundernden Blicken sichtlich abgetörnt auswich oder, noch schlimmer, überheblich mit seiner Freundin zu kichern anfing. Nur auf seine Muskeln, die nicht nur vom Obstkistenschleppen so beeindruckend gewachsen waren, war Masud sehr stolz. Er verbrachte viel Zeit im Fitnessstudio, und wenn man ihn in seinen engen T-Shirts sah, konnte man meinen, seine Kraft könne ihn jeden Moment explodieren lassen.

Wenn er zu Hause war, vertrödelte er die meiste Zeit mit

der Playstation, die er sich mühsam von Hameds spärlichem Lohn zusammengespart hatte. So musste er nicht über sein Leben, seine Zukunft und über Mädchen nachdenken, sondern ballerte und prügelte so lange mit dem Joystick herum, bis seine Finger vom ständigen Reiben und Drücken ganz wund waren und er irgendwann erschöpft in sein Bett fallen konnte, während Rafi dann meistens noch einen Actionstreifen sah. Mit dem Flimmern des Fernsehers und der Geräuschkulisse eines überfallenen Geldtransporters oder einer wilden Verfolgungsjagd konnte Masud am besten einschlafen. Liebesfilme mochte er nicht. Sie waren für ihn »schwules Gelaber«, aus dem er sich sofort wegzappte. Mariam und Fatme hatten sich schon darauf eingestellt, dass sie nur dann ungestört fernsehen konnten, wenn Masud nicht daheim war.

Auch Rafi litt unter dem mürrischen Wesen seines Bruders, jeder fröhliche Moment löste sich unter Masuds missgünstigen Kommentaren ins Nichts auf. Seit Rafi vor ein paar Wochen seine Emina, eine 28-jährige geschiedene Bosnierin mit Kind, im Havanna Club in der Hauptstraße kennengelernt hatte, guckte auch er gern einmal einen Liebesfilm, der ihm durch die ätzenden Bemerkungen seines Bruders allerdings meist vergällt wurde. Dass Rafi ihn gewähren ließ, war nur seinem Mitleid mit dem großen Bruder geschuldet, der in seinem Leben so wenig Liebe erfuhr.

* * *

Alles änderte sich, als Eda in Masuds Leben trat. Ein Zufall. Wer konnte schon ahnen, dass Rafi sich vor seiner ersten Nacht mit Emina sämtliche Haare an Beinen, Po und an der Brust entfernen lassen wollte, so wie es ihm die Jungs aus dem Fitnessstudio geraten hatten. Eigentlich hatte er höllische

Angst vor den Schmerzen einer Ganzkörper-Heißwachsenthaarung und mit dem Gedanken gespielt, dem Haarwuchs – wenn überhaupt – höchstens mit einer Gillette Mach 5 zu Leibe zu rücken. Doch die Ermunterungen seiner Fitness-Kumpane waren so eindringlich, dass sie ihm noch in den Ohren nachklangen, als er eigentlich schon auf dem Weg zu Rossmann war, um die Rasierklingen zu holen. »Ey, Alter, du fühlst dich wie neugeboren. Nein, Mann, das sind doch keine Schmerzen, wer bei so was Schmerzen empfindet, der ist doch kein richtiger Mann! Guck doch mal die Frauen an, die machen das doch ständig! Ey, und wenn du rasierst, *wallah*, dann bereust du das dein ganzes Leben lang, Alter, denn das wird so jucken, dass du denkst, du würdest am liebsten deinen Arsch abreißen. Mann, ehrlich, glaub uns, Heißwachs ist das Beste!«

Es kam also, wie es kommen musste, Masud würde später sagen: wie Allah es für ihn bestimmt hatte. Als Rafi vor Eda in der vier Quadratmeter großen Kosmetikkabine mit der lila Styroportapete die Hosen runterließ, bekam das Mädchen glühende Wangen – nicht etwa weil Eda sich genierte, einen nackten Mann zu sehen, sondern weil Rafis extremer Afrolook am falschen Platz sie erkennen ließ, welche Schmerzen den Ahnungslosen erwarteten.

Lieblos klatschte sie ihm das heiße Wachs mit einem Spatel auf die Unterschenkel, klebte einen Stofffetzen darüber und riss ihn im nächsten Moment schon mit einem Ruck wieder herunter, so dass Rafi für eine Sekunde die Luft wegblieb, er dann aber in einer Lautstärke zu brüllen anfing, dass die weibliche Kundschaft in den Nebenkabinen ebenfalls erschrocken aufschrie. »Schrei ruhig, du bist nicht der Erste. Ich sag ja immer, für Männer ist das nichts«, meinte Eda ungerührt und bearbeitete Rafi ungeachtet seines Gejammers zügig weiter, fast so, als habe sie Spaß daran, ihm Schmerzen zuzufügen. Sie achtete nicht einmal mehr darauf, ob das Wachs, das sie aus dem köchelnden Töpfchen auf Rafis schwarze Wolle strich, nicht doch einen Tick zu heiß für die mit roten Pusteln übersäte Haut war.

»Fertig!«, meinte sie, als Rafi, mit angespannten Beinmuskeln und einem Handtuch zwischen den Zähnen, endlich eine Position gefunden hatte, in der er die Folter besser ertragen konnte. Zum Abschluss drückte sie ihm eine Flasche Babyöl in die Hand und gab ihm den Tipp, sich damit die Wachsreste vom Körper zu wischen. »Sonst bleiben deine Shorts daran kleben.«

Als Rafi an seinen Beinen hinuntersah, zückte er mit spitzen öligen Fingern sein Handy und rief seinen Bruder an. »Masud, wo bist du? Leih dir bitte das Auto von Onkel Hamed und hol mich in der Fuldastraße ab. Bitte! Und mach schnell. Das ist eine Notsituation, ich erklär dir das später, okay? *Hadi, yallah*, mach schnell bitte!«

Als Masud in Hameds zerbeulter Rostkarre mit ihrem verblichenen Schriftzug und dem quietschenden Keilriemen vor dem Kosmetikstudio bremste, war es bereits zwanzig Minuten nach Ladenschluss. Rafi stand schon vor der Tür, mit Flecken an den Beinen, so groß und dunkel, als hätte er nicht eine Kosmetikbehandlung, sondern einen Freefight am Gesundbrunnen hinter sich. Eda hatte ihm noch Asyl gewährt, nicht aus Großzügigkeit, sondern weil sie nach der intensiven Wachsbehandlung an Rafis störrischer Behaarung ohnehin noch in ihrem Laden bleiben musste, um ihre frisch geklebten Kunstnägel zu erneuern.

»Was ist denn mit dir los, Alter, bist du schwul oder was?«, bellte Masud seinen Bruder an, als er aus dem Wagen stieg. »Seit wann gehen die Männer aus unserer Familie ins Kosmetikstudio? Wenn Baba das sieht!« Alle Spekulationen darüber, in welcher Form Kamil seinen Sohn für die enthaarten Beine zur Rechenschaft ziehen würde, blieben Masud im Halse stecken, als er im moosgrünen Licht der Leuchtreklame eine kurvige Frauengestalt auftauchen sah, die aus dem Schatten des Türrahmens trat und ihn mit einem Blick von oben bis unten scannte, den Masud so schnell nicht vergessen sollte. Ihre stark geschminkten Augen hatte sie mit einer Wimpernwelle aufgetunt, und unter einem zu kurzen T-Shirt hing über den Bund ihrer schwarzen Hüfthose zu beiden Seiten üppiger Babyspeck herunter, den die 18-Jährige mit Selbstbewusstsein zur Schau trug.

»Dein Bruder hat recht, ein Mann braucht eigentlich keine Wachsbehandlung. Aber mir kann's egal sein, soll jeder machen, was er will. Beim nächsten Mal wird es nicht mehr so schlimm sein, das erste Mal ist immer am schlimmsten.«

Obwohl Masud nicht ihr Typ war – ihr Traummann war eine Kreuzung aus Bushido und Brad Pitt, die Optik des bösen Rappers veredelt mit dem Charme ihres Lieblingsschauspielers –, musste sie sich eingestehen, dass Masud etwas ausstrahlte, was sie anziehend fand: Männlichkeit. Er war nicht schön, aber das brauchte ein Mann, fand sie, auch nicht unbedingt zu sein. Viel wichtiger war es, dass er der Frau an seiner Seite das Gefühl gab, schön zu sein. Denn Edas vorlaute Klappe, ihre direkte Art und ihr perfektes Make-up, dem sie täglich zwei Stunden opferte, sollten hinwegtäuschen über das, was sie mit Masud verband: Komplexe. Doch bis es soweit war, dass Masud und sie solche Gemeinsamkeiten entdecken konnten, sollten noch Wochen vergehen, Wochen, in denen Masud an nichts anderes mehr denken konnte, als an die kleinen Fettpolster, die wie Pudding unter Edas Shirt hervorquollen. Der Wunsch, eines Tages in diese üppigen Rollen hineinbeißen zu können, ließ ihn nicht mehr los.

***

Mariam war fürsorglich wie immer, wenn es um Rafi ging. Er war zwar drei Jahre älter als sie, aber irgendwie hatten alle Geschwister und Rafi selbst auch immer das Gefühl, er sei der Jüngste. Denn Rafi war albern, er machte gern Scherze, auch wenn sie nicht angebracht waren, und schaffte es oft, die Stimmung im Hause Omar zum richtigen Zeitpunkt wieder zu heben. Wenn einmal wieder mit einem gewalttätigen Ausbruch von Kamil zu rechnen war und alle schon Stunden vorher in depressive Bedrücktheit versanken, fand Rafi bestimmt einen Grund zu lachen, und wenn er dafür die Katze seines Vaters so lange mit dem Wäschekorb um die eigene Achse drehen musste, bis das Tier das Gleichgewicht verlor und wie besoffen aus dem Korb torkelte.

»Rafi, beim nächsten Mal sagst du mir Bescheid, dann mach ich dir das! Diese Kuh hat dich ja richtig misshandelt. Lass das bloß nicht Baba sehen, der flippt aus!« Mariam drückte ihm einen Beutel mit Kühlgel auf die mittlerweile violett angelaufenen Flecken und rieb die Stellen, an denen das Wachs das blanke Fleisch zum Vorschein gebracht hatte, mit Joghurt ein.

»Ey, ist das Joghurt, Mariam?«

»Ja, das hat Opa im Dorf auch immer gemacht, wenn jemand sich verletzt hatte. Mama hat mir das erzählt. Das ist wie Medizin.«

»Sag mal, spinnst du? Seit wann ist Joghurt Medizin, häh? Die vom Dorf haben auch aus Kuhscheiße Häuser gebaut, weil sie nichts anderes hatten, Mann! Komm, lass mal lieber, ich mach das schon selber.«

Das Gute an Rafi war, dass er umgänglich blieb, selbst wenn er böse oder unzufrieden wurde. Mariam war zwar gekränkt, dass ihr Bruder ihre Hilfe nicht zu würdigen wusste, musste aber einräumen, dass er mit seinem Verdacht, Joghurt sei kein Allheilmittel, vielleicht recht hatte. Sie würde ihm kaum das Gegenteil beweisen können. Sie machte einfach nach, was sie sich von ihren Eltern abguckte. Dabei fiel ihr zum ersten Mal auf, dass sie oft einfach tat, was Hawwa und Kamil für gut und richtig hielten, ohne das zu überprüfen oder sich selbst nach ihrer eigenen Meinung zu befragen. So hatte sie auch reagiert, als Rafi ihr von Emina erzählte. Sie hatte ihn beschimpft, ihm Dummheit vorgeworfen. Mariam wollte nicht akzeptieren, dass ihr Bruder sich auf eine Frau einließ, die doch viel zu alt für ihn war.

»Lass bloß Mama oder Baba nichts davon wissen, und mach bloß nicht einen auf ernste Liebe«, warnte sie ihn.

»Sie ist nicht so, wie du denkst, Mariam. Sie hat Ehre, sie ist nicht wie die anderen.«

»Ach ja, Ehre!«, äffte Mariam ihn nach. »Und außerdem hat sie ein Kind, aber keinen Mann! Mensch, Rafi, denk doch mal nach, du bist doch noch jung, sie aber sucht jetzt einen, der ihr Kind großzieht!«

»Mariam, du solltest sie erst einmal kennenlernen. Glaub mir, das war ein Unfall in ihrem Leben, die haben sie mit ihrem Cousin verheiratet, so einem Dorfi, dafür kann Emina doch nichts! Sie ist ein ganz vernünftiges Mädchen.«

»Sie ist kein Mädchen, Rafi, sie ist eine Frau. Und außerdem arbeitet sie in der Diskothek. Würdest du etwa erlauben, dass deine Schwestern in der Disko arbeiten, wo jeden Abend fremde Männer um sie sind? Ey, Alter, so kenn ich dich ja gar nicht! Hast du denn gar keine Ehre?«

Rafi sagte nichts mehr. Er ging und knallte die Tür hinter sich zu. Das tat er immer, wenn ihm die Argumente ausgingen. Er ahnte, dass die Auseinandersetzung im nächsten Moment eskalieren würde. Und Rafi hasste Streit.

* * *

Während Rafi seinen Schwestern fast alles anvertraute, was ihn gefühlsmäßig bewegte, erzählte Masud nie etwas über seine Beziehungen zu Frauen. Außer einigen Besuchen im Bordell gab es auch nichts zu erzählen – Frauen fanden in seinem Leben einfach nicht statt. Das änderte sich erst mit Eda. Aber selbst als es mit ihr immer ernster wurde und er sich regelmäßig mit ihr traf, erzählte er niemandem davon, bis er eines Tages von einer seiner vielen Tanten erwischt wurde, als er mit Eda Schuhe im Gesundbrunnencenter einkaufte. Wie ein Lauffeuer verbreitete sich danach das Gerücht von Masuds Freundin in den Küchen der weiblichen Verwandtschaft, schneller als die Kunde von den Sonderangeboten bei Lidls Restpostenverkauf. Auch Hawwa erfuhr davon. Aber die Frauen hielten dicht, solange es nur um ihre Söhne ging. Kamil musste nichts davon wissen. Ihr Sohn, so glaubte Hawwa, würde eines Tages schon wieder auf den rechten Pfad zurückfinden. Sie wusste ja, dass Abdul ein Auge auf ihn hatte und darauf achtete, dass der Junge regelmäßig in die Moschee ging. Den lästigen Fragen seiner Schwestern konnte Masud aber nicht mehr ausweichen.

»Ja, Mariam, sie ist Muslimin, *hamdullah*, sonst würde ich doch nix mit ihr anfangen.«

»Aber Mann, Masud, sie ist Alevitin, hat Rafi mir erzählt, und sie arbeitet im Kosmetikstudio. Stimmt das?«

»Ja und?«

»Das zeigt doch, sie ist viel zu frei erzogen. Ich darf ja schließlich auch nicht im Kosmetikstudio arbeiten, denn da gehen doch auch Männer hin, oder?«

»Außer Rafi gehen da keine Männer hin. Und außerdem habe ich ihr verboten, mit männlicher Kundschaft zu arbeiten.

Warum musst du überall deine Nase reinstecken, Mariam? Ist besser für dich, wenn du nicht so neugierig bist, sonst sag ich Baba, dass du rauchst, und dann …« Masud grinste bei seinen letzten Worten heimtückisch und machte eine Geste, als würde er mit der Hand eine Fliege wegwedeln.

»Ja, ja, mach nur. Aber wenn Baba hört, dass du mit so einer Ungläubigen zusammen bist, dann kriegst du die Klatschen. Denn das ist für ihn schlimmer als rauchen.«

Als Masud das Wort »Ungläubige« hörte, glomm in seinen Augen ein gefährliches Leuchten auf. Mariam kannte das: Es signalisierte das Vorstadium eines heftigen Wutausbruchs. »Sie ist Muslimin, habe ich dir gesagt! Mit Ungläubigen gibst nur du dich ab. Denkst du, ich weiß nicht, dass du jeden zweiten Tag bei dieser Deutschen zu Hause rumhängst?! Wenn du Stress machen willst, Mariam, bekommst du wirklichen Stress, *wallah*, dann werde ich Baba alles erzählen!«

Mariam verstummte und kochte sich einen Tee. Sie war zu weit gegangen. Sie konnte ja nicht ahnen, dass Masud schon gegenüber Eda manches auszuhalten hatte, wenn er in die Moschee rannte. Einmal hatte Abdul die beiden zusammen auf der Straße gesehen. »Das ist *haram*, Bruder, kein Umgang für dich. Sind keine Gläubigen, diese Leute.« Seitdem nervte er Masud ständig mit seinen Warnungen vor der »Ungläubigen«.

Mariam wusste, dass Hawwa und Kamil ähnlich wie Abdul dachten. Im zweiten Stock wohnte seit zehn Jahren die Familie Kaya. Frau Kaya, eine Alevitin, Mitte vierzig und Krankenschwester, hatte sich vor drei Jahren von ihrem Mann getrennt. Hawwa hatte beobachtet, dass die alleinerziehende Mutter von zwei mittlerweile erwachsenen Kindern Herrenbesuch empfing. »Diese Frau ist keine gute Frau, erst schmeißt sie ihren Mann raus, und dann nimmt sie sich einen andern, möge Gott uns vor solchen schlechten Menschen behüten. *Amin*«, hatte Hawwa ihren Töchtern in der Küche erzählt und von ihnen verlangt, das *Amin* nachzusprechen und Gott darum zu bitten, sie vor solcher Schande zu bewahren.

***

»Sie kann froh sein, dass er sie nicht umbringt. In unserer Familie würde sie schon nicht mehr leben«, hatte Fatme später, als sie und Mariam in ihrem Zimmer waren, das Thema wiederaufgenommen. Mariam war bei diesen Worten ganz schlecht geworden. Sie sah sich plötzlich selbst als eine Frau, die eine so unehrenhafte Tat begangen haben könnte, auf die der Tod steht.

Das passierte ihr oft, dass sie sich in andere, die in einer bedrohlichen und ausweglosen Situation waren, intensiv einfühlte und sich an deren Stelle wähnte. Dann malte sie sich aus, was passieren würde, wenn ihr Vater sie Hand in Hand mit einem Jungen erwischte oder, schlimmer noch, beim Küssen. Solche Visionen hatte sie meistens, wenn sie glückliche Liebespaare sah und sich vorstellte, selbst eine solche Romanze zu erleben. Allzu bald tauchte dann allerdings einer ihrer männlichen Verwandten in ihren Phantasien auf – wenn es nicht Kamil war, dann war es Onkel Hamed oder einer der vielen anderen Männer, denen sie auf Schritt und Tritt begegnen konnte und die bei aller Zerstrittenheit untereinander in einem einig waren: Nie würden sie Mariam einen Freund durchgehen lassen, nie darüber hinwegsehen oder sich gar freuen, dass ihre kleine Mariam, über die alle Augen der Familie und Verwandtschaft wachten, einfach glücklich war mit einem Jungen, den sie sich selbst ausgesucht hatte. Würde sie mit so jemandem erwischt werden, würde man sie vermutlich gleich auf der Straße verprügeln, vielleicht aber würde Kamil sich die Schläge auch für zu Hause aufheben.

Aber damit wäre es nicht getan. Fatme hatte recht, auch wenn es aus ihrem Munde altklug und auch irgendwie dumm klang – Mariam wusste, dass es die Wahrheit war: Man würde eine unehrenhafte Frau nicht einfach weiterleben lassen, alles andere, nur das nicht. Und trotzdem waren es immer wieder Vorstellungen von Glück und Liebe, die ihr den Alltag versüßten, trotz all der schrecklichen Konsequenzen, die sie mit sich bringen konnten. Vielleicht war Freiheit ohne diesen Schrecken nicht zu haben, vielleicht gab es keine Liebe ohne den Tod, und vielleicht war es gerade die Verknüpfung solcher Gegensätze, die einen besonderen Reiz auf Mariam ausübte und sie oft in ihren Tagträumen versinken ließ.

Junge Männer waren in ihrem Bewusstsein jedenfalls stets präsent – wie Lena fand, sogar zu präsent. Immer guckte Mariam ihnen hinterher, wenn sie beide zusammen durch die Straßen gingen oder vor dem Einkaufszentrum abhingen. Gespräche darüber, diese Erfahrung hatte Lean inzwischen machen müssen, erwiesen sich allerdings als äußerst schwierig.

»Weißt du, Lena, wir sind eben nicht, wie ihr seid, bei uns darf ein Mädchen keinen Freund haben. So etwas gibt es einfach nicht«, erklärte Mariam ihrer deutschen Freundin dann zum hundertsten Mal.

»Also ehrlich, Mariam, ich lass mir ja gern von dir sagen, dass du ein Problem damit hast, mitzukommen, wenn mich der Appetit auf eine Currywurst bei Inges Wurstbude packt oder ich bei dir zu Hause in meiner dünnen Chiffonbluse aufkreuze. Aber immer dieses *ihr Deutschen* und *wir Muslime*, das nervt, das geht mir inzwischen richtig auf den Senkel. Mann, ich steig doch schließlich auch nicht gleich mit jedem Typen ins Bett, so ist das bei uns auch nicht.«

Mariam zuckte zusammen. Lena sprach über dieses gefährliche Thema so beiläufig, als ginge es darum, Brötchen zu holen. Das gefiel ihr gar nicht, Lena sprach dann fast wie eine Hure. Schon der Umgang mit einem Mädchen, das so dachte und so redete, würde ein schlechtes Licht auch auf sie selbst werfen und den Verdacht wecken, Lena und sie hätten in diesem Punkt ähnliche Ansichten.

»Was meinst du damit, Lena? Bist du jetzt etwa keine Jungfrau mehr, oder was?«

Mariam knabberte aufgeregt an ihren Fingernägeln, als sie ihrer Freundin diese Frage stellte. Und Lena wurde mit einem Schlag das ganze Gewicht dieser Frage bewusst. Alle Fragen, die das Thema Sexualität berührten, waren bei der Familie Omar ein Tabu. Da herrschte nur blanke Intoleranz. Auch auf Schwule, Schwarze oder Juden kam man am besten nie zu sprechen, nicht einmal gegenüber Mariam und Fatme. Lena fühlte sich oft abgestoßen von der Verachtung, von dem Hass, den die beiden Mädchen dann zeigten. Und trotzdem wollte sie mit den beiden, die so anders waren als sie selbst, auch weiterhin befreundet sein. Denn trotz der vielen Tabus, denen sie unterlagen, verströmten Mariam und Fatme eine Lebensfreude, eine Vitalität, die Lena sehr anzog. Vielleicht war es gerade das, was diese Freundschaft so reizvoll für sie machte, so genau wusste sie das nicht. Jetzt aber ging es darum, ja keinen Fehler zu machen, sonst wäre die Arbeit von Monaten, in denen sie mühsam das Vertrauen Mariams erworben hatte, mit einem falschen Wort dahin.

»Wenn du es genau wissen willst: Ich habe noch mit keinem Jungen geschlafen – nicht weil meine Mutter und mein Vater es mir verbieten, sondern weil ich den Richtigen noch nicht getroffen habe.«

Das war eine glatte Lüge. Lena war selbst erstaunt, wie

leicht sie ihr über die Lippen ging, als hätte sie nie etwas anderes gemacht, als zu bluffen. Da hatte sie doch schon einiges von Mariam gelernt. Natürlich hatte sie mit Jean Ribet geschlafen. Hinterher, als sie erleben musste, wie schnell dieser Lügner sie fallenließ und sich mit Nadine zusammentat, hatte sie das bedauert. Aber von diesen Geschichten musste Mariam nichts erfahren.

Mariam merkte nichts, sie glaubte ihrer Freundin aufs Wort. Dennoch ließ sie nicht locker, denn jetzt waren sie bei dem Thema, über das sie Lena schon immer genauer hatte ausfragen wollen.

»Was? Dein Vater und deine Mutter würden dir das gar nicht verbieten? Finden die es denn etwa richtig, wenn du einfach so herumfickst?«

Im selben Moment, in dem sie diese Frage gestellt hatte, bereute Mariam das grobe Wort, das sie benutzt hatte. Aber sie brachte es nicht fertig, sich schlicht dafür zu entschuldigen. Selbst gegenüber Lena hatte sie große Widerstände, etwas zurückzunehmen. Egal wie nett Lena war, sie war nun einmal eine Deutsche und deshalb anders – diese Überzeugung war in solchen Momenten stärker als alles andere.

»Klar, meine Eltern finden es ganz toll, wenn ich rumficke, am liebsten stehen sie dann daneben und klatschen Beifall. Willste auch mal dabei sein?«

Lenas Geduld war verbraucht, sie wollte es Mariam heimzahlen. Im Nu breitete sich eine Kälte zwischen den beiden Mädchen aus, die Mariam verunsicherte. Noch nie hatte Lena sie so herablassend behandelt, und plötzlich wirkte das Mädchen mit den Stoppelhaaren und den lässigen Klamotten wie eine dieser eingebildeten Tussis, die sie aus ihrer Schulzeit kannte und die sie bei jeder Gelegenheit hatten spüren lassen, dass sie nicht über die gleiche Lebenserfahrung wie sie, die

Deutschen, verfügte. Mariam wusste, dass ihre Fragen dumm gewesen waren, trotzdem aber ertrug sie es nicht, von Lena so bloßgestellt zu werden.

»Weißt du was, ist mir auch völlig egal, was ihr Deutschen macht oder nicht macht. Ich bin keine Deutsche, und das ist auch gut so. Bei uns heiratet man nur einmal, und vor der Ehe gibt es keinen Freund und wenn doch, dann gibt es Mord und Totschlag. Bei uns gilt die Ehre der Frauen eben als besonders wertvoll.«

»Was ist eigentlich, wenn du dich mal verliebst, Mariam? Ist dir das noch nie passiert? Du schaust dir doch die Augen nach jedem Jungen aus, der uns über den Weg läuft, tust aber immer so, als wärst du die Heilige Jungfrau Maria.«

Maria, Mariam. Die Namensverwandtschaft, die beiden gleichzeitig auffiel, löste einen befreienden Lachanfall aus und machte beiden wieder klar, dass sie trotz der vielen Unterschiede auf einer Wellenlänge waren, die eher auf dem Unausgesprochenen fußte. Natürlich gab es unvermeidlich zuweilen Störungen in der Leitung, wie Lena es nannte, Kränkungen und Meinungsverschiedenheiten, so wie sie sie gerade erlebt hatten. Und dennoch existierte dieses starke Band des Vertrauens, das die Freundschaft zwischen einem deutschen Mädchen, das unbesorgt und in großer Freiheit lebte, und einem muslimischen Mädchen ermöglichte, das nicht einmal eine halbe Stunde lang unkontrolliert auf einer Parkbank sitzen durfte. Ohne Lena hätte Mariams Käfig engere Stäbe, und ohne Mariam, ohne den Kontrast, hätte Lena nie begriffen, wie schön es ist, einfach so sein zu dürfen, wie man ist.

»Wenn ich mich verliebe«, antwortete Mariam langsam, »dann tu ich alles für den Mann – ich würde sogar für ihn sterben, nicht einmal davor hätte ich Angst.«

»Warum ist alles bloß immer so dramatisch bei euch, Mariam? So oft sagst du, dein Vater würde dich totschlagen, deine Mutter würde dich umbringen, dein Bruder würde dich erschießen! Geht es nicht auch eine Nummer kleiner? Bei euch scheint es ja schlimmer als bei Romeo und Julia zuzugehen!«

»Wer sind die beiden? Kenn ich nicht.«

»Romeo und Julia kennt jeder, ich hab 'ne DVD zu Hause, die geb ich dir.«

***

Am nächsten Abend saßen alle vier Geschwister wie gebannt vor dem Fernseher. Im Recorder lag Lenas DVD. Eigentlich guckten sie nur Horror- oder Actionfilme zusammen. »Hol mal keinen halben Porno«, lautete Masuds stete Anweisung, wenn Rafi sich mal wieder, wie fast jeden Freitag, auf den Weg in die Videothek machte. Wenn in einem der Actionfilme intime Liebesszenen gezeigt wurden, verließ selbst Fatme manchmal das Zimmer unter dem Vorwand, etwas zu trinken aus der Küche zu holen, so peinlich war es ihr, in Gegenwart ihrer Brüder sich eng umschlingende Körper zu sehen. Im nächsten Moment sorgte dann Masud schon dafür, dass weitergezappt wurde.

Doch bei Romeo und Julia war alles anders: Selbst die Bettszene konnten die vier Geschwister gemeinsam ertragen, sogar Masud blieb still auf dem Sessel sitzen. Dass Leonardo DiCaprio entschlossen war, seine Liebe zu verteidigen, selbst wenn es ihn das Leben kosten sollte, imponierte ihm. Und auch Rafi. »Dieser DiCaprio ist eigentlich voll die Schwuchtel, aber hier hat er 'ne gute Rolle«, kommentierte er.

»Ja, Mann, der sieht auch voll gut aus«, rutschte es Mariam heraus. »Wie ein Engel.«

Im nächsten Moment hätte sie sich am liebsten auf die Zunge

gebissen. Die Reaktion von Masud kam prompt: »Schämst du dich nicht? Stehst wohl auf blonde Typen, was? Bei uns gibt's aber keine Blonden, hast du Pech gehabt, Mariam. Soweit ich weiß, hat Onkel Hamsas Sohn Jamal nicht einmal Haare auf dem Kopf. Hör bloß auf, solchen Müll zu labern!«

Die Freude, endlich einmal gemeinsam einen Film zu gucken, war verflogen. Mariam und Fatme gingen ohne ein weiteres Wort in ihr Zimmer. Sie hätten den Film bis zum Ende gucken können, Masud hätte sie nicht rausgeschmissen, und Rafi interessierten die Kommentare seiner Schwestern ohnehin nicht. Aber den beiden Mädchen war die Lust vergangen. Unter den alles kontrollierenden Augen und Ohren von Masud wollten sie sich den Film nicht ansehen, es wäre einfach kein Vergnügen. Lieber warteten sie einen Tag länger, auf einen Moment, wenn Masud nicht zu Hause war, um sich den Film in aller Ruhe und alleine anzuschauen, ohne dass jemand ihre Bewunderung stören konnte. Mit Masud war so etwas einfach nicht möglich.

* * *

»Warum hat er eben von Onkel Hamsa gesprochen?«, sinnierte Fatme vor sich hin. »Dieser Jamal – ist das nicht der Typ, der schon einmal verheiratet war? Den seine Frau verlassen hat, nachdem er mit einer andern erwischt wurde? Mann, Mariam, das ist doch dieser Eierkopf mit Glatze, der zu Meleks Hochzeit nach Berlin gekommen ist, da hat er doch neben Baba gesessen, weißt du noch?«

»Weiß ich nicht mehr, Fatme. Ist doch auch egal. Masud ist einfach ein Arschloch, das mit Jamal ist dem doch nur so eingefallen, um mich zu ärgern, er ist doch immer so.«

»Nee, nee, Mariam, das hat er nicht nur so gesagt. Er hat

dabei doch gelacht, als ob er etwas weiß, was wir nicht wissen. Nicht dass Baba dich schon versprochen hat, und du weißt es noch gar nicht!«

»Red keinen Scheiß, das würde Baba nie tun! Der wird doch nicht seine eigene Tochter mit jemandem verheiraten, der schon mal verheiratet war. Ich bin doch keine Witwe, mit der man so was machen könnte! Mama würde das auch gar nicht zulassen. Aber jetzt lass mal, ich will davon nichts mehr hören. Hast du Zigaretten? Lass mal eine rauchen.«

Mariam wagte nicht zu denken, was Fatme vermutet hatte, aber die Möglichkeit, dass Kamil tatsächlich ihre Verheiratung plante, setzte sich in ihren Gedanken fest wie ein Parasit. Und sosehr sie versuchte, ihn zu verdrängen – die Worte ihrer Schwester an jenem Abend hallten in ihr nach wie eine böse Prophezeiung.

Hayats Spiel

Schon lange hatte Mariam sich sehnlichst gewünscht, einmal, nur einmal, eine ganze Nacht nicht in ihrem Zimmer in der Prinzenallee verbringen zu müssen. Besonders in den Berliner Sommermonaten beneidete sie die jungen Menschen, die unter ihrem Fenster vorbeiflanierten, sorglos miteinander schwatzend, eine Bier- oder Colaflasche in der Hand, auf der Suche nach einem Fleckchen Grün, wo sie sich niederlassen konnten.

Manchmal, wenn es sehr heiß war, zog die ganze Omar-Sippschaft mit riesigen Fleischpaketen in den Tiergarten. Wenn Kamil Mariam und Fatme dann erlaubte, die lärmende Familie zu verlassen und einige Runden im Park zu drehen, kamen sie oft an ganzen Trauben junger Menschen vorbei, die inmitten ihrer Grillwürstchen so fröhlich und entspannt zusammensaßen, dass die beiden Schwestern sich gar nicht sattsehen konnten an diesem Bild lässiger Lebensfreude. Manchmal ertappten sie sich dabei, wie sie einer jungen Frau im Bikini oder einem Mann nachstarrten – verschämt guckten sie dann schnell wieder in eine andere Richtung. Mariam stellte sich vor, wie es wohl wäre, wenn auch sie eines Tages hier mit Lena sitzen und die erste Flasche Bier ihres Lebens trinken würde. Solche Phantasien, die durch ihre Gabe zustande kamen, sich in Situationen anderer einzufühlen, ließen in ihr eine wilde Vorfreude aufkommen – so als könnte dies eines Tages wahr werden.

Es war nie leicht, die Eltern zu überreden, dass Mariam bei Hayat schlafen durfte. Besonders Kamils Erlaubnis war nur schwer zu erringen. Doch Hayat war geschickt und gab nicht so schnell auf, sie hatte eine charmante und selbstbewusste Art, einen arabischen Mann um den Finger zu wickeln. Selbst ihr Ehemann musste schließlich akzeptieren, dass Hayat ihn zwar regelmäßig im Libanon besuchen, aber niemals zu ihm ziehen würde.

»Ich kann doch in Deutschland nicht alles aufgeben, Majid, wie stellst du dir das vor? Ich bekomme Hartz IV, wenn ich in den Libanon ziehe, ist es vorbei damit.«

Wenn Majid dann argumentierte, er habe schließlich genug Geld und Häuser, um seiner Frau ein angenehmes Leben zu ermöglichen, und außerdem würde er ihr eine dieser »asiatischen Sklavinnen« besorgen, eine Philippina, die Hayat im Haushalt alle Arbeiten abnehmen könnte, dann witterte Hayat die Gefahr und wusste, was sie zu tun hatte – nun war die Rolle der kränkelnden Ehefrau gefragt, die mit leiser Stimme über ihre gesundheitliche Anfälligkeit klagte; schließlich hatte sie nicht umsonst seit der Verhaftung ihres Mannes Schwindel und Ohnmachtsanfälle trainiert, die sich kein Arzt wirklich erklären konnte.

»Wenn du willst, dass ich in Deutschland nicht mehr meine Behandlungen bekomme, bitte. Wenn du das wirklich willst, dann ziehe ich zu dir in den Libanon. Aber was dann passiert, weiß nur Allah.« Das war der Moment, in dem sie drei, vier Tränen abdrücken musste – für Majid das Signal, dass das Ende der Auseinandersetzung eingeläutet wurde.

Dann traute er sich nicht mehr, darauf hinzuweisen, dass es in Beirut doch sehr gute Ärzte gab, dass der Sohn seines Freundes Arzt sei und dass es überhaupt keinen vernünftigen Grund gebe, dem libanesischen Gesundheitssystem nicht zu vertrauen, denn solche Diskussionen hatten er und Hayat schon etliche Male geführt, und immer hatte seine Frau das letzte Wort behalten. Und er fürchtete, dass sie im Laufe der Auseinandersetzung wieder völlig hysterisch zu werden drohte, heulen und haufenweise Antidepressiva schlucken würde. Darauf wollte er es nicht ankommen lassen, denn dann spürte Majid den unausgesprochenen Vorwurf, dass er schließlich schuld an der Situation sei, in der sie beide steckten. Wäre er nicht verhaftet und abgeschoben worden, dann wären sie zusammen, so wie es sich für ein Ehepaar gehörte. Da er aber diese ihm von Allah auferlegte Pflicht verletzt hatte, hatte er kein Recht, seine Frau zu bedrängen. Sie war bereit, ihm bis an ihr Lebensende treu zu bleiben und das, obwohl sie nie ein Kind von ihm bekommen würde. Mehr konnte er nicht verlangen.

***

Hayat kannte alle Tricks und setzte ihr ganzes Register an Fähigkeiten ein, wenn es darum ging, etwas zu erreichen. Sie beherrschte das komplizierte Rollenspiel der Muslime. Für Frauen galten andere Regeln als für Männer, für Ältere andere als für Jüngere. Wenn man sich aber auskannte und genau wusste, wie weit man gehen konnte und welche Grenzen zu wahren waren, dann hatte man auch als Frau gute Chancen, als Sieger vom Platz zu gehen – wobei allerdings der Mann nie das Gesicht verlieren durfte. Würde sie etwa sagen: »Ich würde heute Abend gern Mariam bei mir schlafen lassen«, dann hätte sie schon verloren, bevor das Spiel überhaupt angefangen hatte. Wünsche zu äußern, die von nichts anderem motiviert waren, als einen netten Abend in Gesellschaft ihrer Nichte zu verbringen, war tabu. Ein Vorwand, ein Grund, eine Notwendigkeit musste her, um Kamils Zustimmung zu bekommen. Und im Erfinden war Hayat unübertroffene Meisterin. Gäbe es einen Nobelpreis für die besten Ausreden, hätte sie gute Chancen, prämiert zu werden.

Sie war gewieft im Umgang mit den familiären Tabuzonen und vor allem mit Männern, die gern von ihrer Macht Gebrauch machten, das letzte Wort zu haben. Klaglos hatte sie es hingenommen, mit einem Mann verheiratet zu werden, dem sie, hätte sie frei wählen dürfen, selbst den Postboten vorgezogen hätte. Denn der schenkte ihr seit zehn Jahren dasselbe nette Lächeln, wenn sie ihm im Hauseingang begegnete. Aber sie hatte das ihr auferlegte Schicksal, Majid anvertraut zu werden, mit Würde ertragen. Ich gebe ja nur meinen Körper, hatte sie sich seinerzeit getröstet und auf Gott vertraut, der sie eines Tages für ihre Leidensfähigkeit belohnen würde.

Majids Verhaftung war für sie ein solches Gotteszeichen, ein unerwartetes Geschenk, und nun ging es darum, das Beste aus der ihr verbleibenden irdischen Zeit zu machen. Das Ihre hatte sie dafür getan: Sie war als Jungfrau in die Ehe gegangen, und als Ehefrau ließ sie nicht den geringsten Zweifel daran aufkommen, dass sie in Sachen Häuslichkeit ein Vorbild war. Ihre Handtücher waren weiß wie Schnee, in ihrem Bad konnte man vom spiegelblanken Boden essen. Seit sie die Freundschaft mit Dana beendet hatte, unterhielt sie keinerlei Kontakte zu fremden Personen, nicht einmal mit den Männern der Verwandtschaft pflegte sie unaufgefordert zu sprechen – Kamil ausgenommen. All das gehörte zum Spiel, in dem Hayat immer die volle Punktzahl erreichte. Wenn es darauf ankam, war sie sogar bereit, mit einer Schüssel voll Laugenwasser vor ihrem Bruder niederzuknien und ihm die Füße zu waschen. So wie jetzt.

»Bruder«, meinte sie dabei zu Kamil, »ich fühle mich heute

nicht besonders gut, lass deine Töchter bei mir, dann können sie den Notarzt rufen, wenn ich wieder ohnmächtig werde.«

Kamil schwieg. Dann nahm er die Fernbedienung in die Hand und zappte einmal durch alle arabischen Kanäle, um sich schließlich zu räuspern und streng auf seine Schwester hinabzuschauen, die gerade emsig damit beschäftigt war, ihm jede Zehe einzeln abzutupfen, wobei sie graziös um ihr Gleichgewicht kämpfte, denn die Schwere seines Fußes auf ihrem Knie drohte, sie zur Seite kippen zu lassen. Kamils Blick blieb an ihrem auffällig mit Pailletten bestickten Kopftuch hängen.

»Hawwa«, rief er, »komm und nimm das Wasser weg, dem Mädchen geht es nicht gut! Mach ihr einen Ayran.«

Dann stand er auf, rollte die Hosenbeine herunter und fuhr in demselben ruhigen Ton fort: »Die Mädchen bleiben zu Hause, Hayat. Und für dich wird es Zeit, darüber nachzudenken, wann du endlich wieder nach Beirut fliegst. Die Familie deines Mannes denkt schon, du willst nichts mehr von ihr wissen. Es gehört sich nicht für eine Frau, allein zu leben.«

Kamil war schon lange verärgert über seine kleine Schwester. Sie war verheiratet und führte doch keine richtige Ehe, jedenfalls nicht so, wie es sich gehörte. Aber alle Versuche, Hayat zum Umzug in die Prinzenallee zu bewegen, damit sie unter seiner, Kamils, Kontrolle stand, waren gescheitert. Ihr Ehemann Majid duldete es, dass sie allein in ihrer Wohnung lebte. Damit nahm Hayat sich Freiheiten heraus, die sich nicht einmal ein alleinstehender Mann erlaubte. Entweder man war verheiratet, oder man lebte bei seinen Eltern – etwas anderes gab es nicht. Nicht einmal Masud oder Rafi hätten anders leben dürfen. »Selbst wenn du hundert bist«, hatte Kamil eines Tages zu Rafi gesagt, »wirst du, solange du nicht heiratest, dieses Haus nicht verlassen. Wir sind doch keine Deutschen, vergiss das nicht. Du kannst machen, was du willst – und du weißt schon, was ich damit meine –, aber mach uns keinen Ärger, und komm immer schön wieder nach Hause.«

Irgendwie wurde Kamil das Gefühl nicht los, Hayat nicht trauen zu können. Dass sie in seiner Gegenwart stets ein Kopftuch trug und altkluge Kommentare von sich gab, als sei sie keine junge Frau, sondern eine lebenserfahrene Rentnerin, konnte ihn nicht täuschen. Sehr genau registrierte er ihre irritierend selbstbewusste Art, die oft genug kaum verbergen konnte, dass sie eine Frau mit einer eigenen Meinung war; zuweilen hörte er sie in Gesellschaft anderer Frauen laut lachen, was sich für eine Frau einfach nicht schickte und Aufmüpfigkeit signalisierte. Und sie war auch schon einmal mit dieser Dana gesehen worden, der jede anständige Frau aus dem Weg gehen würde. Allerdings, das musste Kamil zugeben, war es lange her, dass Hamed ihm das erzählt hatte, und der hatte es von seiner Frau Zaynab. Und wer weiß, ob die sich nicht einfach nur wichtigmachen wollte. Zuzutrauen war ihr das – warum würde sich eine schwarzhaarige Frau sonst wohl die Haare weißblond färben? Und trotzdem hätte Kamil seiner Schwester am liebsten das Alleinleben in einer eigenen Wohnung und auch sonst noch einiges streng verboten, so wie er es vor Hayats Trauung gemacht hatte. Aber jetzt war sie eine verheiratete Frau und ihr Ehemann dafür zuständig, sie unter Kontrolle zu halten. In Kamils Augen war Majid ein Schwächling, aber würde er sich über dessen Entscheidung hinwegsetzen, musste er damit rechnen, den Zorn der ganzen Sippschaft seines Schwagers zu spüren zu bekommen. Und mit der wollte er lieber keinen Ärger kriegen.

Seine Töchter würde Kamil am liebsten von ihrer Tante fernhalten. Das aber wäre ein Verstoß gegen die Familienregeln gewesen – als Familie musste man zusammenhalten. Deshalb machte ihn Hayats Bitte, Mariam und Fatme bei ihr schlafen zu lassen, jetzt auch ganz unruhig und hilflos. Was sollte er antworten?

Hayat ahnte, dass es nicht leicht werden würde, ihren Bruder, der wie ein sturer Esel sein Urteil bereits gesprochen hatte und nun wie hypnotisiert auf die Mattscheibe starrte, heute zu überreden. Aber das war sie ihren Nichten schuldig.

»Rafi kann ja mitkommen, ja, soll der Junge doch auch mitkommen, dann ist auch ein Mann dabei, wenn du schon deiner eigenen Schwester nicht zutraust, auf die Mädchen achtzugeben.« In Hayats Stimme schwang jetzt ein leicht beleidigter Ton mit, der Kamil nervte. Konnte sie denn nicht einfach Ruhe geben?

»Na dann guck doch hier fern, Hayat, kannst ja dann bei den Mädchen im Zimmer schlafen«, gab er maulend zurück.

»Nein, das geht nicht, Bruder, so gern ich dein liebenswürdiges Angebot annehmen würde – du weißt, ich bin gern in deiner Nähe, bei dir fühle ich mich beschützt. Aber ich muss doch noch meine Medikamente nehmen. Und wenn ich wieder einen Notarzt brauchen sollte, dann wäre die Nachtruhe deiner ganzen Familie gestört. Das möchte ich nicht. Du brauchst deinen Schlaf. Außerdem sollen die Mädchen mir zu Hause helfen, die Wäsche aufzuhängen. Es strengt mich inzwischen doch sehr an, mich zu bücken und wieder hochzukommen. Das sind diese bedrohlichen Momente, weißt du, in denen mir ganz schwindlig wird.«

Sie gab sich Mühe, das alles so beiläufig wie möglich zu sagen, denn jedes Drängen würde bei Kamil nur das Gegenteil von dem bewirken, was sie eigentlich erreichen wollte. Sobald ihr Bruder den Eindruck gewann, dass er überredet werden sollte, würde er seine Töchter auf keinen Fall gehen lassen und überdies den Rest des Abends damit verbringen, wieder darüber nachzugrübeln, wie er seine Schwester endlich in den

Libanon schicken konnte. Denn auf seine Töchter, besonders auf seine Älteste, übte Hayat eine gefährliche Anziehung aus. Das war ihm bewusst.

***

Mariam war schon zu Beginn des Gespräches zwischen den beiden in die Küche gehuscht, ihre Anwesenheit hätte Kamil nur noch strenger reagieren lassen. Wenn er glaubte, dass seine Tochter hinter Hayats Anfrage steckte, dann würde er darin nur wieder ein Vorzeichen auf kommendes Unheil sehen: Glaubte Mariam etwa, sie könne in seinem Hause ihren Willen durchsetzen? Das durfte nicht sein! Er bestimmte, was seinen Frauen erlaubt oder verboten war. Und dabei, so empfand er es selbst, war er zuweilen großzügig bis zur Selbstverleugnung.

Am letzten heißen Samstag beispielsweise, als die ganze Familie Omar nebst Verwandten zum Grillen in den Tiergarten gezogen war, hatte er Mariam und Fatme erlaubt, sich für einige Zeit vom Familiengrill und dem lauten Durcheinander zu verabschieden und ihre Runden im Park zu ziehen. Allerdings, so schärfte er ihnen bei solchen Gelegenheiten ein, hätten sie immer in Sichtweite des Vaters zu bleiben. Seinen Töchtern diese Spaziergänge zu erlauben kostete Kamil viel Überwindung, fast empfand er seine Zustimmung als Kapitulation. Einen Freiraum zu gewähren, den er nicht mehr kontrollieren konnte, versetzte ihn in große Unruhe. Wer weiß, ob die Mädchen sich nicht auf den Pfad des Unerlaubten begaben, womöglich irgendwo Alkohol tranken oder mit einem Mann flirteten.

Solche Befürchtungen traten meist eine ganze Lawine an Horrorszenarien in seinem Kopf los, in deren Verlauf Mariam und Fatme als entjungferte Drogenabhängige am Bahnhof Zoo endeten. Ja, er hatte schließlich schon viele solcher Geschichten gehört, die Satellitenschüssel schickte täglich solche und ähnliche Nachrichten ins Wohnzimmer der Familie Omar: »Mädchen vom Verlobten zerstückelt, weil sie keine Jungfrau war«, »Komatropfen in der Cola«, »Auf offener Straße entführt und vergewaltigt«. Kamil und Hawwa sogen solche Schreckensnachrichten auf wie den heißen Tee, den sie abends vor dem Fernseher zu sich nahmen – eine der wenigen gemeinsamen Beschäftigungen des Ehepaares. Kamil wiederholte dann gern die Worte des Kommentators, damit sie sich auch wirklich einbrannten, und ergänzte sie um irgendeine vulgäre Beleidigung des mutmaßlichen Täters oder der Nation, der er angehörte; Hawwa nickte dazu, schwieg, schenkte ihm Tee nach und verrührte ein Stück Zucker in seinem Glas, denn ihr Mann war bei solchen Schreckensmeldungen immer so aufgewühlt, dass er dabei doch nur das Teeglas umgeworfen hätte.

»So ein gottloser Hurensohn, man müsste ihn fesseln und schlagen und vergewaltigen! Sieh dir das an, Hawwa, sieh dir an, was auf der Welt geschieht! Und unsere Töchter? Sie wollen immer noch nicht lernen, warum sie eben manches nicht dürfen, was andere vielleicht dürfen. Man sieht doch, wie das endet! Warum wollen sie einfach nicht begreifen, dass die Welt schlecht ist!«

Weil Mariam und Fatme sich meist rechtzeitig vor solchen Ausbrüchen in ihr Zimmer oder in die Küche verdrückten, um Kamils negativer Energie zu entgehen, die die Luft wie stinkende Knallkörper verpestete, fügte Kamil in solchen Momenten mit noch lauterer Stimme hinzu, damit seine Botschaft auch durch sämtliche Türen der Wohnung drang: »Aber vielleicht wollen sie das ja, dass jemand sie vergewaltigt. Gott möge meiner bösen Zunge verzeihen, aber manchmal glaube ich das. Die jungen Leute von heute kennen einfach keine Grenzen mehr. Zu unserer Zeit waren wir froh, wenn wir Brot und ein Dach überm Kopf hatten; heute haben sie alles, und es ist ihnen trotzdem nicht genug. Die guten Zeiten sind ihnen zu Kopf gestiegen.«

Zuweilen aber gab es Tage, an denen Kamil seine Töchter sogar mit der freiwillig gewährten Erlaubnis überraschen konnte, dass sie bei einer ihrer Tanten schlafen dürften. Das tat er allerdings nur, wenn sichergestellt war, dass die Tanten an einem solchen Abend allein in ihren Wohnungen und die Männer, vor allem die Söhne, nicht zu Hause waren. Nur kein Mann im Haus! Nicht dass er seinen Brüdern, Cousins oder Neffen nicht traute – die Männer seiner Familie waren anständige Männer, denen die Sittsamkeit ihrer Frauen ebenso am Herzen lag wie ihm. Darin waren die Muslime in Kamils Augen eben so ganz anders als die Deutschen. Doch Kamil wusste, trotz allem gab es diese Restgefahr, diesen nicht kontrollierbaren Appetit, wenn sich Mann und Frau zu zweit und ohne Aufsicht in einem Raum befanden. Iblis, der allgegenwärtige Teufel, schlüpfte dann gern in die Gestalt einer Frau und setzte den Mann der Versuchung aus. Zwar war er, wenn er ihr nicht widerstand, dafür nicht persönlich haftbar zu machen, aber Iblis konnte die Ehre der Familie verletzen. Kamil glaubte an den Teufel, und er fürchtete ihn. Schließlich war er ihm schon mehrmals in seinem Leben begegnet, wenn ihm selbst die Lust in die Lenden fuhr und er sich nicht mehr zu beherrschen wusste. Danach ging er in die Moschee, um sich von seiner Sünde wieder reinzuwaschen.

Seine Schwester Hayat, so glaubte er, wusste davon nichts, und sie musste auch nichts davon erfahren. Besser, so überlegte Kamil, er gab jetzt nach, sonst würde dieses Gespräch mit Hayat noch endlos dauern. Und wer weiß, wo es endete.

Sie war zäh, und auch wenn sie den Vorschlag so beiläufig wie möglich vorgebracht hatte, ihn konnte sie damit nicht täuschen. Sie würde alles dransetzen, ihn herumzukriegen.

»Schick die beiden morgen früh gleich wieder nach Hause, Hayat. Wir bekommen Besuch, und Hawwa braucht Hilfe«, sagte er mürrisch und wendete sich wieder dem Bildschirm zu.

* * *

Seine letzten Worte hatte Mariam, die auf einem Stuhl in der Küche hockte und inständig zu Gott gebetet hatte, dass Er ihren Vater gnädig stimmen möge, gehört – es half eben doch, wenn man die Hilfe des Allmächtigen erflehte. An Zufall wollte sie nicht glauben, der hätte ihr die väterliche Willkür mit voller Wucht vor Augen geführt und in ihr ein Gefühl der Ohnmacht erzeugt. Sie hielt eisern an ihrem Vertrauen in die Barmherzigkeit Gottes fest, nur das gab ihr Hoffnung.

»*Wallah*, Fatme, du musst immer nur ganz fest daran glauben und beten. Wenn du nichts Unrechtes verlangst, wird Er dich erhören«, zwinkerte sie ihrer Schwester triumphierend zu.

Fatme stand im Pyjama vorm Kühlschrank und aß die kalten Weinblätter, die ihre Mutter bereits für den nächsten Tag vorbereitet hatte. Wenn etwas sie belastete, aß sie. Und da sie schon nach Hayats erstem Anlauf jegliche Hoffnung auf einen freien Abend zu dritt aufgegeben hatte, war sie ins Badezimmer gegangen und hatte sich schnell bettfertig gemacht, um wenigstens in ihren Träumen ungestört zu sein.

»Aber jetzt, Fatme, zieh ab und mach dich fertig. Wenn Baba dich im Pyjama sieht, dann ist es wieder gelaufen. Mach schnell, damit er nichts merkt.«

»Ich hab gar keinen Bock mehr auf Hayat, Mann, ey, was

soll'n wir denn da, ist doch auch nur rumsitzen und Fernsehen gucken, kann ich genauso gut hierbleiben.«

»Mann, Fatme, ich schenk dir meinen Mango-Pulli, wenn du mitkommst, ich schwöre, *wallah*, du kannst ihn haben.«

»Was ist denn bloß mit dir los? So wichtig ist Hayat doch auch nicht. Lass uns mal zu Hause bleiben, ich bin jetzt auch schon voll müde.«

Damit hatte Mariam nicht gerechnet, sie war sich sicher, sie hätte auch diese Möglichkeit in ihre Gebete mit einbeziehen müssen. Jetzt wurde Fatme zum Problem. Vielleicht würde Kamil sie auch ohne Fatme gehen lassen, aber die Wahrscheinlichkeit war groß, dass er seine Meinung blitzschnell ändern und sein Angebot zurückziehen würde, wenn er Fatme im Schlafanzug sah. Guck mal, Hayat, würde er sagen, ist doch schon so spät, die Mädchen sind auch müde. Wenn was ist und es dir nicht gutgeht, ruf an, dann schick ich sofort einen von den Jungs vorbei.

Mariam kannte ihren Vater, und in der Regel lag sie mit ihren Vermutungen richtig. Jetzt, mahnte sie sich, durfte sie nur nicht die Geduld verlieren, nur nicht Fatme reizen, die es auskosten konnte, Macht über ihre ältere Schwester auszuüben, in deren Schatten sie oft stand und unter deren Launen sie manchmal zu leiden hatte. Fatme ließ sich in der letzten Zeit nicht mehr so leicht von Mariam bevormunden. Irgendwann hatte sie angefangen, sich zu wehren, manchmal beschwerte sie sich sogar bei Kamil über Mariam, was nur dazu führte, dass beide noch weniger durften als ohnehin schon.

Sie waren einander nahe und doch so verschieden, diese beiden Schwestern. Sie mussten sich ein Zimmer teilen und verbrachten die meiste Zeit gemeinsam im Haus, sie waren einander Alibi und Kummerkasten, und dennoch gab es immer diese unterschwellige Konkurrenz zwischen ihnen. Obwohl sie aufeinander angewiesen waren wie zwei Schiffbrüchige, die nur gemeinsam auf ihrer einsamen Insel überleben konnten, erwuchs doch manchmal aus ihren Streitereien eine so tiefe Wut, dass sie sich wie Katz und Maus durch die Wohnung jagten. Für Fatme konnte das heute Abend eine willkommene Gelegenheit sein, Mariam eins auszuwischen.

»Fatme, bitte«, bettelte Mariam, »mach jetzt nicht so was! Ist doch schön, mal hier rauszukommen. Bitte komm doch jetzt, sonst sieht er dich noch so.«

»Den Pulli will ich gar nicht haben, aber du kannst nächste Woche Tante Khale beim Hennaabend ihrer Tochter helfen. Mama hat gesagt, ich soll das machen, aber ich finde, du bist jetzt mal dran.«

Mariam war bereit, viel zu opfern, um diese Nacht gehen zu dürfen, für die sie Pläne mit Lena geschmiedet hatte. Nicht einmal ihre Schwester wusste bisher davon, dass sie gar nicht vorhatte, sich bei Hayat vor den Fernseher zu hocken, nur Hayat war eingeweiht. Denn Fatme war manchmal unberechenbar, sie konnte urplötzlich wie ein Moralapostel auftreten, besonders seit sie vor einiger Zeit von Masud überredet worden war, doch auch einmal zum Moscheeverein mitzukommen. Seitdem faselte sie ständig von *helal* und *haram.* Seit diesem Tag war Mariam vorsichtiger gegenüber Fatme geworden. Ihre jüngere Schwester spielte sich immer häufiger als Heilige auf, und das wollte Mariam sich ersparen. Es war schon Stress genug, sich immer die Predigten der Eltern anzuhören. Dass sie jeden Abend Kopfschmerzen hatte, rührte vermutlich nur daher, dass sie so oft ihre Ohrmuskel anspannen musste, damit die nervigen Worte von Kamil erst gar nicht den Weg in ihr Gehirn fanden, wo sie nur herumätzen würden.

»Klar, geh ich zu Tante Khale, ist doch kein Ding, mach ich gern. Ich mach alles, Fatme, aber jetzt los, zieh dich um, damit wir endlich gehen können. Jede Minute, die wir warten, kann Baba seine Meinung ändern.«

***

Während Fatme ins Badezimmer entschwand, um sich umzuziehen, wühlte Mariam im Kleiderschrank herum und machte eine Aldi-Tüte mit Klamotten fertig. Am Fenster des Zimmers, das sie sich mit Fatme teilte, hatte sie einen Haken angebracht, über den sie ihre tief unten im Schrank versteckten Lieblings-Kleider, den Jeans-Minirock oder das tiefausgeschnittene Paillettenshirt, auf den Hof abseilen konnte. Es war nicht ratsam, die Sachen mitzunehmen, wenn sie das Haus verließ, nicht einmal in einer Tasche. Große Taschen bei den Mädchen weckten Hawwas Misstrauen, eine Kontrolle wäre nicht ausgeschlossen. Ein unnötiges Risiko, fand Mariam, und deshalb hatte sie eines Tages, als Kamil außer Haus war und der Fernseher durch die Wohnung dröhnte, den Hammer des Vaters aus dem Keller geholt und einen kleinen Haken in den brüchigen Putz der Hauswand geschlagen. Ein langer Streifen doppelt gelegtes Paketband, das Fatme in stundenlanger Handarbeit gewachst hatte, erledigte den Rest.

Die Klamotten waren Mariams und Fatmes geheimer Schatz, mühsam in den letzten Jahren zusammengespart und redlich geteilt. Anfänglich hatten sie sich damit begnügt, sich in ihrem Zimmer einzuschließen, sich umzuziehen und dann, perfekt geschminkt, abwechselnd vor dem kaputten Spiegel zu posieren. Auf Dauer aber war das unbefriedigend, immer war da diese Sehnsucht, sich so auch einmal vor anderen zu zeigen. Und seit es den Haken gab, war Mariam dann auch öfter abends losgezogen.

Die Angst, erwischt zu werden, gab ihr dabei immer einen

besonderen Adrenalin-Kick und steigerte die Spannung und Vorfreude auf das Verbotene. Selbst wenn sie dann, auf irgendeiner Stadttoilette umgezogen und geschminkt, mit Lena nichts weiter unternahm, als am Potsdamer Platz abzuhängen, im Shoppingcenter ohne einen Cent in der Tasche auf irgendeiner Bank zu sitzen und über die Fremden zu lästern, die vorübergingen, war es für Mariam ein Fest. Dann lebte sie ein anderes Leben, dann war sie nicht Mariam Omar aus der Prinzenallee, sondern ein junges Mädchen, das mit ihrer Freundin tuschelte, mit Jungen flirtete und albern kicherte, wenn einer sie lange anstarrte. Dann war die Welt in Ordnung, dann gefiel ihr das Leben so sehr, dass sie darüber manchmal die Zeit vergaß, zumal drei Stunden auf dieser Bank im Einkaufszentrum schneller zu vergehen schienen als zehn Minuten mit der Familie am Esstisch. Mariam war überzeugt davon, dass die Welt sich schneller drehte, wenn man glücklich war, dass die positive Energie, die sie durchflutete, nicht nur ihr Blut schneller pulsieren ließ, sondern alles in ein anderes Tempo versetzte.

Dieses unglaublich gute Gefühl wollte sie sich heute Abend wieder holen. Sie war Hayat unendlich dankbar, dass sie sich gegenüber Kamil durchgesetzt hatte.

Doppelleben

Hayat wartete schon vor dem Auto auf die beiden Mädchen. Es war bereits nach Ladenschluss. Die Straßen waren menschenleer. Mariam ließ links und rechts das Fenster hinunter. Natürlich saß Fatme im 5er-BMW ihrer Tante vorn. Damit hatte Mariam sich stillschweigend abgefunden, als sie ins Auto einstiegen, obwohl dieser Platz eigentlich ihr, der Älteren, zustand. Aber als Fatme jetzt auch noch maulte, Mariam solle die Fenster wieder schließen, sonst bekäme sie einen steifen Nacken, platzte Mariam der Kragen.

»Du kannst so Scheiße sein, Schwesterherz, ich kenne niemanden, der so eine behinderte Schwester hat. Du redest wie eine Achtzigjährige! Wenn Gott mir eine Strafe geschickt hat, dann musst du es sein.«

»Deine Schwester hat recht, Fatme«, mischte sich jetzt auch Hayat ein. »Was ist los mit dir? Sei doch froh, aus dem Loch mal rauszukommen.«

Fatme schwieg. Sie wäre ja gern ein bisschen mehr wie Mariam, sie wusste nur nicht so recht, wie sie je dahin kommen sollte. Sie konnte einfach nicht über ihren Schatten springen, sie traute sich nicht, jede Möglichkeit zu nutzen, um etwas zu erleben. Sobald sie das Gefühl hatte, etwa Verbotenes zu tun, tauchte vor ihrem inneren Auge ein Stoppschild auf, das ihr jede Freude verleidete. Nach außen hin gab sie sich fröhlich und entschlossen, niemand sollte etwas von ihrem deprimierenden Geheimnis ahnen. Denn das war so beschämend, dass sie sich geschworen hatte, es mit ins Grab zu nehmen. Aber sie konnte nicht verhindern, dass sie oft, von einem Moment auf den nächsten, davon überfallen wurde. Wie jetzt gerade. Oder wie vorgestern, als Onkel Hamed mal wieder zu Besuch war und sie ihm den Tee servieren musste. Dann drückte eine Zentnerlast auf ihre Seele, und sie bekam sofort wieder Magenschmerzen. Am liebsten hätte sie aufgeschrien, so schmerzhaft spürte sie seine groben, lüsternen Blicke über ihren Körper gleiten.

***

Hayat hatte den Sender Kiss fm auf volle Lautstärke gedreht. »Don't you wish your girlfriend was hot like me« von den Pussycat Dolls dröhnte über die Brunnenstraße. Mariam war begeistert: »Die Nicole Scherzinger ist eine richtige Sexbombe, die sieht so geil aus, die Alte.«

»Sie läuft rum wie eine Nutte«, warf Fatme böse dazwischen und fummelte nach dem Knopf des Radios, um die Musik leiser zu stellen, denn jeder, an dem sie vorüberfuhren, zuckte zusammen, wenn der Bass seine Wellen durch den warmen Berliner Sommerabend rollen ließ.

»Mensch, Fatme, du musst ja nicht so rumlaufen wie die, besser gesagt: Du siehst zum Glück auch nicht aus wie die, sonst würden mir auch die Augen überlaufen.« Hayat und Mariam lachten Fatme aus, die schmollend mit verschränkten Armen noch tiefer in den Autositz rutschte, als wolle sie vermeiden, von Passanten in diesem Auto gesehen zu werden.

»Was, schämst du dich jetzt auch noch für uns? Ey, am besten du bindest dir gleich wieder dein Kopftuch um. Oder noch besser: Schmeiß dich doch zusätzlich noch in einen langen Mantel, wie Tante Zaynab ihn tragen muss, dann haben wir schon zwei Knastis in der Familie.«

Fatme erwiderte nichts. Sie wäre mit Mariam nur in einen immer heftigeren Streit hineingeraten. Ihre Schwester vertrat immer häufiger Meinungen und Ansichten, die sie nicht mehr teilen konnte. Sie wurde ihr von Tag zu Tag fremder. Vermutlich war Lena daran nicht unschuldig. Die beiden waren so eng miteinander, dass Fatme sich oft ausgeschlossen fühlte. Manchmal bewunderte sie Mariam für die Energie, mit der sie versuchte, ihr Leben nach ihren eigenen Vorstellungen zu gestalten. Sie sah auch, wie viel Anstrengung das ihre Schwester kostete. Für sie selbst kam das nicht in Frage. Sie hatte nicht die Kraft, um diese Fesseln zu zerreißen, die ihr manchmal die Luft nahmen.

Seit der Geschichte mit Onkel Hamed wurde sie oft von einer abgrundtiefen Traurigkeit überfallen wie von einer fiebrigen Krankheit, der man sich nur noch ergeben konnte. Er hätte ihr damals, vor einem guten Jahr, nicht unter den Rock fassen dürfen, er hatte etwas Unverzeihliches getan, das Fatme binnen eines Tages aus der Kindheit geschleudert und ihr jede echte Unbeschwertheit geraubt hatte. Ausgerechnet Hamed, der ständig von »Treue«, »Anstand« und »Ehre« faselte, seit er dauernd ins Zentrum in der Drontheimer Straße ging. Manchmal träumte sie davon, wie sie sich Mariam anvertraute und mit ihr düstere Pläne schmiedete, wie sie beide Onkel Hamed bestrafen könnten. Aber Mariam hatte vermutlich nie in ihrem Leben eine solche demütigende Erfahrung gemacht, vielleicht war sie deshalb viel mutiger, was Fatme mit einiger Missgunst zugeben musste.

Fatme hatte mit niemandem über dieses Erlebnis gesprochen, schließlich kannte sie die Reaktionen der Familie bei solchen Geschichten. Kurz vor Onkel Hameds Attacke hatte es einen ähnlichen Vorfall in der Sippschaft gegeben, ein entfernter männlicher Verwandter hatte sich an der zwölfjährigen

Nadine, der Tochter ihrer Großcousine, vergriffen. Nadine war zur Frauenärztin geschleift worden, die feststellte, dass die Jungfräulichkeit des Mädchens intakt war. Der Familienrat sorgte dafür, dass der Täter verprügelt und aus dem Clan verstoßen wurde. Nadine nützte das wenig: Sie musste mit der Schande leben, und ihre Chancen, einen guten Bräutigam zu finden, waren erheblich gesunken. Fatme fürchtete, dass ihr auch so etwas widerfahren könnte, obwohl sie ganz unschuldig daran war, was alle eine »Schande« nannten. Aber das war Nadine auch gewesen.

Seit diesem Erlebnis ließ Fatme sich manchmal völlig willenlos in dieses Meer an Trauer hineinfallen wie ein Mensch, der in einen Abgrund stürzt, weil seine Kräfte nicht mehr ausreichen, um sich an dem Seil wieder nach oben zu ziehen. Warum auch, dachte sie oft, es hatte ohnehin keinen Sinn. Sie hatte eingesehen, dass sie sich den Verhältnissen fügen musste und ihrem Schicksal nicht entkommen konnte.

»Ich will dir deinen Abend nicht versauen, Mariam«, sagte sie deshalb versöhnlich. »Ist schon okay, du hast recht. Unterm Kopftuch stecken manchmal sogar schlimmere Schlampen.«

»Meine kluge kleine Schwester, schon wieder redet sie wie meine Großmutter. Hast du dich jetzt wieder gefangen? Na, dann können wir jetzt ja endlich Spaß haben. Hayat, lass mal Ku'damm fahren, lass mal ein bisschen Welle machen.«

***

Der Kurfürstendamm war wie ausgestorben. Nur die beleuchteten Fensterfronten bekannter Ladenketten täuschten eine Geschäftigkeit vor, die es hier schon lange nicht mehr gab. An den Bahnhof Zoo verirrten sich nachts nur noch schlechtinformierte Touristen oder Menschen, denen die dunklen Straßenecken und zugigen Bahnhofshallen das einzige Zuhause waren. Das einst pulsierende Zentrum West-Berlins war seit einigen Jahren auf die Ersatzbank verwiesen worden. Nur noch wenn die Stadt bei Massenveranstaltungen aus allen Nähten zu platzen drohte, zogen Horden volltrunkener grölender Fußballfans oder Züge von aufgeregt skandierenden Demonstranten ihre unvermeidlichen Runden um die Gedächtniskirche. Die neue Mitte hatte mit ihren zahllosen Galerien, die sich in jeder mietbaren Gewerbeeinheit einnisteten, mit den vielen Neu-Berlinern und ihrer Vorliebe für geräumige Luxuslofts, die nach der Wende in den sanierten Altbauten oder ehemaligen Fabrikgebäuden der untergegangenen DDR entstanden waren, der einst gutbesuchten Ausgehmeile zwischen Wittenbergplatz und Uhlandstraße längst das Publikum geklaut.

Doch von dieser Entwicklung der Stadt, von den Vorlieben der Nachtschwärmer und von den touristischen Routen rund um den Hackeschen Markt wussten Fatme, Mariam und Hayat wenig. Und das obwohl sie eigentlich mit all den Schönen und Reichen, erfolgshungrigen Kreativen und deren mehrsprachigen Kindern fast Tür an Tür wohnten, denn die mobile Karawane hatte ihren Weddinger Kiez fast erreicht, nur noch wenige lächerliche U-Bahn-Stationen trennten die Familie Omar von dem Ort, an dem sich die Mietpreise plötzlich verdoppelten und eine Welt begann, deren Bewohner Mariam »Schickimicki-möchte-gern-wichtig-sein-Opfer« nannte.

»Wo treffen wir deine deutsche Freundin eigentlich, Mariam?« Hayat riss Mariam mit der Frage aus ihren Gedanken, die wie auf einem Fluss aus den vorbeirauschenden Lichtern der Straßenlaternen, Leuchtreklametafeln und Ampelschaltungen dahinglitten. Gerade hatte sie sich ausgemalt, wie sie in einen Club gehen und alle Blicke auf sich ziehen würde, in denen ihr dann ein Schönling entgegentreten würde, um im nächsten Moment, völlig gebannt von ihrer Erscheinung, stehen zu bleiben – so wie sie es so oft in den Campari-Bacardi-Martini-Werbungen gesehen hatte. In ihrer Phantasie war sie eine junge Frau, nach der sich alle umdrehten, eine Frau in enganliegenden, körperbetonten Klamotten und lang herabfallenden Haaren, die seidig glänzten.

»Sophienclub hat sie gesagt. In der Kleinen Hamburger Straße.«

»Was ist das denn? Ich dachte, wir gehen in eine richtige Disko!«, protestierte Hayat.

»Mann, seid ihr bescheuert, oder was? Wo wollt ihr denn hin? Ich dachte, wir gehen zu Hayat! Wieso redet ihr jetzt von Disko und von Club? Wenn Baba das mitkriegt, dann bringt er uns um!«

»Heul bloß nicht gleich los, Schwesterherz. Lena hat gemeint, in dem Club gibt es keinen einzigen Kanaken, und wo keine Kanaken sind, wird uns auch keiner kennen.«

»Das hättest du mir vorher sagen müssen, Mariam. Wie seh ich denn aus? Wie 'ne Putzfrau!«

Mariam warf ihrer Schwester die volle Alditüte mit Schuhen und Klamotten in den Schoß. »Aber nimm nicht den Jeansrock, den trage ich. Kannst ja die Jeans mit den Löchern anziehen, die passt voll gut zu dem roten Mango-Shirt.«

Nur keine Zeit verlieren, war Mariams Lebensmotto, wenn es darum ging, sich zu amüsieren, ein Abenteuer zu erleben, denn viel zu schnell würden die Stunden der Sorglosigkeit verstreichen. Mit dem ersten Sonnenstrahl wäre alles wieder vorbei, ab dann konnte Kamil jeden Moment anrufen. Die vergangene Nacht würde dann nur noch eine Erinnerung sein, an die sie sich so lange wie möglich klammern, sie immer wieder aufrufen und jedes Mal farbiger ausschmücken und mit phantastischeren Details anreichern würde, bis alles ein Teil ihrer Traumwelt wurde und irgendwann verblasste, weil es keine neue reale Erfahrung gab, die das Kopfkino lebendig halten konnte, mit echten Orten und echten Menschen.

***

Hayat bremste auf dem Gelände einer Tankstelle und ließ sich den Schlüssel zur Toilette geben. Mariam und Fatme verschwanden. Sie waren darin geübt, sich schnell zu schminken. Sie brauchten kaum Platz oder Licht, um in wenigen Minuten komplett durchgestylt wieder vom Klo zu kommen. Schon in der Schule hatten sie das so gemacht, um sich vor und nach dem Unterricht herzurichten. Dass die Kunden an der Tankstelle sie völlig verdutzt anstarrten, als die zwei im Disko-Outfit aus dem Klo kamen, in das sie eben noch als unscheinbar gekleidete Mädchen hineingegangen waren, verunsicherte die Omar-Mädchen überhaupt nicht, im Gegenteil: Sie lachten, kreischten und zwickten sich gegenseitig und benahmen sich wie Kinder, die einen neuen Abenteuerspielplatz entdeckt hatten.

Hayat zog nur das lange Gewand aus, dass sie sich extra für solche Unternehmungen im Abbaya-Geschäft gekauft hatte. Es war aus grobem Stoff und so vorteilhaft geschnitten, dass die Nähte der Jeans, die sie darunter trug, selbst dann nicht zu erkennen waren, wenn sie sich bückte und der Stoff sich eng an ihren Hintern schmiegte. Zu der knallengen Röhrenjeans trug sie eine grüne Seidenbluse, die einen auffälligen Kontrast zu ihrem dunklen Teint bildete. Im Doppelleben war sie erfahrener, professioneller als ihre Nichten. Das Einzige, was jetzt noch an ihrem Outfit fehlte, waren die strassbesetzten Stilettos, die sie mit elegantem Schwung aus dem Handschuhfach hervorzauberte. Die ließen sie gleich zehn Zentimeter wachsen. Mariam bewunderte ihre Tante, sie wusste nur zu gut, dass ihr Leben ohne ihre Tante um einiges ärmer wäre. Hayat war für sie eine Heldin.

Auf dem Weg zum Club drehte sie wieder das Fenster hinunter. Sie ließ ihre Haare im Fahrtwind wehen und blickte in den Sternenhimmel, der für sie mindestens so geheimnisvoll war wie der Gedanke an eine Zukunft ohne Verbote. Sie atmete tief durch und spürte das Kribbeln in ihrem Bauch. Es war nicht nur die Aufregung und Freude auf das, was der heutige Tag vielleicht bringen mochte. Es war auch die Ahnung, dass das Leben ihr noch mehr zu bieten haben könnte als diese kleinen Fluchten in die Nacht.

***

Die große Vorfreude stürzte mit einem Schlag in sich zusammen, als die drei den Sophienclub betraten. An den rotgetünchten Wänden stand nur eine Handvoll Leute, die es ebenfalls zu früh in die Nacht getrieben hatte, der Laden hatte eben erst seine Türen geöffnet.

»Was ist denn das für ein Scheiß, ich dachte, wir gehen in einen richtigen Club!«, schimpfte Hayat.

Lena, die bereits an der Bar gewartet hatte und jetzt auf sie zukam, sah die Enttäuschung in den Gesichtern der drei Frauen und versuchte, die Situation zu retten. »Das dauert hier noch ein bisschen, die meisten Leute kommen erst um Mitternacht.«

Mariam fühlte sich unbehaglich. Sie war noch nie in ihrem Leben in einem Club gewesen und kannte sich mit den Gepflogenheiten in so einem Tanzschuppen nicht aus, außerdem fühlte sie sich nicht wirklich am rechten Platz, es war ihr alles so fremd. Sie spürte, wie diese Unsicherheit ihren ganzen Körper ergriff, ihre Knie wurden weich, und sie suchte schleunigst den nächstbesten Platz an der Wand auf, um sich anzulehnen und alles im Blick zu haben. Keine guten Voraussetzungen für einen amüsanten Abend, dachte sie. Fatme folgte ihr schweigend, ein bisschen war sie schadenfroh darüber, dass ihre Schwester, die eben noch so eine große Klappe hatte, plötzlich wie ein eingeschüchtertes Kind in der Ecke stand.

»Schau sie dir an, Lena. Wie zwei kleine Mädchen, die Angst haben, dass gleich ein Unbekannter kommen und sie ansprechen könnte.« Hayat hatte sich schnell wieder gefangen und wollte nun das Beste aus der Situation machen, schließlich hatten sie bereits Eintritt gezahlt und fast eine halbe Stunde nach einem Parkplatz in der Kleinen Hamburger Straße suchen müssen.

»Komm, Lena, du bist hoffentlich trinkfest, was gibt's denn hier für Cocktails?« Sie zog Lena mit an die Bar. Mariam sah ihnen nach, kramte dann verlegen in ihrer Handtasche und zählte das Kleingeld, das sie eingesteckt hatte. Die zwanzig Euro aus ihrer Spardose waren bereits für den Eintritt draufgegangen.

»Fatme, hast du noch Geld dabei?«

»Ja, zehn Euro, wieso? Willst du hier was trinken? Ist doch bestimmt voll teuer!«

»Na komm, wenigstens eine Cola, sonst sieht das doch blöd aus, wenn wir hier nur rumstehen und nichts trinken. Hayat bezahlt nur, wenn wir Alkohol trinken.«

»Mensch, Mariam, die hat doch nur Spaß gemacht, oder glaubst du wirklich, sie kommt mit Alkohol zu uns? So bescheuert kann sie doch nicht sein!«

Im nächsten Moment stand Lena mit fünf Gläsern Watermelonman auf dem Tablett vor ihnen. »Eure Tante ist ja supercool! Hier, Leute, nehmt mir mal was ab, das Zeug schmeckt echt lecker, so'n bisschen tropisch-exotisch.«

»Ist da Alkohol drin?«

»Trink doch erst einmal einen Schluck, wirst schon sehen!«

Mariam zog den Trinkhalm aus der rosafarbenen Flüssigkeit und nahm einen kräftigen Schluck. Sie hatte Durst.

»Kannst ruhig trinken, Fatme, ist kaum Alkohol drin, schmeckt wie Limonade«, nickte sie ihrer Schwester zu, und binnen weniger Minuten hatten die zwei Schwestern ihre riesigen Cocktailgläser ausgetrunken. Ein guter Schuss Melonenlikör hatte die doppelte Portion Wodka, die Hayat bestellt hatte, geschmacklich so stark übertönt, dass weder Fatme noch Mariam ahnten, was sie eben getrunken hatten. Noch bevor sich die Wirkung des Alkohols bemerkbar machte, kam Hayat schon mit einem weiteren Tablett an Hochprozentigem, der so klebrig süß war, dass man mit jedem Schluck noch mehr Durst bekam. Lena beobachtete die Szene mit Vergnügen und nippte gelegentlich an ihrem Cocktail. Endlich erlebte sie die beiden Mädchen mal so wie andere junge Frauen.

»Ist da wirklich kein Alkohol drin?«, gluckste Fatme und hakte sich bei ihrer Schwester ein, um nicht aus ihren roten Riemchenpumps zu kippen. Hayat und Lena guckten sich an und lachten.

»Nee, nur ein bisschen Wodka.«

Fatme und Mariam stimmten in das Lachen der beiden ein. Sie waren so mit dem neuen Getränk beschäftigt, dass sie gar nicht merkten, wie sich der Laden mit Touri-Gruppen aus den umliegenden Hotels und Hostels füllte. Sie hatten sich auf einer »All-you-can-drink-Tour« eingebucht und zogen nun von Club zu Club, immer einen Plastikbecher mit Alkoholischem in der Hand.

Mariam spürte inzwischen die Wärme des Alkohols im ganzen Körper, ihre Anspannung lockerte sich. Sie schaute sich um, erspähte eine Gruppe englischsprechender Jungs und ging, ohne ein Wort zu sagen, auf die Truppe zu. Fatme, Lena und Hayat schauten ihr überrascht nach.

»Hi, hello, how are you?« Das war auch schon alles, was ihr vom Englischunterricht im Gedächtnis geblieben war. Die jungen Männer starrten sie verwundert an, bevor sie dann wild durcheinander auf sie einredeten, so schnell, dass Mariam nicht ein einziges Wort verstand. Als einer der Männer, ein großgewachsener Rothaariger, mit Kapuzenshirt und Baggy Pants, sie direkt ansprach, erstarrte Mariam, weil ihr plötzlich bewusst wurde, dass es doch keine gute Idee gewesen war, so zu tun, als könne sie Englisch. Sie vermied es, ihm in die Augen zu sehen, sondern klammerte sich an die Sommersprossen auf seiner Stirn.

»Do you know where the Tacheles is?«, wiederholte er. Doch seine Frage ging fast in der Black-Music unter, die aus den Lautsprechern dröhnte, und Mariam hatte keinen blassen Schimmer, was der Typ mit den roten Locken von ihr wollte. Schnell weg hier, dachte sie, riss die Augen weit auf, zog die Schultern hoch, schüttelte den Kopf, drehte sich auf ihren Absätzen um und eilte mit langen Schritten davon. Sie kriegte noch mit, wie die Meute hinter ihr in lautes Gelächter ausbrach.

»Was war denn das jetzt?«, fragte Hayat mit hochgezogenen Augenbrauen, als Mariam wieder ihren Platz neben Fatme an der Wand einnahm. Das unkontrollierte Verhalten ihrer Nichte verunsicherte sie. »Du verträgst echt keinen Alkohol, was?«

Hayat bekam Gewissensbisse. Sie gönnte ihren Nichten den Spaß, die Mädchen mussten auch mal feiern und sich amüsieren können, aber einfach so auf fremde Männer zugehen, das ging auch ihr zu weit. Schließlich trug sie die Verantwortung für die beiden. Und noch nie war sie mit ihnen in einer Diskothek gewesen. Was sollte sie tun, wenn die unberechenbare Mariam auf die Idee kam, mit einem der Männer auf der Toilette zu verschwinden? Plötzlich wurde ihr klar, dass sie an einem Ort waren, wo alles passieren konnte. Hayat malte sich aus, was die Folgen sein könnten. Ihr Bruder würde sie totschlagen! Als ahnte Mariam die Gedanken ihrer Tante, sagte sie jetzt: »Nun mach dir mal nicht in die Hosen, Tantchen, ich lass mich schon nicht anfassen, das sind doch alles Milchgesichter hier. Siehst du das nicht? Das sind doch keine Männer.«

***

Fatme, die den Wodka weit weniger gut vertragen hatte als Mariam, sollte auf die Taschen aufpassen. Hayat schleppte sie zu einem Hocker, drückte ihr ein großes Glas Mineralwasser in die Hand und verschwand mit Lena und Mariam auf der Tanzfläche, wo die drei, schon ziemlich beschwipst, umhersprangen und so unkontrolliert mit Armen und Beinen schlenkerten, dass die Menschen in ihrer unmittelbaren Nähe schon sichtlich genervt waren von den Ellbogen und Tritten, denen sie immer wieder ausweichen mussten.

Mariam war die Wildeste. Lautstark sang sie die Lieder mit, als könne sie damit den Schatten vertreiben, der über ihrer Unbeschwertheit hing. Es war eine Angst, die ihr immer wieder das Lächeln raubte, die ihr bewusstmachte, dass Momente wie diese eigentlich nichts als eine weitere ihrer vielen Lügen waren. Morgen würde sie sich nichts mehr vormachen können. Morgen gab es wieder die »Wahrheit« ihres wirklichen Lebens. Aber an morgen wollte sie nicht denken.

Sie beobachtete Hayat beim Tanzen, wie sie mit den Hüften wackelte und im Takt dazu die Schultern schüttelte, fast so, als würde sie auf einer arabischen Hochzeit vortanzen. Jede Bewegung ihrer Tante saugte sie auf, als ließe sich daraus etwas ablesen, was mit ihrem eigenen Leben zu tun hatte. Hayat war ihr Vorbild, sie bewunderte sie sehr. Und doch wollte sie nicht wie ihre Tante werden. Sie wollte nicht ständig neue Geschichten erfinden und immer auf der Hut sein müssen, dass ihr niemand auf die Schliche kam. Sie wollte ihr Leben nicht auf einem einsturzgefährdeten Gespinst von Lügen aufbauen. Und doch, das dämmerte ihr in diesem Moment, war sie schon längst auf dem Weg dahin. Wie oft log sie Kamil und Hawwa an! Wie unehrlich war sie selbst gegenüber Fatme, der sie nur nach genauer Überlegung etwas erzählte und vieles verschwieg! Der Kreis an Menschen, denen sie sich anvertraute, wurde immer enger. Mariam ahnte, dass dieser Weg in eine zunehmende Einsamkeit führte. Und außerdem würde es immer schwieriger werden, aus dem Dickicht an Heimlichkeiten, das sie um sich herum aufgeschichtet hatte, je wieder herauszukommen. So gekonnt sie inzwischen anderen etwas vorzumachen verstand, so wenig talentiert war sie zum Selbstbetrug. Vielleicht war das Unbehagen, das sie an diesem Ort verspürte, daran schuld, dass sie von solchen Zweifeln überfallen wurde.

Wenn sie sich hier im Sophienclub umschaute, die Menschen beobachtete, wie sie ausgelassen tranken und feierten, verschwitzt und lachend an den Tresen stolperten, sich umarmten und küssten, dann wusste sie: Hier war sie eine Fremde. Und nie würde sie daran etwas ändern können. Es war nicht ihr Leben, das hier stattfand. Darin gab es nicht das Tanzen und Lachen oder Verabredungen mit jungen Männern. Zum Glück hatte sie Lena. Ohne Lena hätte sie sich an diesem Abend in diesem Club hoffnungslos verloren gefühlt. Solange sie Lena an ihrer Seite wusste, konnte sie sich zumindest der Illusion hingeben, ein kleines bisschen teilzuhaben an dieser fremden freien Welt, als würde sie mit jedem Atemzug ein wenig davon in sich aufnehmen. Und als wollte sie es alle anderen im Raum wissen lassen, stellte sie sich immer wieder zu ihrer Freundin mit einem Blick, der signalisieren sollte, seht her, ich hab auch eine deutsche Freundin, jemand, der nichts mit meiner Familie zu tun hat und auf den ich mich verlassen kann. Aber auch Lena, die gar nicht ahnte, was in Mariam vorging, konnte die Einsamkeit nicht aufheben, in der sich Mariam so oft gefangen fühlte. Nicht einmal der Alkohol konnte ihre Sinne so benebeln, dass sie sich hätte fallen lassen können – und sei es nur für diesen einen Abend. Nur als der rothaarige Junge sie den Reiz des Fremden, des Verbotenen spüren ließ, hatte sie einen Moment lang alles vergessen können. Diese Verlockung rumorte in ihr und sollte sie so leicht nicht mehr loslassen.

***

Schon in dem Moment, als sie sicheren Schrittes in den Vorraum zur Toilette trat und in den Spiegel blickte, in dem sie auf unzählige Augenpaare traf, die sich mit bohrenden Blicken an sie hefteten, bereute Mariam es, allein auf die Toilette gegangen zu sein. Unter dem grellen Licht hatte sich eine lange Schlange wartender Party-Miezen vor den Kabinen gebildet, die ungeduldig von einem Bein aufs andere traten, sich über ihre neuesten Eroberungen auf der letzten Shoppingtour unterhielten, über Nagelstudios und Datings austauschten und das Ganze mit lauten, schrillen Lacheinlagen untermalten. Im Wedding hätte Mariam sich einfach umgedreht und gefragt, ob jemand ein Problem habe, doch hier auf diesem Mädchenklo mit diesen vielen neugierigen Gesichtern, von denen sie sich beobachtet fühlte, überfiel sie eine ungewohnte Unsicherheit. Sie wandte sich vom Spiegel ab, reihte sich in die Schlange ein und blickte stumm zu Boden. Hier war es für sie kein Heimspiel wie in den Straßen ihres Viertels. Hier war sie ein Niemand, oder – schlimmer noch – hier kam sie sich vor wie eine Eingesperrte, der man einige Stunden Freigang erlaubt hatte. Sie glaubte, jeder in diesem Raum würde es ihr anmerken, dass sie nicht so locker und cool war wie andere ihres Alters, die hier unbesorgt plapperten, kichernd den Eyeliner nachzogen und ihre Push-up-Bras zurechtzupften. Ihr wurde übel. Die überzuckerten Cocktails, die sie wie Limonade getrunken hatte, gaben ihr gerade den Rest. Wäre die kleine Blonde mit den Paillettenbuchstaben auf dem Po ihrer Stretchjeans nur ein paar Sekunden später aus der Toilette gekommen, dann hätte Mariam nicht mehr an sich halten können. In dem Gedränge der vielen hätte sie vermutlich gleich einige der anderen Mädchen mit Erbrochenem beglückt.

Die Klospülung war alles andere als kräftig. Je heftiger Mariam den Hebel hinunterdrückte, während sie gleichzeitig mit der anderen Hand ihre Haare mühsam nach hinten hielt, umso spärlicher rann das Wasser heraus. So wurden nicht einmal ihre Kotzgeräusche übertönt. Aber viel mehr als der bittere Geschmack in Mund und Rachen und das kurzzeitige Gefühl des Erstickens, wenn die klebrige Masse aus ihrem Magen durch den Hals in den Mund schoss, machte ihr die Vorstellung zu schaffen, diese Toilette gleich verlassen zu müssen. Wie sollte sie sich an der riesigen Schlange vorbeistehlen, deren Tuscheleien jetzt schon durch die Kabinentür drangen? Nie wieder würde sie allein auf die Toilette gehen. Doch dazu kam es an diesem Abend gar nicht mehr.

***

»Ausgetanzt«, rief Hayat ihr zu, als Mariam sich gerade durch die schwitzende tanzende Menge hindurch im Takt der Musik zu ihr und Lena durchkämpfte, nachdem sie sich blitzschnell und ohne jemanden auch nur eines Blickes zu würdigen, aus der Toilette verdrückt hatte.

An der frischen Luft verflog ihre Übelkeit. Stumm, aber Augen, Nase und Ohren weit geöffnet, um so viel wie möglich von der Stadt in sich aufzusaugen, lief sie neben den anderen dreien her, die aufgeregt die Erlebnisse der Nacht austauschten. Am Rosenthaler Platz machten sie an einem Döner-Imbiss halt. Lena und Hayat hatten Hunger. Mariam merkte, wie eine neue Welle von Angst in ihr hochkroch. Hier an dieser Ecke, den tosenden Straßenverkehr und das hektische Gewusel der Nachtschwärmer im Rücken, fühlte sie sich wie auf dem Präsentierteller. Jeder, der an ihnen vorbeifuhr, konnte sie sehen. Ihr wurde bewusst, dass sie sich nur wenige Blocks von ihrer Wohnung entfernt befanden, es war dumm zu glauben, hier bestünde keine Gefahr, von irgendeinem Bekannten entdeckt zu werden. Auch die eindringlichen Blicke des Dönerverkäufers beunruhigten sie. Jede Minute, die sie hier standen, erhöhte die Gefahr, erwischt zu werden. Sie sehnte sich zurück in das schützende Dunkel des Clubs und drängte die anderen zur Eile.

»Los, Leute, macht mal schneller, ich bin müde. Ihr könnt doch den Rest im Auto essen, mir tun schon die Füße weh.«

Aber niemand hörte auf sie. Selbst die immer strenger werdenden Blicke der beiden türkischen Männer hinter dem Tresen konnten die gute Laune der drei anderen offensichtlich nicht beeinträchtigen.

»Mann, Mariam, nun dräng doch nicht so! Ich war schon so oft abends unterwegs und bin noch nie erwischt worden. Entspann dich!«

Mariam fühlte sich von Hayats Äußerung bloßgestellt. Sie wollte nicht, dass man ihr die Angst anmerkte. Aber da das Thema nun einmal angesprochen war, sah sie auch keinen Grund, es zu verleugnen.

»Irgendwann, liebe Tante, wird es aber passieren. Irgendwann wird jeder erwischt, auch du. Wir müssen es ja nicht unbedingt darauf ankommen lassen, oder?«

»Ich dachte immer, Fatme sei der Angsthase von euch beiden«, spottete Hayat. »Aber du scheinst es zu sein! Fatme, jetzt guck dir deine große Schwester an, eben noch die größte Klappe, und jetzt traut sie sich nicht einmal, ihren Döner in Ruhe aufzuessen. Vor der brauchst du dich nicht mehr zu fürchten.«

Fatme, Lena und Hayat lachten. Mariam, die angespannt mit dem Rücken zum Imbiss stand und den Blick starr auf die Ampelschaltung richtete, versuchte die Bemerkungen ihrer Tante zu ignorieren. Sonst würde sie womöglich vor Wut ausrasten. Vielleicht hatten die anderen recht, dachte sie, vielleicht machte sie sich nur unnötig Sorgen. Warum nur wurde sie immer so leicht von Verfolgungswahn überfallen? Solange sich niemand auf Hayats Handy meldete, gab es eigentlich keinen Grund zur Besorgnis.

»Hast du schon mal dein Handy gecheckt, Hayat?«

»Wieso? Erwartest du einen Anruf?«, war Hayat bemüht, Mariams Frage ins Lächerliche zu ziehen.

»Komm, lass den Quatsch jetzt. Lass mal gucken, ob jemand von zu Hause angerufen hat. Vielleicht hast du das ja in der Disko überhört.«

»Ich hab mein Handy gar nicht dabei, das ist zu Hause.«

»Das ist nicht dein Ernst, oder?« Mariam war alarmiert.

»Mach doch nicht so einen Stress! Was willst du denn eigentlich? Ist doch alles in Ordnung, die denken, wir sind bei mir. Dich wird schon keiner umbringen, komm mal jetzt runter! Ich hätte doch sowieso nicht rangehen können, bei der lauten Musik, wie stellst du dir das vor?«, rechtfertigte Hayat sich. Fatme, Lena und Mariam blickten sie stumm an. Die gute Stimmung war plötzlich wie eine Seifenblase zerplatzt, und Hayat spürte den stillen Vorwurf, der in den Blicken der drei lag.

»Na gut. Los, wir fahren jetzt nach Hause, und dann gucken wir nach, ob jemand angerufen hat. Ich wette, keiner hat sich gemeldet.«

Mit langen Schritten stolperten die vier auf ihren hohen Absätzen in die Nacht.

* * *

36 Anrufe in Abwesenheit, keine neuen Nachrichten hinterlassen.

»Scheiße! Baba wird uns umbringen!« Fatme fing an zu heulen. Mit einem Schlag war sie nüchtern und hellwach. Mariam gab sich alle Mühe, ruhig zu bleiben, vielleicht war alles gar nicht so schlimm, vielleicht konnten sie einfach behaupten, Hayat habe ihr Handy leise gestellt, damit sie schlafen konnten.

»Was ist, wenn schon jemand hier war und geklingelt hat? Was sollen wir dann sagen, Hayat? Wenn du dein Scheiß-Handy mitgenommen und mal nachgeguckt hättest, dann wären wir schnell zu dir gefahren und hätten zurückgerufen. Jetzt können wir gar nichts mehr machen!« Fatme schien kurz vorm Nervenzusammenbruch zu sein, und auch Lena war von der Situation überfordert. »Jetzt übertreibt mal nicht. Ist doch nicht der Weltuntergang, dann sagen wir eben, wir waren kurz draußen, frische Luft schnappen. Ist doch nichts Schlimmes!«, wollte sie die alarmierten Omar-Mädchen beruhigen.

»Halt du dich daraus, Prinzessin«, fauchte Mariam ihre Freundin an. »Du verstehst doch gar nichts. Bist eben 'ne Deutsche. Denkst du etwa, ich sag meinem Alten, dass du auch bei uns warst? Denkst du etwa, dann würde er sagen: Ach, Lena war auch da, wie schön! Und wie gut, dass ihr morgens um drei an die frische Luft gegangen seid! Das wird euch gutgetan haben! Du bist so dumm!«

Lena war blass geworden bei Mariams Wutausbruch, aber noch bevor sie etwas erwidern konnte, wimmerte Fatme: »Baba wird uns schlachten, Mariam, was machen wir bloß?«

Hayat hatte das Fenster geöffnet, zündete sich eine Zigarette an und lehnte sich weit hinaus. Sie sog den Qualm mit einem Seufzer tief in ihre Lungen und blies ihn durch die Nase wieder aus. Trauerstimmung. Fatme saß wimmernd am Küchentisch, Mariam stierte in einer Mischung aus Zorn und Verzweiflung auf das Muster der Raufasertapete an der Wand, und zwischen allen breitete sich eine stumme Hilflosigkeit aus. Angst lag in der Luft, die Lena ahnen ließ, wie ernst die Situation für die drei war.

»Ich versteh das alles nicht«, hob sie noch einmal zaghaft an. »Entschuldige, Mariam, vielleicht hab ich ja wirklich keine Ahnung. Wahrscheinlich bin ich wirklich nur die dumme Deutsche, die solche Probleme nicht kennt. Aber sag mir doch bitte mal, warum das alles immer so eine Tragödie ist! Wir haben doch kein Verbrechen begangen!«

Für einen Moment hielt Fatme inne und sagte in einem ruhigen Ton der Überlegenheit, den man in dieser Situation von ihr nicht erwartet hätte: »Doch, Lena, wir haben etwas ganz Schlimmes getan, wir haben unsere Eltern angelogen. Wir haben gelogen, damit wir wie all die anderen Schlampen nachts in die Disko gehen und Alkohol trinken können. Und jetzt erwartet uns Gottes Strafe.«

Das waren die letzten Worte dieser Nacht. Hayat schloss das Fenster, und nacheinander gingen alle, ohne noch ein Wort miteinander zu wechseln ins Bett. Alle lagen wach und warteten in stiller Demut, was der nächste Tag bringen würde.

***

Es war gerade sieben, als Mariam aus ihrem kurzen unruhigen Dämmerzustand aufschreckte und feststellte, dass die anderen bereits in der Küche saßen. Hayat hielt ihr Telefon die ganze Zeit in der Hand, während sie einen Tee aufsetzte.

»Hat noch keiner angerufen, Hayat? Melde dich jetzt bloß noch nicht, es ist noch viel zu früh. Die würden nur Verdacht schöpfen.«

»Ich bring euch gleich nach Hause, Mariam. Wir sagen einfach, wir haben alle geschlafen.«

Mariam rieb sich die Augen, ging an Hayats blitzsauberen Küchenschrank und nahm sich etwas Instantkaffee in eine Tasse. Dann drehte sie sich wie in Zeitlupe zu ihrer Schwester um, zuckte mit den Achseln und sagte: »Okay, Fatme mach dich fertig. Wir sagen besser, wir sind zum Dönerladen gelaufen, weil du so einen Hunger hattest. Wenn das nicht zieht, dann bekommen wir eben unsere Schläge, was soll's.«

Lena biss sich auf die Zunge, um sich jeden Kommentar zu verkneifen. Am liebsten hätte sie ihre Freundin angeschrien oder wäre gleich zu Kamil marschiert, um ihm die Meinung zu sagen über Väter, die ihre Töchter schlugen, um ihm klarzumachen, dass er hier in Deutschland lebte, wo es normal war, dass Mädchen allein und unbeaufsichtigt loszogen. Doch an Mariams ruhiger Entschlossenheit konnte sie erkennen, dass das jetzt alles gar nicht angebracht war. Hier ging es um Regeln, die ihr so fremd waren, dass sie nicht wagte, sich ernsthaft einzumischen, zumindest nicht, solange Hayat und Fatme dabei waren.

»Henkersmahlzeit, so sagt man doch bei euch, wenn jemand gleich hingerichtet wird, oder, Lena?« Hayat grinste verlegen und reichte eine Schüssel mit Äpfeln herum, doch niemand mochte zugreifen.

* * *

Kamil saß im Wohnzimmer beim Frühstückstee und zappte sich hektisch durch die Kanäle. Sein Kopf schien ganz woanders zu sein, während seine Finger unkontrolliert die Tasten drückten. Als die Tür aufging und Mariam und Fatme mit einem gespielten breiten Lächeln grüßten, knallte er die Fernbedienung auf den Tisch und bellte sie an: »Wo wart ihr Gottlosen?«

Fatme bekam sofort wieder diese zittrige Stimme, gegen die sie sich einfach nicht wehren konnte, wenn ein Unheil nicht mehr abzuwenden war. »Baba, wo sollen wir denn gewesen sein? Bei Tante Hayat natürlich.«

»Ja, Baba, du weißt doch, wo wir waren«, sprang Mariam ihr zur Seite. Selbst wenn sie log, beherrschte sie noch die Kunst der überzeugenden Lässigkeit, jedenfalls sehr viel besser als ihre Schwester. Manchmal wunderte sie sich selbst, wie gut ihr das gelang. »Ist Mama nicht zu Hause?«, versuchte sie, das Thema zu wechseln.

Doch Kamil antwortete nicht. Er schaltete den Fernseher aus, stand aus seinem Sessel auf, zog sich den Hosenbund unterm Bauch zurecht und ging an seinen Töchtern vorbei in die Küche, ohne sie eines Blickes zu würdigen. Wie angewachsen blieben Mariam und Fatme im Flur stehen und guckten sich gegenseitig mit fragenden Blicken an. Als Kamil wieder auftauchte, wurde ihnen klar, was jetzt folgen würde. Er hatte sich das schmale Nudelholz geschnappt, mit dem Hawwa an den Wochenenden die großen, hauchdünnen Teigfladen ausrollte, und fragte seine Töchter, ohne sie dabei anzuschauen, fast beiläufig: »Wer von euch will zuerst?«

Fatme fing an zu kreischen, rannte ins Badezimmer und schloss sich ein.

»Bitte, Baba, es ist doch gar nichts gewesen. Wir waren bei Tante Hayat, haben Filme geguckt, und dann hat Fatme so einen Hunger bekommen, dass Hayat mit uns zu McDonald's gefahren ist. Bitte, Baba, wir haben doch nichts Schlimmes gemacht.«

Kamil nahm stumm die Hand seiner Tochter, drehte sie um und schlug so heftig zu, dass Mariam die Tränen in die Augen schlossen. Aber sie wehrte sich nicht. Sie hoffte, dass wenigstens Fatme verschont bliebe und später noch genügend Eiswürfel im Kühlschrank zu finden wären. Ohne auch nur zu schluchzen, nahm sie die Folter hin, während Kamil keuchend und fluchend immer wieder dieselbe Frage hervorstieß: »Wo wart ihr Gottlosen, wo?«

Vielleicht hatten seine Töchter ja wirklich nur einen kleinen Abstecher zum nächsten Imbiss unternommen. Aber selbst wenn es so war – in seinen Augen war und blieb es ein Verrat. Sie hatten seine Anweisungen nicht respektiert. Wieder und wieder hatte er Hayat auf dem Handy angerufen, und als sich niemand meldete, hatte er Masud beauftragt, nach dem Rechten zu sehen. Masud war bis vor Hayats Wohnungstür gedrungen, hatte unzählige Male geklingelt und geklopft, sein Ohr an die Tür gedrückt, aber kein Geräusch vernehmen können. Dann war er auf die Suche nach Hayats Auto gegangen, so wie es ihm der Vater aufgetragen hatte. Jeden Schritt, den er in jener Nacht unternahm, um seine Schwestern aufzuspüren, hatte er gehorsam per Handy dem Vater gemeldet. Schließlich hatte Kamil ihm befohlen, vor der Haustür zu warten, bis die Mädchen mit seiner Schwester auftauchten. Doch nach einer Stunde, die Masud zusammengekauert auf der Bank gegenüber dem Hauseingang verbrachte, bat er seinen Vater, nach Hause gehen zu dürfen. Da war es drei Uhr nachts.

So plötzlich, wie er zugeschlagen hatte, hörte Kamil auf, warf das Nudelholz auf den Boden und ging ins Schlafzimmer. Mariam blickte ihm nach und vermeinte, ein leises Schluchzen zu vernehmen, bevor sich die Schlafzimmertür schloss. Manchmal ahnte sie, dass es ihrem Vater leidtat, wenn er seinen Töchtern körperliche Schmerzen zufügte. Dass er es eigentlich gar nicht so weit kommen lassen wollte. Aber es war wie immer: Er hatte sich dann doch nicht unter Kontrolle, seine Aggression war Herr über sein Denken. Und er glaubte, es tun zu müssen. Er kannte nichts anderes als eine Erziehung mit Strafen und Züchtigungen. Und vielleicht fürchtete er auch, dass seine Töchter die Ehre der Familie beflecken könnten, dass irgendjemand aus der Nachbarschaft sie irgendwo gesehen haben könnte, wo sie nicht sein durften.

Während sich Mariam die Hände unter dem kalten Wasserstrahl an der Küchenspüle kühlte, konnte sie die Tränen einfach nicht mehr zurückhalten. Der Schmerz wanderte wie tausend stechende Nadeln durch ihren ganzen Körper, in jeden Muskel, jede Sehne. Vielleicht weinte sie aber auch aus Mitleid mit sich selbst. Vielleicht auch aus Mitleid mit ihrem Vater, so seltsam das auch sein mochte. Was passiert war, so schalt sie sich, hätte nicht passieren müssen, sie hätte es verhindern können, wenn sie klüger und überlegter gehandelt hätte. Sie bereute es nicht, in den Club gegangen zu sein, im Gegenteil: Diese Nacht in einer so fremden Welt, die Atmosphäre in den Straßen, als sie nach Hause eilten, das alles hatte ihr viele neue Bilder geschenkt, aus denen sie neue Träume spinnen, neue Hoffnungen schöpfen konnte. Beim nächsten Mal, so schwor sie sich, während das Wasser ihre geröteten und geschwollenen Hände kühlte, würde sie es besser machen. Das nächste Mal würde sie das Handy ständig bei sich tragen.

Nora Nolte und der Mädchenclub

Lange konnte es nicht mehr gutgehen mit dem Hartz-IV-Geld, das ihre Eltern für sie erhielten, Mariam wusste das. Irgendwann würde sie einen der Ein-Euro-fünfzig-Jobs annehmen müssen, die ihr das Arbeitsamt in regelmäßigen Abständen anbot. In letzter Zeit waren die Schreiben mit dem warnenden Hinweis verbunden, falls sie wieder ablehnen sollte, könnte ihr das monatliche Geld gekürzt werden. Die ersten Male hatte sie sich noch erfolgreich drücken können – sie ließ sich krankschreiben, möglichst so lange, dass sie den Zeitraum der Maßnahme verpasste. Irgendwo im Tiergarten die Wege zu harken und den Plastikmüll einzusammeln, den die Wochenendbesucher zwischen die Sträucher geworfen hatten, dazu hatte sie nun wirklich keine Lust. Manchmal spielte sie mit dem Gedanken, bei Hamed im Obstladen zu arbeiten, aber die Vorstellung, ständig unter Kontrolle ihres Onkels zu sein, war nicht gerade verlockend. Darüber würde auch das Schwarzgeld, das sie bei ihm verdienen könnte, nicht hinwegtrösten. Und davon würden Kamil und Hawwa ohnehin den Löwenanteil einkassieren.

Oft sehnte Mariam sich nach der Schulzeit zurück. Die Schule war ein Ort des Friedens gewesen, der die Terrortage zu Hause leichter ertragen ließ. An ihrem letzten Schultag war sie pünktlich, mit ordentlicher Kleidung und einer Zuversicht erschienen, als sei das miese Abgangszeugnis nur ein schlechter Traum, und nach den Sommerferien würde alles wieder gut werden. Sie brauchte lange, um zu begreifen, dass es für sie gelaufen war. Und als sie es begriff, als nach den Sommerferien der Schulhof für sie tabu und die Lehrer nicht mehr zu sprechen waren und selbst der Hausmeister, der sie früher immer freundlich gegrüßt hatte, sie darum bat, das Schulgelände nicht mehr zu betreten, war es für Mariam eine bittere Erkenntnis, dass damit auch eine Tür verschlossen war, hinter der sich vielleicht ein Weg in die Freiheit eröffnet hätte. Sie hatte nicht um ihn gekämpft.

Von ihrem Traum, irgendwann einmal in einer Parfümerie zu arbeiten, hatte sie sich an dem Tag verabschiedet, als ihr Vater ihr unmissverständlich klarmachte, dass er nicht wünschte, dass seine Töchter arbeiteten. Es war für Kamil selbstverständlich, dass Fatme und Mariam eines Tages einen Mann heirateten, der für sie sorgen würde. Geldverdienen war die Aufgabe des Mannes. Frauen sollten den Haushalt führen und später die Kinder versorgen. Den letzten Versuch, ihren Vater umzustimmen, startete Mariam, als sie eine Ausschreibung in dem Kosmetikladen im Brunnencenter las.

»Baba, die Arbeit ist nicht schwer und gleich um die Ecke, dann kann ich auch ein bisschen was dazuverdienen. Warum nicht?«

»Unsere Frauen brauchen nicht arbeiten gehen. Was sollen denn die Leute von uns denken? Der Kamil kann seine Töchter nicht ernähren, oder was?«

Es war hoffnungslos.

Gerade als Mariam gar nicht mehr damit rechnete, flog erneut ein Brief des Arbeitsamtes ins Haus, der verheißungsvoller klang als seine Vorgänger.

»Baba, hier steht was von Kinderbetreuung. In einem Mädchenclub in der Straße, wo Onkel Hamed und Tante Zaynab wohnen!«

»Also Kindergärtnerin?«, fragte Kamil zu Mariams Verwunderung interessierter als gewöhnlich.

»Ja, Baba, ich glaub schon. Ist doch nicht schlecht, oder?«

»Kannst ja hingehen und gucken.« Und nach einer kleinen Bedenkpause fügte er hinzu: »Ich komm mit.«

Eigentlich mochte Mariam kleine Kinder nicht sonderlich. Seit Jahren schon musste sie immer mal wieder auf die Bälger der vielen Verwandten aufpassen, die bei den Omars unangemeldet ihre Kinder parkten, um shoppen zu gehen oder sich auf einer Hochzeit zu vergnügen. Aber nun hoffte sie inbrünstig, dass sie hier Arbeit finden würde. Sie sah in diesem Job die Möglichkeit, für ein paar Stunden dem tristen Alltag zu Hause zu entfliehen und vielleicht ein bisschen freier durchatmen zu können. Und außerdem wäre sie dann erst einmal vor weiteren Mahnungen des Arbeitsamtes sicher.

Kamil holte noch am selben Tag Erkundigungen bei Hamed und Zaynab ein: »Was ist das für ein Laden? Wisst ihr das? Was sind das da für Leute?« Aber Hamed konnte ihm kaum Auskunft geben. Er wusste nur, dass dort Frauen arbeiteten und Mädchen ein und aus gingen. Einen Mann habe er dort noch nie gesehen. »Zaynab brauchst du gar nicht zu fragen, die ist doch immer zu Hause, die kennt den Laden gar nicht«, meinte er noch.

Doch da irrte Hamed. Die schüchterne Zaynab kannte den Mädchenclub nur zu gut, zumindest von außen. Immer wenn sie vom Einkaufen kam, ging sie daran besonders langsam vorbei, den Blick erwartungsvoll auf das große Schaufenster des Ladenlokals gerichtet. Manchmal waren die Vorhänge zu ihrer großen Enttäuschung zugezogen. Aber an anderen Tagen konnte sie hinter der Glasscheibe Mädchen beobachten, die tanzten, malten, bastelten oder einfach nur lachten.

Seit sie mit ihrem Mann in diese Straße gezogen war, verfolgte Zaynab die Geschehnisse im Mädchenclub – eine unbestimmte Sehnsucht trieb sie immer wieder dahin. Das Leben hinter der Ladentür schien wesentlich aufregender zu sein als ihre einsame Existenz mit Hamed in ihrer klinisch sauberen Wohnung. Als Hamed ihr beim Abendessen beiläufig mitteilte, dass seine Nichte bald dort arbeiten würde, schlug Zaynab schnell die Augen nieder. Sie fürchtete, ihr Mann könnte das erwartungsvolle Funkeln darin entdecken und misstrauisch werden. Stumm blickte sie auf ihre Suppe und dachte sich, welch ein Glück, wenn Mariam in diesem Club Arbeit fände. Vielleicht würde sie ihre Nichte dort besuchen, vielleicht sogar mit den Kindern sprechen oder die Betreuerinnen kennenlernen dürfen! Es war nur ein vager Traum, für Zaynab aber ein Versprechen, ihrer häuslichen Gefangenschaft zu entkommen. Und sie nahm sich fest vor, alles zu tun, damit dieser Traum Wirklichkeit wurde – selbst wenn sie für jeden Besuch ein ganzes Blech Baklava für die Mädchen backen müsste. Irgendwie würde sie einen Weg finden.

***

Mariam schämte sich, dass Kamil beim Vorstellungsgespräch bei der Leiterin des Clubs, die sich als Nora Nolte vorgestellt hatte, neben ihr auf den etwas verschlissenen Stühlen saß. Viel lieber wäre sie allein gekommen, aber da es die einzige Möglichkeit war, die Zustimmung ihres Vaters zu erlangen, nahm sie seine Begleitung stumm in Kauf.

Frau Nolte kannte die Verhältnisse, in denen viele Mädchen und Frauen aus den arabischen und türkischen Familien in diesem Viertel lebten. Sie hatte jahrelange Erfahrung im Umgang mit Frauen, denen jede freie Entscheidung über ihr Leben von den Männern der Familie verwehrt wurde. Und so erkannte sie auch sehr schnell, in welche Richtung Kamils Fragen zielten.

»Kommen auch Männer oder Jungs zu Ihnen?«, brachte Kamil das, was er dringend wissen wollte, auf den Punkt.

Das war so eine dieser typischen Fragen, die im ersten Moment unverfänglich klangen. Doch Nora Nolte wusste, eine falsche Antwort würde zu einer unwiderruflichen Entscheidung, zu einem harten Nein führen. Mariam quetschte sich heimlich hinter ihrem Rücken die Daumen ab, schickte Stoßgebete zum Allmächtigen und hoffte, dass das Verständnis, das sie in Frau Noltes Augen zu sehen glaubte, nicht bloße Einbildung war.

»Herr Omar«, antwortete die Leiterin in ruhigem und doch bestimmtem Ton, »wir sind eine reine Mädchen- und Fraueneinrichtung. Die einzigen Jungen …« – bevor sie weitersprach, machte sie eine kleine effektvolle Pause und holte tief Luft, als wollte sie Kamil und Mariam ruhig ein bisschen zappeln lassen –, um dann aber mit einem sanften Lächeln um die Lippen fortzufahren: »… die einzigen Jungen, die wir zuweilen dulden, sind die kleinen Söhne der Frauen. Und wenn besorgte Väter wie Sie, Herr Omar, zu uns kommen, dann verwehren wir Ihnen selbstverständlich nicht den Zutritt. Wir sind gern bereit, für Fragen zur Verfügung zu stehen. Allerdings müssen solche Besuche vorher bei mir angemeldet und Termine dafür vereinbart werden. Denn Männer sind hier eigentlich nicht zugelassen. So sind unsere Regeln. Und auch Sie, Herr Omar, möchte ich bitten, das bei künftigen Besuchen zu beachten. Das ist im Interesse aller – vor allem der Mädchen und Frauen, für die wir hier Verantwortung tragen.«

Die letzten Sätze empfand Kamil als Ohrfeige. Es verletzte seinen Stolz, dass diese fremde Frau ihn binnen Sekunden so bloßstellen konnte. Aber es blieb ihm nichts anderes übrig, als seinen Zorn hinunterzuschlucken. Denn was sollte er darauf erwidern? Schließlich war es sein ausdrücklicher Wunsch, dass seine Tochter keinen Kontakt zu fremden Männern hatte. Und dieser Club, in dem weder er noch irgendwelche halbwüchsigen Jungen Zutritt hatten, schien einem solchen Anspruch Genüge zu leisten. Und so konnte er sich nur noch knapp von Frau Nolte verabschieden. Als er ihr die Hand reichte, versuchte er, die Frau, die ihn gerade vor seiner Tochter erniedrigt hatte, noch einmal scharf zu fixieren. Nora Nolte aber hielt seinem Blick gelassen stand, bis er selbst die Augen von ihr abwandte. Dass er ihr so wenig entgegenzusetzen vermochte, machte ihm Angst. Beim Hinausgehen zischte er seiner Tochter zu, nach dem Gespräch sofort nach Hause zu kommen. Und dann schlug die Tür hinter ihm zu.

Mariam war erleichtert und zugleich verblüfft. Noch nie hatte sie ihren Vater vor einer Frau so einknicken sehen. Als Frau Nolte sich ihr lächelnd zuwandte und fragte, ob sie es sich nicht erst einmal in der roten Sofaecke bequem machen wollte, fing Mariam an, die lässige Stärke dieser Frau richtig zu bewundern.

»Bei uns haben Männer nicht zu bestimmen, das ist eine unserer Grundregeln. Hier bestimmen die Mädchen selbst, was sie wollen oder nicht wollen. Aber jetzt zeige ich dir unsere Räume, und dann besprechen wir alles in Ruhe bei einer Tasse Tee. Kommst du?«

Von außen wirkte der Laden viel kleiner, als er tatsächlich war. Mariam war überrascht über die hohen Räume mit den verschiedenfarbigen Wänden, die sich hinter der ersten Tür auftaten, die sie durchschritten. Von den Decken hingen filigrane phantastische Objekte aus schillerndem Material an zarten, durchsichtigen Fäden herab, die schon bei dem kleinsten Luftzug zu tanzen anfingen und kleine Punkte an die bunten

Wände malten, weil sie den schwachen Lichtstahl einer Halogenlampe reflektierten. Mariam gefiel dieser Zauberraum mit seiner aufgetürmten Kissenlandschaft in einer Ecke, in die sie sich schon beim bloßen Anblick gedanklich hineinfallen ließ.

»Das ist unser Raum zum Tanzen und Chillen«, erklärte Frau Nolte.

Mariam strahlte. Eigentlich hatte sie eine gewöhnliche Einrichtung erwartet, ähnlich wie den Hort, in den manche ihrer Klassenkameradinnen aus der Schule gegangen waren, wo Bilder mit Handabdrücken von Kinderhänden an den Wänden hingen und holzbestuhlte Räume mit blankgewienerten Linoleumböden die Behaglichkeit eines Krankenhauses verströmten. Aber hier hing gegenüber der Kissenecke ein Flatscreen, und das, was sich hinter der Bar mit Diskobeleuchtung zeigte, musste wohl eine Musikanlage sein. Als sie die dazugehörige Dolby-Surround-Anlage entdeckte mit den Boxen, die an den Ecken des Raumes befestigt waren, sah Mariam ihre Vermutung bestätigt.

»Deine Aufgabe wird es sein«, nahm Frau Nolte sie fest in den Blick, »diesen Raum und den dort oben zu betreuen, darauf zu achten, dass nichts kaputtgemacht und alles immer sauber und ordentlich zurückgelassen wird.« Dabei wies sie auf einen Raum, der sich hinter einer Glaswand auf der Galerie befand. Im Halbdunkel waren die Umrisse von mehren Computermonitoren zu erkennen.

»Das Internetcafé ist jeden Tag von 13 bis 20 Uhr geöffnet, eine halbe Stunde chatten kostet 10 Cent. Das ist nur eine symbolische Summe, damit die Mädchen das Gefühl haben, einen Beitrag zu leisten, dann hat es für sie auch einen Wert, verstehst du?«

Mariam nickte stumm zu allem, was Frau Nolte sagte. Sie konnte es gar nicht mehr abwarten, Herrin über dieses Reich zu sein, in dem sie den ganzen Tag Musik hören und chatten konnte. Bei dem Gedanken daran wurden ihr vor Aufregung die Knie weich. Der Ein-Euro-fünfzig-Job im Mädchenladen war in ihren Augen plötzlich Gold und viel mehr wert als eine Arbeit in der Kosmetikabteilung im Brunnencenter.

»Du darfst natürlich auch das Internet nutzen, kostenlos. Wichtig ist nur, dass du alles andere im Auge behältst.«

Mariam zuckte zusammen. Konnte die Nolte Gedanken lesen? Oder sah man es ihr an, dass sie ganz wild darauf war, die Aufsicht über die Computer zu erlangen? Sie spürte, wie ihr vor Verlegenheit eine leichte Röte ins Gesicht stieg, und griff schnell zu einer Ablenkungsfrage, so wie sie es oft tat, wenn sie sich verunsichert fühlte.

»Dürfen hier wirklich keine Jungs rein?«

Sie kannte die Antwort ja eigentlich schon, schließlich hatte Kamil danach gefragt. Aber sie war überrascht, dass Frau Nolte nun doch eine etwas andere Auskunft gab.

»Nein. Oder doch. Weißt du, das ist etwas kompliziert. Eigentlich ist dies ein Mädchentreff, der ausschließlich für Mädchen da ist.«

»Also keine Jungs!«

»Doch. Das heißt, weil der Laden für die Mädchen ist, dürfen die bestimmen, wer hier reindarf. Und da kommt es schon vor, dass die eine oder andere mal einen Freund mitbringt.«

Mariam blieb vor Staunen der Mund offen stehen. Als Nora Nolte ihre Verwunderung bemerkte, ergänzte sie: »Natürlich müssen wir alle damit einverstanden sein. Wir stimmen ab und entscheiden gemeinsam, ob jemand reindarf oder nicht. Und bei solchen Abstimmungen darf sich niemand unter Druck fühlen. Wenn irgendjemand von uns ein grundsätzliches Problem mit einem bestimmten Jungen hat, dann darf er hier eben nicht rein.«

»Heißt das, mein Bruder oder mein Vater dürften auch hierherkommen?« Bei dem Gedanken, dass Kamil oder Masud an ihrer neuen Arbeitsstelle aufkreuzen und sie im Computerraum beim Chatten erwischen könnten, drohte Mariams Freude über den neuen Job sich schon wieder in Luft aufzulösen.

»Brüder und Väter haben hier nur Zutritt, wenn sie ein bestimmtes Anliegen haben, und dafür müssen sie mit mir einen Termin vereinbaren. Als Besucher zu den regulären Angeboten dieses Clubs sind männliche Familienangehörige nicht erwünscht.«

Dann händigte sie Mariam den Schlüssel für die Geldkassette im Bastelkeller aus. Das Geld darin sei für Ausflüge, Fahrten und Eintrittsgelder bestimmt, erklärte sie, falls die Mädchen gemeinschaftlich entscheiden sollten, etwas außerhalb dieser Einrichtung zu unternehmen.

»Bitte, lass dir für alle Ausgaben eine Quittung geben, und achte darauf, dass die auch immer in die Kassette kommt, damit am Ende die Abrechnung stimmt. Und immer den Schlüssel gut aufbewahren, sonst kann es schon mal passieren, dass das Geld weg ist«, schloss Nora ihren Rundgang und bot Mariam noch einen Tee an. Als sie am Tisch der großen Wohnküche saßen, wollte sie wissen, welche Interessen Mariam habe, welche Schulbildung und ob sie schon irgendwo gearbeitet hatte. Fast wäre Mariam in Tränen ausgebrochen und hätte gebeichtet, dass sie nur ein Abgangszeugnis hatte, weil ihre Eltern nicht wollten, dass sie zur Schule ging; fast hätte sie Nora auch erzählt, dass sie den ganzen Tag lang eigentlich nichts anderes tat, als den Haushalt zu führen; gern hätte sie auch von den kleinen Ausbruchsversuchen berichtet, wenn sie sich heimlich mit Lena traf. Und am liebsten wäre sie Frau Nolte um den Hals gefallen, so dankbar war sie für die Möglichkeit, hier zu sein, Musik zu hören und das Internet zu nutzen. Aber sie tat es nicht. Sie riss sich zusammen. Sie wusste, dass es keinen guten Eindruck machen würde, wenn sie jetzt heulen und in Selbstmitleid verfallen würde, schließlich ging es darum, glaubhaft zu vermitteln, dass sie genau die Richtige für das Vertrauen war, das ihr entgegengebracht wurde.

»Ich kann gut mit Kindern, ich kümmer mich auch immer um die Kinder von meinen Tanten und so«, stammelte sie und merkte schon, während sie noch sprach, wie kläglich dieser Versuch war, ihre Eignung für diesen Job unter Beweis zu stellen. Und wie sie es befürchtet hatte, entging Nora Nolte das auch nicht.

»So, das sind also die Kinder deiner Tanten. Haben die keine Väter, oder wie soll ich das verstehen?«

Jetzt wurde es doch noch anstrengend, was als lockeres Gespräch bei Tee und Keksen begonnen hatte. Mariam rutschte unruhig auf ihrem roten Freischwinger hin und her. Wie konnte sie jetzt bloß vermeiden, dass Frau Nolte sie doch nur für ein Mäuschen hielt, das immer zu Hause saß und sich über jeden noch so winzigen Kontakt zur Außenwelt freute, selbst wenn es nur die lärmende Verwandtschaft war, die mit ihren hyperaktiven Bälgern zu Besuch kam.

»Na ja, ehm, es gibt solche und solche.«

»Wie? Versteh ich nicht.«

»Ja, also manche Männer kümmern sich eben und manche nicht so. Mein Vater hat sich aber immer um uns gekümmert!«

Mit diesem Satz hoffte Mariam, das Gespräch auf ein anderes Thema lenken zu können, und konnte sich doch gleichzeitig kaum des Bildes erwehren, das ihr bei diesem letzten Satz vor Augen trat, wie Kamil Fatme und sie mit dem Rohrstock durch die Wohnung jagte. Gleichzeitig rief sie sich den Moment in Erinnerung, als Kamil ihr vor Jahren bei Karstadt von seinem letzten Geld eine echte Pfirsichblütenbarbie gekauft hatte. So versuchte sie immer wieder, das Unangenehme durch das Erfreuliche aufzuwiegen, wie auf einer Waagschale, in der auf einer Seite faules Obst lag und auf der anderen pralle Äpfel aufgehäuft waren. Doch sosehr sie sich auch bemühte, die dunklen Erinnerungen wogen immer ein bisschen schwerer, und das, obwohl sie sich ständig einzureden versuchte, dass ihr Leben eigentlich doch gar nicht so schlimm war. Aber das funktionierte einfach nicht. Trotz aller Anstrengungen gelang es ihr nicht, das Unangenehme, das sie erlebte, in den hintersten Winkel ihres Hirns zu verbannen und möglichst bald zu vergessen. Nora Nolte beobachtete Mariams Mienenspiel genau, so genau wie eine Krähe, schien aber ganz kühl dabei zu bleiben. Die Ruhe, die sie ausstrahlte, ermutigte Mariam, einfach weiterzureden.

»Ich kann auch an allen Tagen schon ein bisschen früher kommen und länger bleiben, im Moment habe ich sowieso nichts anderes zu tun«, sagte Mariam verlegen.

***

Am nächsten Tag nahm Mariam die Arbeit auf. Die meisten Mädchen gingen direkt nach der Schule, mit ihren Schulsachen, in die Einrichtung. Sie kamen gern und hätten hier am liebsten auch noch übernachtet, wenn es die Möglichkeit gegeben hätte. Der Altersdurchschnitt lag bei elf Jahren, und dann gab es noch eine Gruppe von fünf pubertierenden Teenagern. Die meisten Mädchen kamen aus muslimischen Familien mit unterschiedlichem kulturellem Hintergrund, wobei die älteren sich alle als Türkinnen bezeichneten, als Mariam sie fragte, wo ihre Eltern herkämen. Deutsche Mädchen waren kaum dazwischen. Mariam fand schnell Kontakt zu ihren

Schützlingen, schließlich kamen sie aus ähnlichen Verhältnissen, ein Umstand, der dafür sorgte, dass die neue »Betreuerin«, wie Mariam von den Mädchen bezeichnet wurde, schnell und bedingungslos akzeptiert wurde.

Sie beneidete die Mädchen, die in den Club kommen durften. Sie selbst hatte nie eine öffentliche Freizeiteinrichtung für Kinder oder Jugendliche besuchen dürfen, nicht einmal dann, wenn sichergestellt war, dass keine Jungen zugelassen waren. Ihre Brüder hingegen waren schon als Kinder fast täglich im Kinder- und Jugendfreizeitheim im Humboldthain gewesen, hatten an Ausflügen teilnehmen und den ganzen Tag dort verbringen können, ohne dass irgendjemand auf die Idee gekommen wäre, sie zu kontrollieren. Im Gegenteil, Hawwa und Kamil waren sogar froh, wenn die Jungs sich den ganzen Tag draußen austobten und zu Hause Ruhe herrschte. Manchmal wurde Mariam losgeschickt, um Rafi und Masud zum Essen zu rufen, dann rannte sie aufgeregt durch den Humboldthain und blieb noch einige Sekunden vor dem Zaun stehen, um wenigstens einen Blick auf das spannende Treiben werfen und die Kinder beobachten zu können, wie sie sich mit Nägeln und Brettern Häuschen zimmerten oder sich auf dem Hof wilde Wasserschlachten lieferten. In solchen Momenten überfielen sie Freude und Trauer gleichzeitig, und die Sehnsucht, einmal dabei zu sein, war so groß, dass sie sich einen festen Platz in ihren Tagträumen erobert hatte. Die nicht gelebte Kindheit war zu einem festen Bestandteil ihrer kleinen geheimen Welt geworden, die sie in sich trug und immer dann abrief, wenn es ihr besonders schlechtging oder sie sich einsam fühlte.

Sie sah den Mädchen zu, wie selbstbewusst und voller Leben sie in den Laden stürzten, die Musikanlage auf volle Lautstärke drehten, tanzten, sangen und kreischten, als seien sie gerade aus einem Irrenhaus ausgebrochen. Mariam war fasziniert von ihrer Wildheit und hatte doch zu kämpfen, ihre eigenen Hemmungen abzulegen, denn sie wollte auf keinen Fall wieder nur der Zaungast des Lebens sein, sie wollte auch nicht die »Betreuerin« sein. Nein, diesmal wollte sie teilhaben, tanzen, lachen und kreischen, einfach nur herumalbern wie die anderen, so wie ein Kind, und sie hatte das Gefühl, dass diese Räume ihr die Sicherheit gaben, genau das zu tun.

⋆⋆⋆

Lena war hocherfreut über Mariams Beschäftigung in dem Mädchenclub. Jetzt konnten sie sich täglich sehen, ohne Lügen, Ausreden und Heimlichtuereien. Frau Nolte erkannte sofort die Qualitäten von Mariams Freundin und spannte Lena gleich mit für den Nachhilfeunterricht ein, den die Grundschülerinnen hier täglich erhielten. Lenas Eltern waren gerührt von dem ehrenamtlichen Engagement ihrer Tochter, und Mechthild unterstützte das mit wohltätigen Gaben für Sonderveranstaltungen und mit monatlichen Kuchenspenden. Die aber kamen nicht nur von Mechthild.

Einige Wochen nachdem Mariam im Laden zu arbeiten angefangen hatte, stand plötzlich Zaynab vor der Tür, ein riesiges Blech Baklava unter dem Arm. Mariam konnte es gar nicht fassen – ihre schüchterne Tante hatte sich hierhergetraut! »Hallo, Mariam, ich bring euch was. Hab ich selbst gebacken …«, aber bevor sie weitersprechen konnte, stürzten sich schon etliche der Mädchen mit Geschrei auf das Baklava. Zaynab schaute lächelnd zu, wie ein Stück nach dem anderen in den Mündern der Kinder verschwand. Mariam, die ihrer Tante einen solchen Besuch gar nicht zugetraut hätte, rief ihr zu: »Ich mach dir einen Tee, Tantchen! Ich freue mich ja so, dass du da bist. Und danach zeige ich dir den ganzen Laden.«

Aber als sie mit zwei Teegläsern aus der Küche zurückkam, war Zaynab schon wieder gegangen. Leise hatte sie die Tür hinter sich zugezogen. Sie traute sich nicht, länger an diesem für sie ganz neuen Ort zu bleiben. Zum Glück hatte die Leiterin sie gar nicht gesehen. Wer weiß, wie sie reagiert hätte? Aber Zaynab war glücklich, dass sie es heute endlich einmal gewagt hatte, in den Laden mit den vielen Kindern zu gehen. Sie wusste: Sie würde es wieder tun, sie durfte sich nur nicht von Hamed erwischen lassen.

Nur Fatme hing traurig am Fenster und schaute ihrer Schwester nach, wenn diese zur Arbeit ging. Wäre es nur nach Frau Nolte gegangen, hätte Fatme immer mitkommen dürfen, sie fragte sogar hin und wieder, ob Mariam nicht ihre Schwester oder Cousinen mitbringen wollte. Aber Fatme durfte nicht. Seit Mariam arbeitete, war sie für den Haushalt verantwortlich.

Wenn Mariam gegen Abend nach Hause kam, musste sie Fatme bis ins kleinste Detail von den Erlebnissen und Ereignissen des Tages berichten. Dann erzählte sie oft die wildesten Geschichten, von den Dates der türkischen Mädchen mit Jungen, von den Problemen, die die Mädchen zu Hause mit ihren Eltern hatten und die sie Mariam anvertrauten, von den Streitigkeiten unter den Mädchen und den Chatbekanntschaften, die sie selbst machte. Fatme saß, andächtig lauschend, auf ihrem Matratzenstapel und fragte beständig nach, wenn sie das Gefühl hatte, dass Mariam wichtige Einzelheiten ausließ. Irgendwann waren Fatme die Personen, die den Mädchenclub regelmäßig besuchten, so vertraut, als kennte sie jede einzelne persönlich. Ständig sprach sie von ihnen, und Mariam wurde immer unbehaglicher zumute. Sie konnte es nur schwer ertragen, dass ihre Schwester an dieser neuen Freiheit nicht teilhaben konnte.

»Wie viel bezahlen die dir denn eigentlich?«

»Ich weiß gar nicht, was ich jetzt insgesamt vom Amt bekomme, Mama gibt mir monatlich 50 Euro, den Rest behält sie für die Haushaltskasse.«

Fatme und Mariam saßen am Küchentisch und teilten sich einen Tomatensalat mit Olivenöl, groben Salzkörnern, roten Zwiebeln und ofenwarmem Pide. Die Tomaten waren so kleingeschnitten, dass der Salat fast wie eine Tomatensuppe aussah. Mariam liebte diese Speise, und manchmal, wenn sie von der Arbeit kam, wurde sie von ihrer kleinen Schwester mit solchen Aufmerksamkeiten bedacht. Es rührte sie, dass Fatme sie so umsorgte.

»Warum nehmen die dir eigentlich dein ganzes Geld weg, die bekommen doch selber ihr Hartz IV? Und außerdem hat Baba doch gesagt, das soll für deine Mitgift sein.«

»Keine Ahnung, ist mir auch egal.«

Mariam nahm einen Löffel aus der Schublade, riss das Pide in kleine Stücke, tauchte den Löffel in den Tomatensalat, stippte das Brot hinein und balancierte den vollen Löffel zum Mund. Selig kauend schaute sie ihre Schwester an, die nachdenklich mit einigen Brotkrümeln spielte.

»Zuerst ist Masud dran«, sagte Mariam mit vollem Mund.

»Warum denn? Der kann doch sein eigenes Geld verdienen, der Penner. Der schenkt uns doch auch nichts!«

»Mensch, Fatme, das ist mir doch völlig egal, Hauptsache, ich hab meine Ruhe. Außerdem hab ich noch nie so viel Geld bekommen. Wenn ich das drei Monate spare, können wir uns beide die schwarzen Stiefel im Center kaufen, die mit dem kleinen Absatz. Die wolltest du doch haben, oder?«

»Ich finde das scheiße von denen, wie sie mit uns umgehen. Erst sagen sie immer, wir Mädchen sind was Besonderes, und dann werden doch immer die Jungs bevorzugt. Und am Ende bezahlst du noch für die Hochzeit von deinem Bruder, das ist doch krank!«, empörte Fatme sich.

Mariam machte der Zorn ihrer Schwester Angst. Sie legte den Löffel beiseite, nahm ein Stück Pide und hielt es Fatme vor die Nase.

»Fatme, ich bitte dich, was auch immer passiert, schwöre auf dieses Stück Brot, dass du so nie zu Baba redest.«

»Wieso? Hab ich denn nicht recht? Ich hab doch recht, oder?«

»Ja, Fatme, du hast recht, du hast auch recht, wenn du fragst, warum Masud seine Freundin treffen darf, während wir nicht einmal allein spazieren gehen dürfen. Aber das ist doch scheißegal. Es ist egal, ob du recht hast oder nicht. Willst du denn vor Gericht gehen und dein Recht einklagen? Hä? Es ist nun einmal, wie es ist. Ich habe jedenfalls keinen Bock darauf, dass Baba eines Tages zu mir sagt: So, Feierabend mit dem Mädchenclub, du gehst da nicht mehr hin. Schwör auf dieses Stück Brot, Fatme, dass du deswegen nie Stress machen wirst!«

Mariam hatte Tränen in den Augen, Tränen der Wut und Angst. Wut, weil Fatme in allem, was sie sagte, recht hatte und weil es eine himmelschreiende Ungerechtigkeit war, dass ihre Eltern seit Jahren sowohl das Kindergeld wie auch das gesamte Hartz IV einstrichen. Und Angst, weil sie ahnte, wie Kamil reagieren würde, wenn Fatme ihm womöglich sagte: »Deine Tochter bezahlt die Hochzeit deines Sohnes!« Kamil würde sich in seiner Ehre verletzt fühlen, denn natürlich wusste er, dass das eigentlich seine Aufgabe war. Die Folge würde sein, dass er Mariam das Arbeiten verbieten und auf die zusätzlichen Euro verzichten würde.

»*Wallah*, ich schwöre«, sagte Fatme sanft, als sie die weitaufgerissenen Augen ihrer Schwester sah. Und fast beiläufig fügte sie hinzu: »Aber dafür musst du mir versprechen, dass du fragst, ob die Nolte noch eine Stelle für mich hat.«

***

Gleich am nächsten Tag begann Mariam, Frau Nolte zu bearbeiten. Sie erzählte ihr von Fatmes Kochkünsten und wies darauf hin, dass der Laden eigentlich auch eine regelmäßige Putzkraft bräuchte. Sie zeigte ihr die verschmutzten Ecken und Fenster und begeisterte sich daran, wie gut sich ein frischgebohnerter Boden machen würde, wenn die Mädchen ihre Tanzstunden hätten.

»Wir haben eigentlich kein Geld dafür. Und außerdem sollen die Mädchen lernen, das selbst in die Hand zu nehmen. Hier soll niemand ihnen hinterherputzen, sie müssen ihren Dreck schon selbst beseitigen. Ich glaube, Mariam, du hast unser Konzept nicht gelesen, sonst wüsstest du, wie solche Dinge bei uns geregelt sind.«

Frau Nolte war bemüht, freundlich zu bleiben, doch ihre ernste Miene ließ ahnen, dass Mariam hart auflaufen würde, wenn sie auf diese Weise dafür kämpfte, Fatme einen Job zu verschaffen. Ja, es stimmte, sie hatte das Konzept nicht gelesen, die Fachsimpelei war ihr zu anstrengend gewesen, und so lag das zehn Seiten lange Papier noch immer zusammengerollt im Badezimmer hinter den Klorollen im Regal. Da war es vor fremden Augen sicher. Keiner aus der Familie – ausgenommen Fatme vielleicht – würde sich je die Mühe machen, diese Seiten zu lesen. Das belustigte Mariam im Stillen, denn schließlich enthielt das Papier vieles, was eine Kriegserklärung an die Regeln war, die zu Hause galten. Wüssten ihre Eltern, was auf diesen kleingedruckten DIN-A4-Seiten stand, auf denen von Gleichberechtigung und Selbstbestimmung die Rede war, dann wäre es vorbei gewesen mit ihrer Arbeit im Mädchenladen. Es würde reichen, sie für Monate in der Wohnung einzusperren. Doch alle sahen darin einfach nur Mariams Lern- oder Arbeitsmaterialien, und solange kein Kreuz, kein Davidstern und kein nackter Körper darauf zu entdecken war, wurden die längst vom Dampf der Dusche zusammengerollten Blätter nicht einmal eines Blickes gewürdigt.

Mariam musste zugeben, dass sie selbst auch nicht wirklich interessiert an der Lektüre war. Wenn sie auf dem Klo las, dann am liebsten die Werbeprospekte der großen Discountketten, die täglich in den Briefkasten flatterten. Am längsten hielt sie sich bei den Möbelprospekten auf. Sie wählte Couchgarnituren und Küchenzeilen, Bodenbeläge und Kristalllüster und stellte sie in ihrer Phantasie zu ihrer eigenen Wohnung zusammen. Obwohl sie wusste, dass die Kosten für ihre Traumwohnung in keinem Verhältnis standen zu den 50 Euro, die sie tatsächlich monatlich zur Verfügung hatte, machte ihr dieses Spiel Freude, und das reichte ihr schon.

»Vielleicht kann Fatme den Mädchen ja Kochen beibringen. Sie kann wirklich sehr gut kochen, das Börek zum Beispiel, das ich gestern mitgebracht habe, war von ihr.«

Mariam wusste nur zu genau, dass sie es jetzt, in diesem Gespräch, schaffen musste, Nora Nolte zu überzeugen, dass es lohnte, noch eine Omar einzustellen. Eine zweite Gelegenheit würde sie nicht haben. Sie musste schnell sein, mit Argumenten punkten und Frau Nolte den Eindruck vermitteln, dass Fatme nutzbringend für den Laden und die Gemeinschaft, geradezu eine Bereicherung sein würde und eine Lücke füllen konnte. Gerade als sie in ihrem Kopf noch verzweifelt nach weiteren überzeugenden Argumenten suchte, hielt ein Lieferwagen vor dem Laden, und Frau Nolte seufzte, als sie einen ältlichen Mann mit übervollen Lebensmittelkisten durch die Tür kommen sah.

»Ach, du meine Güte«, stöhnte sie auf, »wo sollen wir bloß mit dem ganzen Zeug hin? So viel Gemüse! Das vergammelt doch alles nur wieder im Kühlschrank!«

Mariam griff sich die Gemüsekiste, die der Mann auf den Boden gestellt hatte, um die restliche Ware aus dem Auto zu holen. Sie hielt sie ganz fest im Arm und hätte am liebsten die Karotten geküsst, so dankbar war sie für die Lieferung, die genau im richtigen Moment gekommen war.

»Also, Fatme kann wirklich sehr gut kochen. Sie kann doch mit den Mädchen einen Gemüseeintopf machen, dann lernen die was, und wir können alle gemeinsam essen. Wär doch schön, oder?«

Nora Nolte konnte sich ein Grinsen nicht verkneifen, sie hob eine Augenbraue und klopfte Mariam freundschaftlich auf die Schulter. Es gefiel ihr, mit wie viel Einsatz diese junge Frau für ihre Schwester kämpfte.

»Na gut, wir können es ja mal versuchen. Ich habe noch ein paar Spendengelder. Ich kann aber nicht mehr als zehn Euro die Stunde zahlen, wenn deiner Schwester das reicht, kann sie gern morgen vorbeikommen. Das Gemüse wird sich bis dahin wohl halten«, zwinkerte sie Mariam zu und packte mit an. Gemeinsam sortierten sie die Lebensmittel und verstauten sie in dem geräumigen Kühlschrank, während die kleinen Mädchen vor der Spiegelwand für ihre Tanzstunde übten.

Eine Seidenbluse für Hawwa

Mariam mochte diese friedliche Atmosphäre, es war für sie immer etwas Besonderes, innere Ruhe und Frieden zu verspüren. Die Mädchen und ihre Chefin waren ihr nach wenigen Tagen schon wie eine große Familie ans Herz gewachsen, vor allem weil sie sehr anders war als die Familie Omar. Hier durfte sie sich zurückziehen und musste sich dafür nicht auf dem Klo einschließen. Hier wurden ihr keine Vorwürfe gemacht, es gab niemanden, der sie immer wieder dazu aufforderte, dieses und jenes zu bringen, die Küche zu putzen oder einkaufen zu gehen. Niemand hinderte sie daran, ihren Tagesablauf selbst zu bestimmen. Natürlich ärgerte sie sich ein bisschen darüber, dass Fatme jetzt ganze 8,50 Euro mehr verdiente als sie, aber am Ende blieben ihrer Schwester auch nicht mehr als 50 Euro im Monat, die die beiden Mädchen auch nur behalten durften, weil Hawwa das bei Kamil durchgesetzt hatte: »Das sind junge Mädchen, die müssen sich auch mal was kaufen können.« Wobei Hawwa damit die Restpostenabteilung des großen Kaufhauses meinte, das sich die Straße hinunter nur wenige Häuser weiter befand. Hier stapelten sich die »Einwegklamotten« – so nannte Fatme die Billigteile – aus Bangladesch, Rumänien und anderen Ländern, in denen Kinderarbeit für das tägliche Überleben der Menschen sorgte, zu großen Wäschebergen, unsortiert, zerwühlt und das Stück ab 1,99 Euro.

»Man muss aufpassen, dass die einem nicht gleich wieder

vom Arsch abfallen«, war Mariams Lieblingsspruch, wenn sie sich eins der billigen Teile anzog und hier und da Fäden von den lockeren Nähten herabhängen sah. Mariam und Fatme hatten sich schon als Kinder damit abfinden müssen, immer nur das Billigste zu bekommen. Sie waren froh, dass sie überhaupt etwas bekamen. Sie waren geschickt darin, ihre Kleidung zu pflegen, unsaubere Nähte nachzunähen oder mit ein paar Handgriffen aus zwei alten Jeans einen Rock zu schneidern.

Einmal war Mariam in dem Laden beim Klauen erwischt worden, und das war ihr so peinlich gewesen, dass sie sich geschworen hatte, nie wieder auch nur einen Gedanken daran zu verschwenden, es jemals wieder zu versuchen. Sie hatte sich von einer Schulfreundin sagen lassen, dass das in der Billigabteilung überhaupt nicht schwer war. Man musste nur mit einem Haufen Klamotten in die Umkleidekabine gehen und das Stück, das man klauen wollte, gekonnt unter den anderen Kleidungsstücken verstecken, damit es keiner sah. In der Kabine sollte man das Etikett entfernen und so winzig zusammenfalten, dass es in die Ritze zwischen Spiegel und Kabinentür passte. Und am besten nahm man den Kleiderbügel erst gar nicht mit in die Kabine, damit am Ende nichts Auffälliges zurückblieb.

Mariam wusste von einer lilafarbenen Seidenbluse mit Perlmuttknöpfen, die Hawwa eines Tages unter den Restposten entdeckt hatte und die ihr ausnehmend gut gefiel. Mariam, die durchaus selbstlos war, wenn sie ihrer Mutter oder ihrer Schwester eine Freude machen konnte, hatte sich diese Bluse als erstes Versuchsobjekt ausgeguckt. Hawwa war gerade eifrig damit beschäftigt, die günstigsten Socken aus dem Stapel im Parterre des Kaufhauses herauszusuchen, so dass sie gar nicht merkte, wie ihre Tochter sich die Bluse vom Ständer griff, den Bügel hängen ließ und das seidigweiche Stück Stoff blitzschnell unter dem Stapel Wollpullover verschwinden ließ, der ihr schwer auf dem Arm lastete. Dann suchte sie die Umkleidekabinen auf. Einfach drunter ziehen und dann den eigenen Pullover darüber, hatte das Mädchen auf dem Schulhof erklärt. Wichtig war jetzt nur noch, darauf zu achten, dass kein Pieper an der Bluse befestigt war, dass niemand sie beim Umziehen beobachtete.

Mariam hatte sich schon zu Hause umsichtig auf den Diebstahl vorbereitet, den weiten roten Pulli angezogen, der fast bis zu ihren Knien reichte, und den schwarz-weißen Faltenrock. Der kleinen Verkäuferin, der sie auf dem Weg zur Umkleidekabine begegnete, lächelte sie freundlich zu und bemühte sich, langsam, gleichmütig schlendernd an ihr vorbeizugehen. Sie musste lässig wirken, damit die Verkäuferin keinen Verdacht schöpfte, registrierte aber aus dem Augenwinkel, dass die kleine Blonde ihr Lächeln nicht erwiderte, im Gegenteil: Unter einem strähnigen Pony blickten Mariam zwei türkisfarben umrandete Augen misstrauisch nach.

Mariam hätte es spüren müssen, dass das nichts Gutes verhieß: Als sie aus der Umkleidekabine trat, bat ein großer Mann mit dichtem Schnurrbart, der über seinem Anzug eine schwarze Lederjacke trug, sie mit höflichen Worten, ihm zu folgen. Dicht hinter ihm zappelte die Verkäuferin von einem Fuß auf den anderen und zischte immer wieder: »Ick hab's doch jesehen, die hat noch 'ne Bluse mitjenommen, die hat jeklaut. Ick hab's jenau jesehn.« Erst als der Mann die Blonde nachdrücklich aufforderte, sich wieder an ihren Arbeitsplatz zu begeben und im Interesse der anderen Kunden Ruhe zu bewahren, drehte die junge Frau ab und ließ Mariam mit dem Kaufhausdetektiv allein.

Hawwa hatte von alldem noch gar nichts mitbekommen. Sie

war vollauf damit beschäftigt, die Preise der herabgesetzten Miederwaren zu vergleichen. Erst als sie eine übergroße Damenunterhose hochhielt, um sie eingehend zu begutachten, und sich dabei nach ihrer Tochter umschaute, sah sie Mariam mit einem Mann am Treppenaufgang des Kaufhauses stehen. Im ersten Moment reagierte Hawwa wütend – was fiel Mariam ein, sich mit einem Fremden zu unterhalten? Doch schon auf den zweiten Blick erkannte sie, dass ihrer Tochter höchst unbehaglich zumute sein musste. Mariam gab ihrer Mutter ein kurzes Zeichen, sie nickte leicht mit dem Kopf, um zu signalisieren, dass alles in Ordnung sei, doch Hawwa hatte bereits die Unterhose fallen lassen und stürzte hektisch auf die beiden zu, noch bevor sich die Glastür des Treppenhauses hinter ihnen schloss.

Im Büro, einem schlauchförmigen Raum, der zur Hälfte zugestellt war mit aufgerissenen Kartons und leeren Kleiderständern, musste sich Mariam entkleiden. »Den Pulli ausziehen reicht«, meinte der Mann kurz angebunden und bat Hawwa höflich, aber bestimmt darum, draußen vor der Tür zu warten. Als Hawwa ahnte, worum es ging, füllten sich ihre Augen mit Tränen; sie lehnte sich vor der Tür an die Wand und betete still, dass das, was sie vermutete, nicht wahr sein möge. Stehlen, das war für sie fast so unmöglich wie eine Frau, die sich mit fremden Männern unterhielt. So hatte sie ihre Kinder doch schließlich nicht erzogen, dachte sie in den endlos wirkenden Minuten, in denen sie sorgenvoll vor der Tür wartete, jeden Moment bereit, in lautes Schluchzen auszubrechen.

Das Ausziehen hinter dem schmalen Stück Stoff, das mit zwei einfachen Nägeln an der Ecke des Raumes befestigt war, gestaltete sich schwieriger als gedacht. Mariam zog es vor, sich vor den Augen des Mannes des Pullovers zu entledigen. Sie wollte jetzt so selbstbewusst wie nur möglich auftreten, nur keine Eingeständnisse, nur nicht schwach werden.

»Was ist das für eine Bluse, die Sie da tragen? Die ist doch viel zu groß.«

»Ich trage gern etwas größere Sachen, ist doch nicht verboten, oder?«, erwiderte sie leicht schnippisch.

»Die Verkäuferin behauptet, Sie hätten diese Bluse erst in der Umkleidekabine angezogen. Sie hätten sie also gestohlen.«

»Das stimmt nicht, es ist meine Bluse. Sehen Sie, mein Pullover ist auch zwei Nummern größer. Außerdem, wenn ich die Bluse in die Kabine mitgenommen hätte, dann müsste ja wohl noch ein Preisschild da sein, oder?«

Während sie forsch konterte, bemerkte Mariam eine leichte Unsicherheit bei dem Mann mit dem Schnurrbart. Es war wohl doch keine gute Idee gewesen, sich vor seinen Augen auszuziehen, er schämte sich offensichtlich vor ihr, denn er konnte ihr nie länger als einige Sekunden in die Augen sehen.

Der Mann drehte sich jetzt abrupt um, griff nach der Türklinke und befahl Mariam, bevor er aus dem Büro verschwand, sich nicht vom Fleck zu rühren. Während er die Tür hinter sich zuzog, konnte Mariam das Schluchzen ihrer Mutter hören und wusste nicht recht, was ihr peinlicher war – erwischt worden zu sein oder die heulende Mutter vor der Tür. Im nächsten Moment war der Mann wieder da, in seinem Schlepptau die unfreundliche Verkäuferin, die ihr den ganzen Ärger eingebrockt hatte. Mariam warf ihr einen giftigen Blick zu, was die Blonde aber nur noch mehr anzustacheln schien: »Von wegen, die hat nüscht jeklaut!«, meckerte sie voller Empörung. »Klar hat se jeklaut, har ick doch jesehn. Denkt wohl, wir sind blöde, oder wat?« Dabei tippte sie ständig mit dem linken Zeigefinger an ihre Stirn, und Mariam stellte sich vor, wie sich dort gleich ein kleines Loch auftun und in diesem Loch ein zwitschernder Vogel erscheinen würde. Bei diesem Bild vor Augen musste sie plötzlich lachen, was den Unmut der Verkäuferin nur noch erhöhte: »Ja, lach nur, wenn die Polizei kommt, wird dir dit Lachen noch verjehn, bei mir ist noch keener damit durchjekommen, wir sind hier nich im Orient!«

»Frau Kruse, bleiben Sie doch bitte etwas sachlicher im Ton«, mahnte der Kaufhausdetektiv, der sich zwischen die beiden Frauen gestellt hatte, wohl aus Sorge, im nächsten Moment könnte vielleicht doch eine der beiden der anderen an die Gurgel gehen. Frau Kruse blickte ihn entsetzt an, mit dieser Parteinahme hatte sie nicht gerechnet. Sie blieb stumm, ihr hasserfüllter Blick ruhte aber unverwandt auf Mariam, die sie nicht eine Sekunde lang aus den Augen ließ. So leicht wollte sie sich nicht geschlagen geben.

»Also, Frau Kruse, können Sie beweisen, dass das Kleidungsstück mit in die Kabine genommen wurde?«

»Ja logisch, har ick doch jesehn!«

»Was genau haben Sie gesehen?«

»Na, ick hab jesehn, wie die mit ’nem janzen Berg Klamotten in die Kabine jejangen is.«

»Ja und weiter?«

»Na, wie jetzt weiter? Jetzt sollte doch wohl die Polizei jerufen werden, icke har ja meene Arbeit jetan. Wat’n jetzt weiter? Wat soll’n det heißen, bin ick jetzt die, die sich verteidijen muss, oder wat?«

»Haben Sie einen Kleiderbügel, ein Preisschild oder irgendeinen anderen Hinweis darauf, dass das besagte Kleidungsstück in der Umkleidekabine präpariert wurde, um entwendet zu werden?«

»Also, jetzt reicht’s mir aber!«

»Frau Kruse, ich bitte Sie um Ihre Mithilfe und frage Sie

jetzt noch einmal: Gibt es ein Etikett in der Umkleidekabine, welches eindeutig dieser Bluse zuzuordnen ist?«

»Nee!«

»Haben Sie auch ganz genau gesucht, überall, auch in den Ritzen?«

»Ja, har ick, da is nüscht, vielleicht hat se det Etikett ja jefressen, wat wees ick, iss mir ooch scheißejal, die Frau hat jeklaut, und damit basta!«

»So einfach ist das aber nicht. Ich muss Sie daran erinnern, dass die Beweislage absolut eindeutig sein muss, wenn wir die Polizei holen. Als ich Sie vorhin fragte, welche Farbe das Kleidungsstück hat, das die Frau geklaut haben soll, konnten Sie mir auch keine genaue Angabe machen.«

»Ick gloob's einfach nich! Da kann die janz frech behaupten, det stimmt allet nich, und kann jetzt seelenruhig nach Hause jehn, wat? Armet Deutschland, kann ick dazu nur saren, mit solche Detektive sind wa ja alle valorn.«

Beleidigt drehte die Blonde ab und stakste auf ihren Pumps von dannen. So nahm die Geschichte eine ungeahnte Wende, und Mariam musste sich sehr zusammenreißen, um ihre triumphierende Freude über die missglückte Überführung vor dem Detektiv zu verbergen. Außerdem wollte sie sein Wohlwollen nicht überstrapazieren, sie wusste nur zu gut, dass er die Polizei hätte holen können, und dann wäre die Kabine noch einmal komplett durchsucht und sicher auch das fehlende Beweisstück gefunden worden.

Als er Mutter und Tochter zurück in den Verkaufsraum begleitete, flüsterte der Detektiv Mariam zu: »Das sollte dir eine Lehre sein, das nächste Mal wirst du nicht so ungeschoren davonkommen!« Damit war ein Schlussstrich unter Mariams Karriere als Kleinkriminelle gesetzt, die eigentlich noch gar nicht richtig begonnen hatte.

***

Auf dem Weg nach Hause sagte Hawwa kein Wort. Sie spürte die Scham ihrer Tochter. Mariam hatte die Arme über ihrem Pullover verschränkt und blickte bei jedem Schritt, den sie tat, auf die kleinen Pflastersteine am Boden, als müsse sie sich an ihnen orientieren, um den Weg nach Hause zu finden. Im Stillen war sie der Mutter dankbar, dass jetzt kein Donnerwetter über sie hereinbrach, so wie sie es erwartet hatte, denn eigentlich war es immer so, wenn sie etwas Falsches oder Verbotenes getan hatte. Diesmal aber wurde der Vorfall, wie so vieles im Hause Omar, totgeschwiegen. Man sprach nie über Konflikte – man lebte sie aus oder ignorierte sie, dazwischen gab es nichts. Wenn es knallte und zu Hause die Fetzen flogen, wenn es Schläge hagelte und die Wutausbrüche des Vaters über alle wie ein feuerspeiender Vulkan hereinbrachen, dann wusste jeder, was zu tun war. Man ging in Deckung oder begab sich in die Hocke, Hände und Arme über Kopf und Gesicht verschränkt und am besten mit gekrümmtem Rücken zur Wand, damit man dem Wütenden so wenig Angriffsfläche wie möglich bot. Nach dem Knall war dann innerhalb von Sekunden, manchmal auch erst nach Minuten alles wieder vorbei, man ging zur Tagesordnung über. Mit solchen Szenen wussten Mariam und ihre Geschwister umzugehen, über die Jahre hatten sie sich an diese Form der väterlichen Gewalt gewöhnt. Mit dem Schweigen verhielt es sich anders: Es war drückend. Wie eine große Last. Manchmal empfand Mariam dabei eine aufsteigende Hitze, die sich zwischen Herz und Kehlkopf einnistete, wie ein brennendes Wort, das ihr zu Kopf zu steigen und sie in einen Fieberzustand zu versetzen drohte. Zuweilen stellte sie sich vor, wie es wäre, wenn diese Worte und Gedanken, alles, was unausgesprochen blieb, mit einem Mal aus allen herausplatzen würde – welch eine Wörterflut würde da über die Familie Omar hinwegbranden! Sie würde sich zu einer tosenden Riesenwelle an Lauten ansammeln und alle mit sich in den Untergang reißen.

Hawwa sprach nie wieder über das, was im Kaufhaus passiert war. Zum Bayramfest zog sie die lilafarbene Seidenbluse an, band sich eine Schürze darüber und buk Fladenbrot, so wie sie es immer an diesem Feiertag machte; und Mariam war sich nicht sicher, ob ihre Mutter ein Problem damit hatte, dass die Bluse gestohlen war, oder ob sie damals eigentlich nur deswegen geheult hatte, weil Mariam dabei erwischt worden war.

Mariams Traummann

Ercan war Edas Cousin. Mehr noch, für Eda war er so etwas wie ein großer Bruder, ein *Abi*. Ein *Abi* ist dazu da, die Frauen zu schützen und darüber zu wachen, dass die Mädchen bis zu ihrer Hochzeit Jungfrauen bleiben und sich mit keinem Mann einlassen. Dem *Abi*-Prinzip liegt die Überzeugung zugrunde, dass ein Mädchen dafür nicht selbst Sorge tragen kann. Ohne die Kontrolle des *Abis* ist sie der Versuchung nicht gewachsen – Mädchen können sich einfach nicht beherrschen.

Für Eda, die keine eigenen Brüder hatte, nahm Ercan diese Stelle eines *Abi* ein. Damit war gleichzeitig klar, dass Eda als seine »Schwester« anzusehen und somit jeder Gedanke an eine Beziehung außerhalb dieses geschwisterlichen Rahmens auszuschließen war. Eine solche Beziehung konnte nur im Einvernehmen mit Edas Eltern verändert werden. Edas Vater Ali hätte Ercan den *Abi*-Titel ab- und dafür den *Damat*-Titel zusprechen und ihn damit zum künftigen Schwiegersohn erklären können, doch Eda hatte Masud immer wieder versichert, dass es dazu nie kommen würde, denn als liberale Aleviten würden ihre Eltern ihr selbst die Partnerwahl überlassen.

Als Masud seinen Schwestern Ercan vorstellte, merkte er schon beim ersten Treffen, dass der großgewachsene, gutgebaute 24-Jährige sich offensichtlich für Mariam interessierte, als Konkurrent um Eda musste er Ercan also nicht fürchten. Masud war Allah dankbar für diese Fügung, deren Zeuge er bei einem Double Cheeseburger werden durfte. Denn bis zu diesem Tag hatten ihn immer wieder unerklärliche Magenschmerzen gequält, wenn Eda ihm ein bisschen zu leidenschaftlich von ihrem Sozusagen-Bruder Ercan erzählte; und diese Magenschmerzen konnten sich sogar zu regelrechten Koliken auswachsen, wenn er erfuhr, dass nicht er, sondern Ercan das letzte Wochenende bei Eda und ihren Eltern im trauten Familienkreis zu Besuch gewesen war.

Seit ihrer ersten Begegnung vor dem Enthaarungsstudio waren gerade erst drei Wochen vergangen, drei Wochen, in denen sich Eda und Masud aber schon so nahegekommen waren, dass Masud sich bereits Gedanken darüber machte, wie er den Kontakt zu Edas Eltern aufnehmen sollte und wann der richtige Zeitpunkt dafür sein könnte, seinen Eltern von dieser für ihn so ernsten Beziehung zu beichten. Eda ahnte davon nichts, Masud behielt seine Gedanken für sich, schließlich würde er es auch sein, der am Ende die Entscheidungen über den weiteren Verlauf ihrer Beziehung fällte. Dann, erst dann würde er Eda von ihrer gemeinsamen Zukunft Mitteilung machen, vorher sah er keinen Anlass, sie einzuweihen. Denn er war der Mann, und als solcher sah er sich in der Pflicht, den Weg zu ebnen, auf den er seine Zukünftige führen würde. So war es Brauch in seiner Familie, und so hatte er es von seinen Eltern immer wieder vermittelt bekommen.

Der heutige Besuch bei McDonald's war ein Schritt auf diesem Weg. Masud hatte ihn eingefädelt, um endlich die persönliche Bekanntschaft von Ercan zu machen, von dem Eda ständig erzählte. Stumm hörte er sich an, wenn Eda davon schwärmte, dass sie sich immer schon einen Bruder wie Ercan gewünscht habe, den sie seit ihrer Kindheit kannte und dem sie so tief vertraute, wie selbst wirkliche Geschwister es nur selten taten. Masud musste schweigen und mit seinen Magenschmerzen leben, solange er Ercan brauchte, um Eda treffen zu können. Denn Kamil würde es kaum gutheißen, dass er sich mit einer Alevitin traf, deswegen fürchtete Masud die Stunde, in der er sich seinen Eltern offenbaren musste. Bis dahin jedenfalls brauchte er Ercan, er war sein vorgeschobenes Alibi. Die Bekanntschaft ihres Ältesten mit einem anderen jungen Türken störte Masuds Eltern nicht, auch wenn sie Ercan noch nie begegnet waren.

Allerdings verbot Masud seiner Freundin, allein mit Ercan durch die Straßen zu gehen, das würde ihn, Masud, dem Spott anderer aussetzen. Eda gefiel das nicht recht, aber sie hatte Masuds Begründung nicht wirklich etwas entgegenzusetzen. »Ich hab doch gar nichts gegen ihn, aber stell dir mal vor«, meinte Masud, »wenn jetzt Leute, die mich kennen, euch sehen, was sollen die denn denken? Die wissen doch nicht, dass er sozusagen dein Bruder ist. Wenn wir irgendwann einmal vor den Augen aller anderen zusammen sind, dann hättest du mich blamiert, weil du schon vorher mit einem anderen Mann gesehen wurdest, und dich selbst in ein schlechtes Licht gerückt.«

Das überzeugte Eda. Natürlich konnte sie ihrem Freund nicht zumuten, in den Ruch eines Waschlappens zu geraten. Zwar hatte sie noch nie ernsthaft über die Folgen eines harmlosen Spazierganges mit Ercan nachgedacht, doch Masuds Begründung erschien ihr plausibel, schließlich kannte sie die Sitten und Bräuche unter muslimischen Jugendlichen. Für die war der Ruf eines Mädchens ja schon ruiniert, wenn das Gerücht verbreitet wurde, das Mädchen treffe sich mit mehreren Jungen gleichzeitig – Bruder hin oder her, dann zählte nur noch das Blutrecht. Und außerdem war da noch Abdul. Auch wenn Masud sich alle Mühe gab, vor ihr zu verbergen, dass Abdul Masuds Beziehung zu ihr, einer Alevitin, missbilligte, so war ihr doch nicht entgangen, dass er Masud ständig auf dem Handy anrief, um zu kontrollieren, wo er gerade war, was er machte und wann er das nächste Mal wieder in der Moschee auftauchen würde. Sie merkte auch, dass Masud diese Anrufe längst lästig waren, er schien aber nicht zu wissen, wie er Abdul wieder loswerden könnte.

⋆⋆⋆

Fünfzig Euro hatte Masud von seinem Sparkonto genommen, um den Familienausflug zu finanzieren. Für ihn war das viel Geld, so viel hatte er sonst nur in der Tasche, wenn er sich eine neue Jeans kaufen oder die Sonderangebote im Peter-Rizzi-Laden im Gesundbrunnencenter durchstöbern wollte. Doch vor Ercan wollte er auf jeden Fall bestehen, und wenn er schon nicht durch Körpergröße und Schönheit bestechen konnte, so wollte er doch wenigstens den Spendablen spielen, der er eigentlich nicht war. Es fiel ihm schwer, so zu tun als ob, aber da musste er durch. Dabei hatte er in den letzten Wochen schon immer wieder tief in die Tasche greifen müssen, um seiner alevitischen Kosmetikassistentin das Gefühl zu geben, ein richtiger Kerl zu sein, für den es eine Selbstverständlichkeit war, die Rechnung im Dönerladen zu begleichen und ihr das Make-up und den Nagellack in der Drogerie zu bezahlen.

»Was ist denn bloß in unseren Bruder gefahren?«, wunderte sich Fatme, als Mariam ihr beim Abwasch mitteilte, dass sie am Abend gemeinsam mit Masud und seiner Freundin einen Ausflug machen würden. »Der scheint ja richtig verliebt zu sein, wenn er so großzügig ist, uns alle einzuladen. Na, dann gibt's ja wohl bald 'ne Hochzeit.«

»Ich glaube, er meint es wirklich ernst«, sagte Mariam. »Als ich ihn neulich darauf ansprach, dass diese Eda in einem Kosmetikstudio arbeitet, in das auch Männer gehen, hätte er mich fast geschlagen.«

»Na, ist doch aber wahr, Rafi geht doch auch dahin.«

»Ja, aber Masud will es nicht hören, er behauptet, seine Freundin würde dort nur Frauen behandeln. Wer das wohl glauben soll! Soll mir auch egal sein. Aber sie ist Alevitin, da wird Baba bestimmt voll abkotzen.«

»Alevitin? Sind das nicht Christen?« Fatme und Mariam wussten nur wenig über die unterschiedlichen Richtungen im Islam, sie waren Sunniten, und das war für sie die einzige Auffassung, die zählte; Schiiten oder gar Aleviten waren vom Weg Abgekommene, zumindest sagte ihr Vater das, und manchmal setzte er noch eins drauf und nannte sie schlicht »Ungläubige«.

»Keine Ahnung, Fatme, ich weiß nur, dass die es mit Gott nicht so genau nehmen. Die eine Frau hier im Haus, die aus dem dritten, die ist doch auch Alevitin, und die hat ständig neue Männer. Jedenfalls sind die ganz schön anders drauf.«

»Lass das bloß Masud nicht hören, Hauptsache, wir kommen heute ein bisschen raus. Ich wollte seine Alte sowieso schon mal sehen, die soll ja ganz schön fett sein, sagt Rafi jedenfalls.«

Treffpunkt war der U-Bahnhof Wittenbergplatz. Eda hatte Masud einen Tag vorher gefragt, ob es in Ordnung wäre, wenn sie gemeinsam mit Ercan käme, und Masud hatte es ihr gestattet. »Ist schön, dass du mich fragst«, hatte er mit sanfter Stimme ins Handy gehaucht. »Ich finde es gut, wenn du mich immer, bei allem, vorher fragst.« Und als er merkte, dass Eda am anderen Ende der Leitung über diesen Nachsatz etwas irritiert schien und nicht gleich reagierte, setzte er mit Engelszungen nach: »Ich will doch nur dein Bestes, du bist ein sauberes Mädchen. Ich meine es richtig ernst mit dir, du bist etwas ganz Besonderes für mich, so etwas wie eine Perle, die man nur einmal im Leben findet, mein Schatz.«

Das beruhigte Eda dann doch. Sie wollte gern etwas Besonderes sein, die Worte »sauber« und »Perle« erfreuten sie, auch wenn sie wusste, dass sie das in Masuds Augen kaum sein würde, wenn er die Wahrheit kennen würde. Am Anfang ihrer Beziehung zu Masud hatte ihr Gewissen sie noch heftig geplagt. Fast hätte sie ihm schon beim ersten Date gestanden, dass es da vor ihm noch einen anderen in ihrem Leben gegeben hatte, einen Jungen, der ihre aufrichtige Liebe schamlos ausgenutzt, sie entjungfert und dann wie lästigen Abfall weggeworfen hatte. Doch als sie dann zusammen mit Masud im Falafelladen stand und ihn dabei beobachtete, wie er fröhlich mit dem Imbissbesitzer schwatzte, sichtlich stolz über seine neue Freundin, da entschied sie, doch besser alles für sich zu behalten. Angesichts der vielen fleißigen Männerhände, die hinter der Vitrine flink die Fladentaschen mit gebratenem Gemüse und Schawarma, der arabischen Chicken-Döner-Variante, füllten und es nicht wagten, sie länger als eine Sekunde anzuschauen, da es sich nicht gehörte, die Frau eines Freundes anzustarren, keimte Hoffnung in ihr auf, dass sie mit Masud vielleicht eine zweite Chance erhielt, zumindest solange es ihr gelang, die Vergangenheit auf Abstand zu halten.

In der dichten Menschenmenge am U-Bahnhof Wittenbergplatz konnte Masud seine Freundin sofort an ihrer pinkfarbenen Tasche ausmachen. Eigentlich mochte er es nicht, wenn Eda sich mit so grellen Farben ausstattete und damit auffiel, aber solange es nur eine Tasche war, konnte er es ihr nicht wirklich verbieten. Das hätte selbst er für übertrieben gehalten. Und schließlich tat man gut daran, seiner Zukünftigen nicht gleich am Anfang einer Beziehung alles zu verbieten, womöglich käme sie dann auf die Idee, ihn zu verlassen. Von solchen Geschichten hatte Masud schon gehört und übte sich daher in Geduld und Nachsicht, denn immerhin war sie seine Jungfrau, und solange er diesen Zustand nicht veränderte, stünde ihr jede Möglichkeit offen, ihn sitzenzulassen.

Die Begrüßung zwischen den Omars und Eda mit Ercan an ihrer Seite war verhalten, die Anwesenheit eines jungen Mannes, von dem Masud vorher nichts erzählt hatte, irritierte Fatme und Mariam. Und so lief die Fünfergruppe schweigend nebeneinanderher, vorbei an den sommerlich gestalteten Schaufensterfronten. Ab und zu blieb Mariam stehen, um sich an den Damenschuhen und der neuen Zara-Kollektion zu berauschen, das waren dann die seltenen Momente, in denen die drei Mädchen miteinander kommunizierten, während Ercan und Masud mit gespitzten Ohren in unmittelbarer Nähe warteten und dabei so taten, als seien sie an dem Frauengeplänkel überhaupt nicht interessiert.

»Mann, die sehen aber voll sexy aus«, kreischte Mariam aufgeregt und zeigte auf ein paar lilafarbene Wildledersandaletten mit Plateauabsatz.

»Ey, die sehen voll nuttig aus, Mariam, so was würdest du tragen?«

Mariam wurde rot. In Gegenwart von Eda war sie gehemmt und fühlte sich jetzt von der Kritik ihrer kleinen Schwester auch noch bloßgestellt. Ihr fiel auch nichts ein, womit sie schlagfertig kontern könnte. Da aber kam ihr Eda zur Hilfe: »Also, ich würde die auf jeden Fall tragen«, meinte sie. Damit war die Situation für Mariam gerettet, und sie lächelte Eda dankbar an. Mit diesem einen Satz hatte Eda sie fast schon erobert. Mariam war selbst überrascht, wie schnell sie für dieses Mädchen Sympathie empfand, obwohl sie vor einer Stunde noch gemeinsam mit ihrer Schwester die miesesten Spekulationen über die neue Freundin ihres Bruders ausgetauscht hatte. Auch spürte sie Ercans Blicke, der ihr bei jeder sich bietenden

Gelegenheit offensiv und ohne Scheu in die Augen guckte. Und Masud ließ es zu! Nicht ein einziges Mal reagierte er mit böse erhobenen Augenbrauen oder einem unauffälligen Stoß in die Seite, wie er es sonst zu tun pflegte, wenn Mariam etwas in seinen Augen Unzüchtiges tat. Heute gestattete er seiner Schwester sogar, mit Ercan zu sprechen – Mariam konnte es nicht fassen. All das ließ eine heitere Stimmung in ihr aufkommen, hatte sie doch an diesem Tag eine neue Fast-Freundin und einen neuen Verehrer entdeckt, und dafür war sie Masud sogar ein bisschen dankbar.

Aber nicht nur Mariam war dankbar. Auch Masud war es, doch das ahnte niemand. Er hätte es auch niemandem gesagt, denn schließlich beruhte seine Dankbarkeit auf einer Befürchtung, die er selbst als schändlich empfand. Eigentlich war er sich sicher, dass Allah ihn schon für die bloße Vorstellung bestrafen würde, er könne seine Freundin in flagranti mit dem sogenannten Bruder erwischen; und trotzdem wurde er immer wieder von dieser Phantasie überwältigt, die ihn schon überfiel, wenn er von Eda zwei Stunden lang keine SMS erhielt. Er konnte dieses Bild einfach nicht aus seinen Gedanken verbannen.

***

Die Schlange bei McDonald's am Bahnhof Zoo war lang. Es war der Anlaufpunkt für Kinobesucher, die vor oder nach einer Vorstellung noch einen schnellen Imbiss zu sich nehmen wollten. Masud hatte kurzzeitig mit dem Gedanken gespielt, alle ins Kino einzuladen, die Idee jedoch schnell wieder verworfen, als er die Ticketpreise zusammenrechnete – eine solche Ausgabe hätte sein Budget gesprengt. Es gefiel ihm nicht, jetzt so viele junge Männer in der Schlange zu sehen, junge

Türken und Araber, die ein bisschen aussahen wie er selbst, mit ihren gegelten Haaren, filigran rasierten Bärten und einer knackfrischen Solariumbräune, die er sich allerdings nicht leisten konnte.

Auch Ercan gefiel diese geballte männliche Konkurrenz nicht. Und so drängten Masud und er darauf, dass sich ihre Frauen in den letzten Winkel des Fast-Food-Lokals setzten, um möglichst wenig Blickkontakt zu den gutaussehenden Burschen an der Kassenschlange zu haben, eine reine Vorsorgemaßnahme, wie Masud sie ohnehin dauernd traf, wenn er mit Eda unterwegs war. Ob in der U-Bahn oder auf der Straße, immer war er geradezu zwanghaft damit beschäftigt, alle Blicke abzufangen, die seiner Freundin galten, und dabei machte er nicht einmal vor anderen Frauen halt. Überall witterte er Neid und Betrug und genierte sich auch nicht, Eda an seinen Befürchtungen teilhaben zu lassen. »Geh und setz dich mal da hinten hin, der Laden ist voller Idioten«, das war noch eine der harmloseren Formulierungen, wenn sie gemeinsam das Frühstückslokal »La Femme« in der Badstraße betraten und er sie an den Tisch in der hintersten Ecke des Lokals gleich neben den Toilettentüren bugsierte, obwohl alle Fensterplätze frei waren.

»Geht mal da hinten an den letzten Tisch, wir holen einfach ein paar Menüs, dann ist für jeden was dabei«, ordnete jetzt Ercan an, der einen Tisch mit Sichtschutz ausgemacht hatte und verhindern wollte, dass die Mädchen sich mit an den Verkaufstresen stellten, um sich selbst einen Burger auszusuchen. Fatme und Eda kümmerte das nicht groß, sie kannten es nicht anders. Denn auch wenn Eda in ihrem alevitischen Elternhaus eine sehr viel freiere Erziehung als Mariam und Fatme genossen hatte, so fand sie doch Gefallen an dieser Art des Umgangs. Für sie war es ein Zeichen, dass Masud sie als

»sauber« ansah. Nur Mariam war genervt über die »Fürsorge« der Jungs, die in ihren Augen nichts anderes als Bevormundung war. Schon als Kind hatten Fatme und sie an manchen Ausflügen, die Kamil mit seinen Söhnen unternahm, nicht teilnehmen dürfen, immer mit der Begründung, dass dort, wo man hinging, auch andere Männer anzutreffen sein würden. Und es schickte sich nun einmal nicht für ein Mädchen, sich an solchen Orten aufzuhalten. Glaubten Masud und Ercan etwa, dass sie sich hier wie Kamil aufführen und den Tresen für die Mädchen zur verbotenen Zone erklären konnten, nur weil da auch andere junge Männer standen? Mariam spürte, wie Wut in ihr hochkam: »Sag mal, denken die etwa, wir sind behindert und können unseren Burger nicht selber bestellen?«

Von Eda und Fatme kam keine Reaktion. Mariam nahm einen zweiten Anlauf: »Ich hab selbst Geld dabei. Ich kann mir mein Essen selbst kaufen!« Kurzes Achselzucken von Eda und Fatme. Die Teilnahmslosigkeit der beiden, die Mariam wie zwei Opferlämmer vorkamen, die demütig auf der Schlachtbank ausharrten und es nicht wagten oder vielleicht einfach zu bequem waren, gegen Masuds und Ercans Bevormundung aufzumucken und Mariam zu unterstützen, machte Mariam dann erst richtig zornig: »Was seid ihr bloß für Opfer! Wenn die euch befehlen würden, den ganzen Tag auf den Boden zu gucken, dann würdet ihr das glatt machen, oder? Auch wenn ihr dabei gegen einen Baum lauft und euch eine blutige Nase holt!«

»Mariam, ich weiß gar nicht, was dein Problem ist. Masud hat uns eingeladen, sei doch zufrieden, das gibt es nicht jeden Tag«, versuchte Fatme, ihre Schwester zu beschwichtigen. Und Eda fügte zögerlich hinzu: »Also, ich geb ja zu: Ich muss öfter mal auf den Boden gucken. Ist eigentlich auch gar nicht so schlimm, Masud ist eben sehr eifersüchtig, aber das heißt ja auch, dass er mich sehr liebt. Nur ein Mann, der seine Frau nicht liebt, hat kein Problem damit, dass sie andere Männer anguckt, so wie deutsche Frauen es tun.«

Mariam verstummte. Plötzlich sah sie sich selbst als Opferlamm. Quälende Gedanken gingen ihr durch den Kopf. Hatte sie nicht auch in all den Jahren dieses Prinzip längst verinnerlicht? Sich stillschweigend damit abgefunden, dass sie ein Mädchen und somit minderwertig war? Ein Mädchen, dessen Wert sich einzig danach bestimmte, wie gut es sich einem System anzupassen verstand, in dem Männer darüber bestimmten, wie sein Leben aussah? Ein System, dem alle in ihrer Familie folgten, gegen das niemand wirklich aufbegehrte, es höchstens – wie Hayat – heimlich unterlief? Sie selbst hatte schon lange kapituliert, gestand Mariam sich ein, vielleicht ja schon am Tag ihrer Geburt, an dem Tag, der ihr weiteres Leben unveränderlich fortschrieb durch die schlichte Feststellung: Es ist ein Mädchen!

Warum hatte sie Masud und Ercan nicht widersprochen? Warum hatte sie deren Aufforderung, sich an den hinterletzten Tisch zu setzen, nicht ignoriert und das getan, was alle normalen Menschen taten: an die Kasse gehen und sich einen Burger bestellen? Stattdessen ließ sie ihren Frust an zwei Menschen aus, die noch viel armseliger dran waren als sie selbst. Fatme hatte vermutlich noch nicht einmal begriffen, dass es hier um mehr ging als nur einen Burger, und Eda war einfach nur eine der vielen netten Tussis, die sich aus Liebe zu einem Mann in einen selbstgebauten Knast setzten – wenn sie Glück hatte, würde sie das nie bemerken und vielleicht sogar glücklich bis an ihr Lebensende sein.

Mariam war jetzt jeder Appetit vergangen. Das war nicht das Leben, von dem sie träumte. Mit einem Mann, der nicht mehr zu bieten hatte, als einen vor der Hochzeit im besten Fall zweimal ins Kino und dreimal zum Burger-Laden einzuladen, und einen nach der großen Party dauernd zu Hause sitzen und warten ließ, wollte sie sich nicht zufriedengeben.

***

Zum Glück war Ercan anders. Zumindest dachte sie das, als sie zwei Tage später im Mädchentreff das Paket erhielt. Der Paketbote drückte ihr noch ein Kärtchen in die Hand, bevor er Sekunden später wieder in seinem Transporter saß und um die Ecke fuhr. Mariam hatte ihn nicht einmal fragen können, ob es sich nicht um eine Verwechslung handelte. Wer sollte ihr schon ein Paket schicken?

Und dann las sie auf der Karte: »Ich hoffe, es ist deine Größe. 0176 24 13 23 28. Ercan.« Er hatte ihr doch tatsächlich die lilafarbenen Wildledersandaletten geschickt! Sonst enthielt das Paket nichts, kein Brief, keine Erklärung, warum er das getan hatte, keine Bitte um ein Date, kein Hinweis darauf, wie es jetzt weitergehen sollte. Mariams Herz klopfte bis zum Hals. Die Mädchen im Club, die ihr beim Auspacken über die Schulter guckten, drängten sie, die Schuhe gleich anzuziehen. Mariam begutachtete sich im Spiegel, die bewundernden Blicke der kleinen Mädchen im Rücken, und als sie sich so betrachtete – die Jeans hochgekrempelt, den langen Zopf aufgebunden –, da sah sie sich so, wie sie sich schon lange nicht mehr selbst gesehen hatte, und wunderte sich, dass erst ein solches Geschenk von einem fremden Mann nötig war, damit sie erkannte, wie gut sie doch aussah. Lena sagte ihr das zwar immer wieder, aber es war doch etwas ganz anderes, wenn sie es jetzt durch das Geschenk eines Mannes bestätigt bekam. Sie nahm sich vor, von nun an mehr darauf zu achten, dass sie sich gefiel. Und Lena musste sie diese Schuhe so bald wie möglich zeigen! In der letzten Zeit sahen sie sich viel zu selten – Mariam hatte das Gefühl, dass ihre Wege immer mehr auseinandergingen. Lena machte jetzt ihr Abitur und hatte wenig Zeit, noch in den Mädchenladen zu kommen. Aber das war es nicht nur, dachte Mariam. Irgendwie schien sich auch etwas Trennendes zwischen ihnen auszubreiten.

Als sie so träumerisch vor dem Spiegel stand und Ercans Kärtchen immer wieder unschlüssig und unruhig in den Fingern drehte, weil sie nicht recht wusste, ob sie ihn anrufen sollte oder nicht, klingelte ihr Handy. Es war etwas Rauchiges in seiner Stimme, Mariam erkannte ihn sofort.

»Ercan, bist du das?«

»Wen hast du denn erwartet?«

»Ey, sag mal, warum hast du mir die Schuhe gekauft? Die kann ich echt nicht annehmen, wir kennen uns doch gar nicht.«

»Na, dann wird's aber Zeit, das nachzuholen.«

Ercan lachte über Mariams Unbeholfenheit, die er aus ihren Sätzen heraushörte, und freute sich zugleich, dass es ihm gelungen war, Mariam zu beeindrucken. Das war doch einfacher gewesen, als er gedacht hatte, und ein bisschen ärgerte er sich jetzt darüber, dass er ihr gleich ein so kostspieliges Geschenk gemacht hatte. Vielleicht hätte auch ein Blümchen gereicht, denn die Unnahbarkeit, die Mariam bei dem Treffen im McDonald's ausgestrahlt hatte, schien ihm doch nur aufgesetzt gewesen zu sein. Ercan kannte sich aus mit muslimischen Mädchen, er hatte schon einige türkische Freundinnen gehabt und wusste: Wenn sie beim ersten Treffen besonders zickig wirkten, dann würde er schon beim zweiten, spätestens beim dritten Treffen feststellen, dass ihnen eins gemeinsam war – sie mochten es, von einem Macho in ihre Schranken gewiesen zu werden. »Wackel nicht so mit dem Arsch, oder willst du Männer anmachen?«, herrschte er sie dann an; oder auch:

»Schämst du dich nicht, so laut zu lachen? Du bist ein Mädchen, vergiss dass nicht!« Aus solchen Sätzen bestand Ercans kleines Einmaleins, das er von Mädchen zu Mädchen besser beherrschte. Er war ein Siegertyp, und darauf war er stolz.

»Ich bin nicht so ein Mädchen.«

»Was meinst du denn damit?«

»Na, so eine, wie du vielleicht denkst. Ich weiß ja nicht, was du denkst.«

»Ich sag es dir, wenn wir uns sehen. Passen die Schuhe denn?«

»Ja«, platzte es aus Mariam heraus, und im selben Moment wusste sie, wie unüberlegt die Antwort war. Jetzt bin ich doch so ein Mädchen, dachte sie sich und versuchte zu retten, was noch zu retten war. »Aber ich trag so etwas nicht, danke, ist nett von dir, aber ich wüsste nicht, warum ich das annehmen sollte.« Doch Ercan ging schon gar nicht mehr ein auf das, was sie sagte.

»Was machst du denn heute Abend?«

»Na, was soll ich schon machen? Ich bin zu Hause.«

»Kannst du nicht raus? Dann könnten wir ein bisschen spazieren gehen und quatschen, einfach so.«

»Nee, geht auf keinen Fall, ich hab doch gesagt, ich bin nicht so ein Mädchen.« Jetzt, wo sie es wiederholt sagte, kam Mariam sich irgendwie bescheuert vor. So ein Mädchen – was wollte sie damit denn eigentlich sagen? Sie wusste es selbst nicht. Sie hatte dabei nur ein diffuses Bild vor Augen, irgendwelche Mädchen, wie man sie manchmal in der Schule oder in Nachmittags-Talkshows sah – Mädchen, die sich aufreizend kleideten, ohne Bedenken flirteten und immer darauf aus waren, von den Jungen auf der Straße beachtet zu werden. Aber eigentlich, gestand sie sich ein, war sie selbst manchmal auch so. Warum wohl hatte sie sich sonst so sehr darüber gefreut, das Interesse von Ercan geweckt zu haben? Und warum wohl war sie mit Lena und Hayat in den Club gegangen?

»Ja, Mariam, das weiß ich doch. Ich weiß, dass du nicht so ein Mädchen bist, und genau deswegen möchte ich dich gern kennenlernen. Und wenn dir die Schuhe nicht gefallen, dann suchst du dir eben andere aus. Ich kann sie umtauschen, aber nicht zurückgeben. Geld gibt es nicht zurück, und das wär doch schade, oder?«

Wie er mit ihr so sprach, klang er sehr vertraut, als hätten sie schon immer miteinander telefoniert. Dass er erkannt hatte, dass sie nicht eines dieser Mädchen war, das leicht zu haben war, erfreute sie am meisten. Und doch konnte sie nicht verhindern, dass ihr die widersprüchlichsten Gedanken durch den Kopf schossen: *Jemand, der ein anständiges Mädchen zu schätzen weiß …, er ist doch auch nur wie all die anderen und denkt, er könne mich mit ein paar Schuhen beeindrucken …, aber er hat Geld für mich ausgegeben, ich bedeute ihm also etwas …, ich muss jetzt aufpassen, dass ich nichts falsch mache, sonst hält er mich doch für eine Schlampe.* Und während sie verzweifelt bemüht war, Ordnung in dieses Chaos zu bringen, dachte sie doch schon darüber nach, wie sie es möglich machen könnte, Ercan noch heute Abend zu sehen. Und dabei war ihr Mundwerk wieder einmal schneller als jede diplomatische Überlegung, die sie sich selbst eigentlich als Pflichtprogramm im Umgang mit einem fremden Mann verschrieben hatte.

»Eigentlich muss ich heute bis 20 Uhr arbeiten, aber ich kann auch schon früher gehen, so um 19 Uhr.«

Na ja, eine Stunde ist besser als gar nichts, dachte Ercan und fasste sich dann erstaunlich kurz: »Gut, ich hol dich ab. Bis später, meine Schöne.«

Meine Schöne – das überforderte Mariam. Noch nie hatte jemand sie so genannt. Sie wusste nicht, ob es normal war, von einem fremden jungen Mann schon beim ersten Telefonat ein solches Kompliment zu erhalten. Es verunsicherte sie, dass sie so gar keine Erfahrung mit solchen Beziehungen hatte, und ihre Spontaneität im Umgang mit Ercan bereitete ihr Gewissensbisse. Was, so überlegte sie, wenn er mich nur verarschen will? Warum sollte er ausgerechnet mich wählen? Er ist gutaussehend, er hat ein eigenes Auto, er kann auch jede andere haben.

Nachdem das Telefonat beendet war, ärgerte Mariam sich noch lange darüber, dass sie Ercan die Euphorie hatte spüren lassen, die das Geschenk und der plötzliche Anruf bei ihr ausgelöst hatten. Was hatte Hawwa ihren Töchtern immer gepredigt? Wenn du einen Mann liebst, Mariam, tust du besser daran, ihm das nicht zu zeigen; sei ernst und streng mit ihm, auch wenn dein Herz dabei blutet. Nur so wird ein Mann dich zu schätzen wissen.

Zuneigung konnte allzu leicht als Zeichen von Schwäche gedeutet werden, das wusste Mariam nur zu gut, schließlich hatte sie schon genug Mädchen erlebt, die von einem Jungen erst angelockt, dann ausgenutzt und danach verachtet wurden. Solche Geschichten gingen rund im Kiez. Der Gedanke, sie selbst könnte einem solchen Typen auf den Leim gehen, erfüllte sie mit Sorge. Doch ihre Neugier auf das Date mit Ercan war zu groß, um noch einen Rückzieher zu machen. Sie versuchte sich einzureden, dass sie ja nur mit ihm reden würde, ganz unverbindlich, und dabei immer noch Desinteresse heucheln könnte. Ist ja nur eine Stunde, was soll da schon passieren, beruhigte sie sich, zog die Schuhe aus und genoss das Gefühl, begehrt zu werden.

Heimliches Date

Ercan ließ sie warten. Fünf Minuten. Zehn Minuten. Nur einen Moment länger und Mariams Vorfreude wäre bitterer Enttäuschung gewichen. Die zehn Minuten Wartezeit kamen ihr vor wie eine Ewigkeit, zumal sie hier, vor der Tür der Einrichtung, wie auf einem Präsentierteller stand. Ständig hielt sie Ausschau, ob jemand von der Familie in der Straße auftauchte. Sie hatte sich extra hinter einem Baum platziert, um nicht gleich gesehen zu werden, und ein solches Verhalten beschämte sie. Gerade als sie ernsthaft überlegte, ob sie noch länger auf Ercan warten sollte, bog sein Mercedes um die Ecke.

»Steig ein!« Die Tür zum Beifahrersitz stand offen. Mariam zögerte.

»Wohin fahren wir denn?«

»Jetzt steig erst einmal ein!« Ercan wurde ungeduldig. Er blickte sich hektisch um, als fühlte er sich verfolgt. Als Mariam schließlich neben ihm saß, brauste er mit quietschenden Reifen so rasend schnell davon, dass Mariam Mühe hatte, bei dem Tempo noch gelassen zu bleiben. Der Zauber, den sein Anruf ausgelöst hatte, war wie weggeblasen. Hinter dem Steuer wirkte er plötzlich unangenehm. Er beachtete sie kaum, blickte angespannt geradeaus und tippte immer wieder an seinem Handy herum. Bei alldem wirkte er seltsam routiniert, als spiele er ihr eine vielfach erprobte Inszenierung vor.

Es dauerte eine Weile, bis Mariam sich traute, erneut zu fragen: »Wo fahren wir hin? Ich muss in einer halben Stunde zu Hause sein!«

»Ich dachte, erst kurz nach 20 Uhr. Keine Angst, du kommst schon rechtzeitig nach Hause.«

Er hat also gemerkt, dass ich Angst habe, dachte Mariam. Dabei hatte sie sich ganz fest vorgenommen, cool zu bleiben. Sie hatte sogar vor dem Spiegel im Mädchenladen verschiedene mimische Gesten eingeübt, hochgezogene Augenbrauen, misstrauischer Blick, nur nicht anbiedernd, nur nicht schüchtern wirken! Sie wollte ihm direkt in die Augen schauen, doch jetzt war alles anders. Verkrampft saß sie in diesem rutschigen Ledersitz, der so weit nach hinten gelegt war, dass sie fast eine liegende Position einnahm; sie musste sich immer wieder hochziehen, wollte sie nicht ganz im Fußraum versinken. Ercan beobachtete sie, und aus dem Augenwinkel konnte sie erkennen, dass er lächelte.

»Hast du schon was gegessen?«, wollte er von ihr wissen.

»Nein.« Schon wieder so eine zu schnelle, unüberlegte Antwort, am liebsten hätte Mariam sich geohrfeigt, so bescheuert fand sie sich.

»Gut, dann gehen wir jetzt ein Steak essen. Kennst du das Escados am Alexanderplatz?«

Natürlich kannte Mariam es nicht. Sie kannte überhaupt keine Restaurants. Ihre wenigen Essensausflüge hatten immer am Imbiss geendet. Das konnte er sich eigentlich denken. Was also sollte seine Frage? Wollte er sie als kleines Mädchen dastehen lassen? Mariam waren diese Fragen-Antwort-Spielchen einfach nur peinlich. Vielleicht aber ist es auch gut so, dachte sie, dass er mitkriegt, dass ich solche Orte gar nicht kenne – es ist zumindest ein Zeichen dafür, dass ich mich nicht herumtreibe. Stumm und etwas verzagt sann sie dieser Theorie nach, ihre rechte Hand am Sitz festgekrallt. Sie war über sich selbst erstaunt – sie konnte sich einfach nicht erklären, warum es ihr so wichtig war, diesem jungen Mann zu gefallen. Es war, als hätte sich ein automatischer Mechanismus eingeschaltet, der sie zum blöden Püppchen werden ließ, das einfach nur den Anweisungen eines Mannes folgte. Das ärgerte sie, aber sie hatte es nicht unter Kontrolle.

»Kennste also nicht. Macht nichts. Ist ein Superladen. Ich hab so einen Hunger, ich muss jetzt erst mal ein halbes Kilo Fleisch essen. Kannst du gut kochen?«

* * *

Das Plätschern des Zierbrunnens im Entree des Restaurants nervte Mariam, und der Geruch von Grillfleisch ließ gar nicht erst einen Hauch von Romantik aufkommen. Aber Ercan schien an Romantik auch gar nicht interessiert. Er machte es sich an einem Vierertisch auf der gepolsterten Bank gemütlich und wies Mariam einen Stuhl auf der gegenüberliegenden Seite zu.

»Weißt du schon, was du essen willst?«, fragte er ungeduldig, während er unablässig in sein Handy tippte.

»Nein«, antwortete Mariam leise. Wie sollte ich, dachte sie, ich habe ja noch nicht einmal in die Karte schauen können. Dazu kam es aber auch gar nicht mehr.

»Gut, dann bestell ich einfach mal was, das wird dir schon schmecken.«

Sie brachte nicht den Mut auf, ihm zu widersprechen. Sie fühlte sich fremd in diesem Laden, den sie nicht kannte. Ercan hatte sie eingeladen, was ihr schon unangenehm genug war, sie hatte ja nicht einmal Wechselgeld in der Tasche. Und überhaupt benahm sie sich in seiner Gegenwart so unbeholfen, dass sie sich einfach nur ärgerte. Außerdem war sie in ständiger Anspannung: Sie genoss es zwar, dass er sie immer wieder anschaute, war sich aber nicht sicher, ob sie dabei seinem Blick standhalten oder, wie es sich eigentlich gehörte, schamhaft wegschauen sollte. Da sie unsicher war, machte sie es mal so und mal so – es war ein einziger Krampf, aber zugleich auch irgendwie prickelnd. Denn trotz ihrer Unsicherheit war Mariam glücklich, sie hatte ihr erstes richtiges Date mit einem jungen Mann. Aber ihr fehlte jede Erfahrung, wie man sich in einer solchen Situation verhielt, und daher wusste sie auch nicht, was für oder gegen Ercans Benehmen sprach. Lena und Hayat mussten ihr später helfen, ihre Eindrücke zu sortieren. Sie konnte es kaum erwarten, den beiden von ihrem neuen Schwarm zu berichten.

Eigentlich hatte sie viele Fragen, die sie Ercan gern gestellt hätte, aber sie spürte instinktiv, dass es zu früh dafür war. Womöglich hätte sie dabei auch zu viel von sich selbst preisgegeben. Nein, sie wollte nicht, dass er jetzt schon erkannte, wie beeindruckt sie von ihm war. Sie wollte erst einmal wissen, warum er sich für sie interessierte, und so wartete sie geduldig und spielte verlegen mit der Papierserviette.

»Hattest du schon mal einen Freund?«

Bei dieser Frage zuckte Mariam zusammen. Wieso fragte er das? Gab es denn nichts, was auch für ihn vielleicht wichtiger sein könnte als die Frage, ob es in ihrem Leben schon einen Jungen gegeben hatte, dem sie möglicherweise ähnlich intensiv in die Augen geblickt hatte wie ihm, Ercan? Nur nicht zu lange mit der Antwort zögern, sonst denkt er noch, ich lüge, ging es ihr durch den Kopf, als sie mit einem knappen Nein antwortete.

Ercan nickte gelassen. Ihre schüchterne Art gefiel ihm, sie gab ihm das Gefühl von Männlichkeit. Er spreizte seine Beine unterm Tisch und streckte sie so weit aus, dass Mariam ihre ganz fest zusammenkeifen musste, um ihn ja nicht zu berühren, denn so weit wollte sie noch nicht gehen. Sie spürte, dass jemand wie Ercan auf bestimmte Verhaltensweisen bei einem Mädchen Wert legte. In so einem Fall war man als Mädchen gut beraten, sich zurückhaltender zu geben, als man eigentlich sein wollte. Würde sie ihm gegenüber gleich beim ersten Date zu selbstbewusst auftreten, könnte er es falsch deuten. Er könnte womöglich den Schluss ziehen, dass sie sich häufiger mit jungen Männern traf und deshalb so sicher im Umgang mit ihm war. So eine Vermutung wäre das Todesurteil für eine ernste Beziehung, Mariam hatte das oft genug bei anderen Mädchen erlebt. Es konnte dazu führen, dass man als Schlampe abgestempelt wurde, so wie es deutschen oder auch selbstbewussten türkischen Mädchen oft widerfuhr. Als Schlampe zu gelten wäre für Mariam schlimmer als alles andere. Lieber ließ sie Ercans Machogetue kommentarlos über sich ergehen. Aber so schwer war das auch gar nicht. Sie musste sich eingestehen, dass sie es genoss, einen starken Mann an ihrer Seite zu haben, der sie mit dem Auto abholte, sie beschenkte und zum Essen ausführte. Das war es doch, wovon alle Mädchen träumten – ein gutaussehender Typ, mit Muskeln und Moneten in der Tasche. So gesehen war Ercan eine gute Partie, und Mariam war gespannt darauf, ihn näher kennenzulernen.

Die Kellnerin brachte beiden ein großes Filetsteak mit Backkartoffel und Krautsalat. Das Blut trat wässrig aus dem Fleisch aus, als Mariam mit dem spitzen Messer hineinstach, schon beim bloßen Anblick wurde ihr übel. Sie stocherte hilflos mit der Gabel in der Kartoffel herum und beobachtete, wie Ercan in wenigen Minuten sein blutiges Steak verschlungen hatte und gierig auf ihren Teller schielte.

»Wenn du es nicht schaffst, gib mir deinen Teller«, sagte er trocken und zog, noch während er es sagte, ihren Teller schon zu sich herüber.

Mariam nippte verlegen an ihrer Cola und war sich nicht sicher, ob sie sich freuen sollte, dass er sie behandelte, als kennten sie sich schon seit Jahren. Er schien sich gar nichts dabei zu denken, einfach ihren Teller zu nehmen, ohne zu fragen, ob sie nicht noch Hunger hatte. Es entging ihr jedenfalls nicht, dass in diesem Moment nicht sie, sondern das Steak im Mittelpunkt von Ercans Interesse stand. Männer sind wohl so, beruhigte sie sich. Aber ein unangenehmer Nachgeschmack blieb.

»20 Uhr, ich glaube, wir sollten langsam gehen«, trieb er sie von einer Sekunde zur nächsten zur Eile an. »Ist es schlimm, wenn du ein paar Minuten zu spät kommst?«

»Mein Vater bringt mich um, wenn er merkt, dass ich nicht pünktlich zu Hause bin.«

»Keine Angst«, beruhigte er sie, »ich ruf Masud an. Das geht schon klar.«

Wieso wollte er Masud anrufen? Mariam war überrascht. Sie wusste nichts davon, dass die beiden befreundet waren. Hatte sie da etwas verpasst? Sollte sie sich darüber freuen oder misstrauisch werden? Immerhin bestand die Gefahr, dass alles nur ein Test war und Masud sehen wollte, wie weit seine Schwester gehen würde, um ihr dann Vorwürfe zu machen und sie im schlimmsten Fall dafür zu bestrafen, dass sie sich mit einem fremden Jungen traf. Ercan wartete bereits ungeduldig neben ihr, dass sie endlich aufstand und sich die Jacke überzog, und wippte dabei hektisch mit seinem linken Fuß, der in einem grellgelben 170-Euro-Nike-Shox-Turbo-Schuh steckte, auf und ab.

»Dass Frauen immer so lange brauchen! *Hadi, hadi*, Kleines, ich will keinen Stress mit deinem Bruder, hab ihm versprochen, dass du rechtzeitig zu Hause bist, Süße!«

Jetzt war es klar. Das Date war gar nicht so heimlich, wie sie gedacht hatte. Es war ein Deal zwischen Ercan und Masud. Da Ercan das Alibi für Masud war, wenn er sich heimlich mit Eda traf, stand Masud mehr oder weniger in seiner Schuld. Sie war offensichtlich der Preis, den Masud an Ercan zahlen musste. Mariam war noch ganz mit diesem ernüchternden Gedanken beschäftigt, während sie dem hinauseilenden Ercan folgte und dabei fast in den plätschernden Brunnen gelaufen wäre.

Als ob Ercan Gedanken lesen könnte, riss er sie jetzt geschickt aus ihrer aufkommenden Enttäuschung heraus, indem er ihr höflich die Tür aufhielt, ihr seinen Arm zum Einhaken anbot und ihr ein Lächeln schenkte, das die kleinen Grübchen sichtbar werden ließ, deren Anblick schon andere Frauenherzen schwach gemacht hatte.

»Ich will doch nicht, dass du Ärger bekommst«, sagte er zu ihr, »schließlich bist du ja nicht irgendein Mädchen. Ich meine es ernst, deshalb habe ich mit deinem Bruder gesprochen. Ist doch schön, so haben wir seinen Segen, und du musst nur deine Eltern belügen, zumindest für den Anfang, und das ist ja schließlich schon schlimm genug.«

Mariam war sprachlos über seine Selbstgewissheit. Für Ercan schien die Sache zwischen ihnen beiden geritzt, zumindest ließ er keinen Zweifel erkennen. Vielleicht hätte sie doch das erste Date absagen, hätte ihn zappeln lassen sollen, um ihm alles schwerer zu machen und sich selbst eine gewisse Entscheidungsmacht zu erhalten. Doch Mariam wusste, dass sie einfach nicht kalkulierend genug war, ihr Verstand drohte auszusetzen, wenn es um Herzensangelegenheiten ging. Und von einem gutaussehenden jungen Mann angesprochen zu werden ließ ihre romantischen Sehnsüchte hochkochen und blind dafür werden, wie berechnend ihr Gegenüber vorging.

***

Zumindest war Mariam jetzt auf der Rückfahrt nicht mehr so verkrampft. Sie kuschelte sich in den beheizten Ledersitz, blickte aus dem Fenster und träumte auf der kurzen Fahrt zurück in den Wedding davon, wie schön es sein könnte, mit Ercan zusammen und frei zu sein. Er würde sie überall hinfahren, jeden Tag würden sie gemeinsam etwas unternehmen. Vielleicht würde er sogar mit ihr tanzen gehen, sie wusste von anderen türkischen Mädchen, dass es Jungen gab, die mit ihrer Freundin oder Verlobten in die Disko gingen, damit sich die Mädchen unter ihrer Aufsicht amüsieren konnten. Vielleicht hatte sie Glück und Ercan war auch so einer, einer, der mit seiner Freundin schwimmen ging und der Freude daran hatte, wenn sie sich auch einmal etwas gewagter kleidete. Immerhin hatte er ihr die hohen Sandaletten geschenkt – wenn das sein Geschmack war, dann könnte sie sogar daran denken, sich so aufzustylen wie eine ihrer türkischen Nachbarinnen, die sich die Haare blondierte und glattfönte und immer 1-a-French-Maniküre-Nägel hatte. Sie würde ihm eine gute Hausfrau sein, aber auch arbeiten gehen, schließlich wollte sie auch etwas zum gemeinsamen Haushalt beisteuern, und ihre Tätigkeit im Mädchenladen liebte sie so sehr, dass es ihr im Traum nicht einfiele, sie einfach wieder aufzugeben. Aber vermutlich würde Ercan ohnehin nichts dagegen haben, schließlich hatte der Laden ihnen ermöglicht, sich heimlich zu treffen.

Sie stellte sich vor, wie sie gemeinsam in einer großen Wohnung mit vielen Fenstern und weißen Möbeln leben würden. Ja, sie würde die ganze Wohnung weiß möblieren, weiße Teppiche auf hellem Laminat, weiße Ledercouch, und immer würde alles adrett und sauber sein. Sie sah sich schon in engen Jeans und hohen Pumps durch die Wohnung laufen. Und Ercan würde immer so lieb zu ihr sein wie heute, als er ihr die Tür aufhielt.

Während sie so vor sich hin träumte, schaute sie sich Ercan noch einmal ganz genau von der Seite an, denn sie wusste nicht, wann sie ihn wiedersehen würde. Im Profil, dachte Mariam, sah er fast aus wie George Clooney, nur jünger. Auch seine Nase war etwas markanter, aber zum Glück nicht so groß wie Masuds Zinken. Er hatte schlanke Finger, die geschmeidig um das Lenkrad tanzten, und sein breiter Brustkorb ließ vermuten, dass er regelmäßig ins Fitnessstudio ging, aber er strahlte nicht zu viel und nicht zu wenig Körperlichkeit aus, dachte sich Mariam, eigentlich ideal.

Vielleicht wäre er ihr auf der Straße gar nicht aufgefallen, vermutlich wäre er nur einer dieser unzähligen aufgetunten türkischen Jungs für sie gewesen, wie sie sie jeden Tag im Wedding sah. Aber Mariam hatte die Gabe, sich Dinge schönzureden, und oft klappte das auch so gut, dass sie es am Ende bedingungslos selber glaubte.

»Willst du mal kurz zu Hause anrufen, kannst ja sagen, dass du heute ein bisschen länger auf Arbeit bleiben musstest«, riss Ercan sie aus ihren Träumen und katapultierte Mariam damit wieder in die raue Wirklichkeit. Vielleicht hatte Kamil schon längst im Mädchenladen vorbeigeschaut, vielleicht war ihre Verabredung mit Ercan längst aufgeflogen. Wieder machte sich diese Panik in Mariam breit, wie damals, als sie heimlich mit Hayat, Lena und Fatme in der Disko gewesen war. Wieder wurde ihr bewusst, dass sie gerade etwas absolut Verbotenes tat, etwas, für das sie höllische Prügel beziehen könnte. Mariam hasste diese Momente der Ungewissheit, dieses Niemandsland zwischen Leben und Tod, in dem man nie sicher sein, sondern jeden Moment auf eine Tellermine treten konnte. Leben bedeutete für sie, frei zu sein, glücklich zu sein; tot fühlte sie sich, wenn sie zu Hause war, eingesperrt in vier Wände, mit dem permanent laufenden Fernseher, dem Geklapper von Geschirr in der Küche und der grimmigen Stimme des Vaters. An Ercans Seite, bei diesem kleinen unspektakulären Ausflug in ein schlechtes Restaurant, war ihr bewusst geworden, wie anders das Leben aussehen konnte. Sogar das blutige Steak hätte sie hinuntergewürgt, wenn eine gute Fee ihr dafür das Versprechen gegeben hätte, dass sie von nun an tun und lassen könnte, was sie wollte. Sie würde sogar noch mehr dafür opfern, sie würde sich eine Glatze scheren lassen oder – trotz ihrer extremen Höhenangst – Bungee springen. Aber es gab keine Fee, es gab auch niemanden sonst, der ihr einen Deal vorgeschlagen hätte, um endlich selbst über ihr Leben entscheiden zu können. Wie gut Lena es doch hatte! Wenn die ihre Eltern fragte, wann sie denn endlich ausziehen dürfe, sagten Mechthild und Pierre zu ihrer Tochter: »Mach erst einmal dein Abitur. Wenn du studierst, dann kannst du ausziehen.« Wenn sie, Mariam, solche Eltern hätte, dann würde sie sich umbringen vor Anstrengung – vielleicht hätte sie dann sogar das Abitur gemacht.

»Ich brauch nicht anrufen, das geht schon in Ordnung. Ich sag einfach, ich musste noch ein kleines Mädchen nach Hause begleiten.«

Am liebsten wäre sie noch stundenlang im Auto sitzen geblieben, aber die Strecke nach Hause kam ihr jetzt kürzer vor als sonst, sie war glücklich über jede rote Ampelphase, die ihr noch die eine oder andere Minute schenkte. Irgendwann aber waren sie da. In der Prinzenallee.

Ercan hielt zwei Häuserblocks entfernt von Mariams Zuhause, damit niemand sie aus dem Auto steigen sah. Bevor sie die Wagentür öffnete, blickte sie noch einmal in alle Richtungen. Sie musste sehr vorsichtig sein, denn selbst wenn keiner ihrer Familie sie jetzt sehen konnte, so bestand immer noch die Möglichkeit, dass ein neugieriger Nachbar oder irgendein Bekannter ihrer Eltern sie sehen würde. Oder womöglich gar Onkel Hamed! Dann wäre ihr Vater binnen Minuten informiert, dass seine Tochter gerade aus dem Auto eines fremden Mannes gestiegen war – eine ziemlich grauenvolle Vorstellung. Denn Kamil wäre den Leuten dann eine Erklärung schuldig, um seine »Ehre« zu retten. Der Kontakt zu Männern galt in Mariams Umfeld für ein unverheiratetes Mädchen als sittenlos, und »das Umfeld« war groß und hatte immer ein besonderes Interesse daran, anderen erzieherische Versäumnisse unter die Nase zu reiben.

Gerade als Mariam sich mit einem Satz aus dem tiefen Sitz nach draußen manövrieren wollte, fasste Ercan nach ihrer Hand. »Sehen wir uns morgen?« Sein intensiver Blick und sein charmantes Lächeln waren so hinreißend, seine warme Hand fühlte sich so viel weicher an als ihre eigene vom ständigen Spülen aufgeraute Haut, dass Mariam nur hektisch mit dem Kopf nickte. Und dann war sie auch schon, ohne einen Blick zurück, hinter den parkenden Autos auf der anderen Straßenseite verschwunden.

***

Zu Hause schien niemand ihre Verspätung bemerkt zu haben, weder war Hawwa zu sehen noch Kamil zu hören, als Mariam leise die Wohnungstür hinter sich schloss. Und doch konnte sie eine ungute Spannung in der Luft spüren. Es war ruhig, nur der Fernseher lief wie immer. Doch es war keine gewöhnliche Ruhe, keine, die dazu einlud, es sich mit einem Teller Essen auf dem Sofa gemütlich zu machen, so wie Mariam es sonst tat, wenn sie ausgehungert von der Arbeit nach Hause kam. Alles in der Wohnung wirkte wie die Ruhe nach einem Erdbeben, und als sie die Tür zum Wohnzimmer vorsichtig einen kleinen Spalt aufzog, um sich zu vergewissern, konnte sie an der Haltung ihres Vaters und an seinem Gesichtsausdruck erkennen, dass sie mit ihrer Vermutung richtiglag. Kamil hatte sich in seinen Sessel zurückgelehnt, die Arme hinter dem Kopf verschränkt, sein Körper war angespannt, sein Blick starr auf den Bildschirm gerichtet, auf dem gerade eine brünette Frau mit Föhnfrisur dem Zuschauer Damenrasierer anpries. Mariam konnte an seinem leeren Blick erkennen, dass er gar nicht registrierte, was dort im Fernseher lief, er war mit seinen Gedanken ganz woanders. Dass er so tat, als bemerke er sie gar nicht, war für Mariam ein sicheres Indiz, dass etwas Schlimmes vorgefallen sein musste. Denn dann konnte Kamil seiner Tochter nicht in die Augen sehen.

Jetzt erst fiel Mariam ein, dass Fatme gar nicht wieder im Mädchenladen erschienen war. Nora Nolte war heute auf dem Bezirksamt gewesen, und Fatme hatte die Gunst der Stunde genutzt, um schnell nach Hause zu laufen. »In einer halben Stunde bin ich wieder da«, hatte sie ihrer Schwester noch zugerufen, bevor die Tür hinter ihr zufiel. Von Ercans Paket an Mariam hatte sie gar nichts mitgekriegt, auch nichts von Mariams Verabredung mit ihm. Vor lauter Aufregung über Ercans Geschenk und das Date mit ihm hatte Mariam das völlig übersehen. Nun aber wurde sie unruhig.

Mariam zog leise die Tür zum Wohnzimmer wieder zu und ging in ihr Zimmer. Dort saß Fatme vor dem Spiegel und war damit beschäftigt, sich einen Turban auf dem Kopf zurechtzuwickeln. Auch sie beachtete Mariam nicht, im Gegenteil: Als ihre Schwester das Zimmer betrat, drehte sie sich ruckartig weg, als habe sie etwas zu verbergen.

»Was war denn los?«, fragte Mariam zögerlich, denn sie

wusste, was immer es gewesen sein mochte, Fatme musste eine der Hauptleidtragenden gewesen sein. Anders konnte sie sich das Verhalten ihrer Schwester nicht erklären.

»Nichts. Lass mich in Ruhe.«

Mariam fühlte sich auf unerklärliche Weise ihrer Schwester gegenüber schuldig – vielleicht weil sie sich durch das Treffen mit Ercan schon mit einem Bein in Freiheit wähnte, vielleicht aber auch nur, weil sie heute etwas Aufregendes erlebt hatte und noch ein bisschen in glücklichen Zukunftsphantasien durch ihre weiße Traumwohnung schwebte, während Fatme womöglich zeitgleich von Kamil verprügelt worden war. Wie konnte sie glücklich sein, wenn ihre Schwester wie ein Häufchen Elend zusammengekauert vor dem Spiegel hockte, unfähig, ihr zu erzählen, was passiert war?

Mariam setzte sich geduldig aufs Bett, griff sich eine alte Supermarktreklame vom Nachttisch und blätterte hilflos darin herum, in der Hoffnung, Fatme würde endlich berichten, was vorgefallen war. Es vergingen Minuten, die Mariam wie Stunden vorkamen. Dann riss Fatme, in heller Verzweiflung darüber, dass der Turban, den sie mühsam aus einem langen Tuch zusammengesteckt hatte, sich immer wieder lockerte, das Stoffgebirge herunter und offenbarte einen Anblick, der Mariam den Atem stocken ließ.

Mit manchem hatte sie gerechnet – mit Striemen im Gesicht ihrer Schwester, mit einer blutigen Nase, einem blauen Auge – aber nicht mit dem, was sie jetzt sah: Fatme sah schrecklich zerstört aus. Ihr Haupt war kahlgeschoren. Schlimmer noch: Jemand musste ihr wahllos Masuds Haartrimmer übergezogen haben. Auf ihrem Kopf zeigten sich Löcher, in denen die blanke Kopfhaut zum Vorschein kam, dazwischen standen noch stoppelige Haarbüschel, die mal kürzer, mal länger geraten waren. Es sah zum Weinen aus.

Mariam liefen die Tränen über die Wangen, wortlos ging sie auf ihre Schwester zu, doch die kauerte sich nur noch mehr zusammen, als sie bemerkte, dass ihre Schwester sich näherte.

»Lass mich! Der Typ ist doch völlig verrückt! Die ganze Familie ist verrückt, alle sind verrückt, und auch ich habe einen Dachschaden, sonst würde mir so etwas nicht passieren! Guck doch mal, wie ich aussehe!«, heulte Fatme endlich hemmungslos.

Mariam spürte, wie eine namenlose Wut sich aus der Magenhöhle den Hals hochwälzte, um sich dort in Flüche und hasserfüllte Worte zu verwandeln, die jetzt ihren Weg nach draußen suchten. Mit einem Tempo, das Fatme vor Schreck erstarren ließ, stürmte sie aus dem Zimmer ins Wohnzimmer – dorthin, wo der Übeltäter saß. Als sie vor ihm stand, war Kamil so perplex, dass er gar nicht sofort reagieren konnte. Mariam, die in dieser Millisekunde seine Hemmung registrierte, ließ alles, was sich in vielen Jahren an Zorn gegen ihren Vater angestaut hatte, jetzt mit voller Wucht wie ein gewaltiges Gewitter auf ihn hinabstürzen.

»Du Ehrloser! Wie kannst du deiner eigenen Tochter so etwas antun? Was bist du nur für ein Mensch! Was hat sie dir getan? Du bist krank! Du machst uns alle krank! Warum stirbst du nicht, damit endlich Ruhe ist, du Gestörter, du Psychopath! Möge Gott dich für das, was du getan hast, bestrafen. *Insallah.*«

Kamil zeigte nicht die geringste Regung. Er zuckte nicht einmal. Er blieb einfach stumm sitzen. Seine Augen waren bereits wieder auf den Fernseher gerichtet, so als könnten ihn die Worte seiner Tochter nicht erreichen, wenn er sie nicht ansah. Es war ein stilles Schuldeingeständnis, so eindringlich, dass Mariam verstummte. Sie wandte schnell den Blick von ihm ab und verließ das Zimmer. Sie wollte diesen Eindruck nicht an sich heranlassen, dem sie kaum ausweichen konnte, wenn sie ihn so dasitzen sah – ein gebrochener Mann, der nicht Herr seiner selbst war. Scham überfiel sie, dass sie über einen Mann herfiel, der ein Verlierer im Leben war. Und diese Scham war ihre eigentliche Qual.

So oft Mariam Mordgedanken gegen Kamil hegte, so oft erfasste sie auch unerklärliches Mitleid mit ihm. In Situationen wie dieser wirkte er wie ein Kind, das man für seine Untaten nie ganz zur Rechenschaft ziehen konnte, hilflos und unzurechnungsfähig. Er schien dann völlig gefangen in seiner Wut zu sein – Wut über sein gescheitertes Leben, in dem er es zu nichts gebracht hatte und sich immer wieder vor dieser Erkenntnis zu schützen versuchte, indem er seiner Frau, seinen Töchtern und seinen Söhnen seine Macht und Gewalt demonstrieren musste. Dabei war er selbst als Kartenspieler im Café eine Niete. Dieses Mal aber war er entschieden zu weit gegangen. Ein blaues Auge wäre im Rahmen des Üblichen gewesen, doch was er jetzt mit Fatme gemacht hatte, ging über alles hinaus, was Mariam bisher mit ihm erlebt hatte. Es würde Monate dauern, bis Fatmes Haare nachgewachsen sein würden. Wie sollte sie sich so unter Menschen wagen?

Fatmes Bestrafung

Nur stockend konnte Fatme berichten, was vorgefallen war. Sie verkleidete sich leidenschaftlich gern, sie nutzte die vielen Stunden, die sie zu Hause verbringen musste, um die Kleider, die sie und ihre Schwester sich teilten, immer wieder in neuen Kombinationen auszuprobieren. Für sie war das wie ein Trockentraining für ein späteres Leben, so wie viele Mädchen es erträumten: irgendwann einmal zu heiraten und sich dann schick herzurichten – und sei es nur für den eigenen Mann. Im Gegensatz zu Mariam hatte Fatme die kindliche Gabe, ziemlich lange und intensiv in eine völlig irreale Traumwelt abzutauchen, in der es einen Mann gab, der sie aus der Enge des elterlichen Zuhauses befreite und mit ihr in den Sonnenuntergang ritt. Die Zeit, bis dieser Prinz kommen würde, die Tage, Wochen, Monate und Jahre in der Eintönigkeit des häuslichen Alltags waren für sie eine Art Dornröschenschlaf, aus dem ihr Prinz sie dereinst erlösen würde. Nur manchmal konnten das Gebrüll oder die Schläge des Vaters sie für kurze Momente aus diesen Träumen reißen und hart auf dem Boden der Realität landen lassen. Dann war sie meist tagelang gar nicht fähig, wieder in ihre Phantasiewelt zu flüchten.

Irgendwann aber stellte sie sich dann doch wieder vor den Spiegel, um Stunden damit zuzubringen, sich zu schminken, wieder und wieder umzuziehen, gewagte enge Hosen mit knappen Shirts und hohen Schuhen zu kombinieren – Outfits, die sie so nie hätte tragen dürfen; aber auch folkloristische oder züchtige Ensembles ließ Fatme nicht aus. Wäre ihr Interesse für Mode und Styling richtig gefördert worden, hätte sie es zur Modedesignerin bringen können. Aber an so etwas dachte Fatme gar nicht, ein solcher Beruf wäre viel zu weit weg von den Realitäten ihrer Welt. Geschichten von Frauen, die es mit Mode oder mit auffälliger Kleidung weit brachten, kannte sie nur aus den diversen Lifestyle-Magazinen, die sie hier und dort ergatterte. Fatme ergötzte sich richtig an dem Klatsch und Tratsch der Promi-Welt. Insgeheim freute es sie, wenn Madonna und Guy Richie sich trennten, Topmodels in Nervenkliniken eingeliefert wurden oder Schönheitsoperationen misslangen; es beruhigte sie, dass sich hinter den glitzernden Fassaden der Geld-und-Glamour-Welt auch nur ganz gewöhnliche Niederlagen abspielten, es zügelte ihren Neid und milderte ihre brennende Sehnsucht, zu jenen zu gehören, die reich und sexy waren.

Fatme war wie die meisten Mädchen in ihrem Alter. Sie suchte nach Möglichkeiten, sich selbst auszudrücken und auszuprobieren, und der Kleiderschrank war der Ort, an dem sie in verschiedene Rollen schlüpfen konnte.

Wenn Mariam ihre kleine Schwester bei ihren stundenlangen Verkleidungsübungen beobachtete, machte sie sich oft lustig über Fatme, sie fand deren Spiel ziemlich albern. Sie selbst liebte es zwar auch, sich gut zu kleiden, sah aber wenig Sinn darin, das allein zu Hause und stundenlang vor dem Spiegel zu tun. Das behielt sie sich für ihre heimlichen Ausflüge vor.

Als Fatme eines Tages anfing, sich unterschiedliche Kopftuchvarianten zurechtzudrapieren, nahm Mariam das anfangs gar nicht ernst. Mit irgendwelchen religiösen Neigungen konnte das nichts zu tun haben, dafür kannte Mariam ihre Schwester zu gut. Und sie hatte recht: Auf diesen »Tick«, wie

Mariam es nannte, war Fatme verfallen, als sie eines Tages in der Schlange des »La Femme« stand, um Sesamringe zu holen. Die Schlange war lang, und Fatme musste warten. Aus lauter Langeweile blätterte sie diverse Reklameblätter durch, die auf dem Glastresen lagen. Dabei stieß sie auf ein Frisierangebot für Verschleierte, auf einen Salon, der Frauen anbot, nicht nur ihre Frisuren in einem eigens vor öffentlichen Blicken abgetrennten Raum zu stylen, sondern der auch außergewöhnliche Kopftuchkreationen mit allerlei Perlenbehang und Flitterkram im Angebot hatte. Manche der auf den bunten Bildern gezeigten kunstvollen Kopftuchtürme wirkten wie überladene Weihnachtsbäume, und Fatme musste lächeln bei der Vorstellung, dass ausgerechnet muslimische Mädchen Weihnachtsschmuck auf dem Kopf tragen sollten. Sie war entschlossen, das einmal an sich selbst auszuprobieren. Und wer weiß, dachte sie sich, vielleicht bekomme ich das genau so gut hin und kann es zu Hause meinen Tanten und Cousinen zeigen, wenn wieder einmal eine Hochzeit ansteht. Denn bei Hochzeiten war Fatme in ihrem Element. Unter den Frauen der Verwandtschaft war sie für den »Hennaabend«, wenn die Frauen unter sich die bevorstehende Hochzeit feierten, immer ausgebucht. Jede Braut wollte sie dabeihaben, nachdem Fatme irgendwann einmal damit angefangen hatte, mit Hennatuben vom Inder Ornamente auf die Handgelenke ihrer kleinen Cousinen zu malen, nur so, aus Langeweile und Jux. Sie hatte nicht damit gerechnet, dass plötzlich alle Mütter großen Gefallen an den Henna-Tattoos für die Töchter fanden.

Jedenfalls trug Fatme seit ihrer Entdeckung im »La Femme« ein Kopftuch. Es hatte den günstigen Nebeneffekt, dass Kamil und Masud sie seitdem nicht mehr dauernd mit abgrundtiefem Misstrauen überzogen, wenn sie einmal das Haus verließ. In Wahrheit aber trug sie das Kopftuch gar nicht immer.

Manchmal war es ihr lästig, und wenn sie mit Mariam loszog, musste sie es gleich hinter der Haustür wieder abnehmen. Ihre ältere Schwester weigerte sich, so neben ihr herzugehen.

Kamil aber war hochbeglückt, dass zumindest eins seiner Mädchen das Kopftuch trug. Eines Tages fragte er Fatme, ob sie sich denn wirklich ernsthaft und aus reinem Herzen heraus dafür entschieden habe und es von nun an mit dem Stolz einer wahrhaften Muslima tragen würde, ganz im Sinne »Allahs und des Propheten, dem Gesandten Gottes«. Er fragte das seine Tochter dreimal, weil er das Gefühl hatte – er wusste nicht, warum –, dass diese Zahl etwas Magisches hatte und eine dreimalige Antwort einem Gelöbnis gleichkam, womit die Kopfbedeckung etwas Feierlich-Sakrales erhielt. Fatme, der der Ernst der Situation gar nicht bewusst war, fand Kamils dreimalige Nachfrage zwar befremdlich, fühlte sich aber in diesem Moment durch ihn nur aufgehalten und antwortete leichthin: »Na, klar!« Sie war spät dran, sie musste sich beeilen, noch rechtzeitig zum Mädchenladen zu kommen, um das Mittagessen anzurichten. Vor dem Laden knüllte sie das Kopftuch ohnehin immer in ihre Tasche, sie spürte, dass Nora Nolte sie lieber ohne Kopftuch sah.

Als Kamils Bruder Hamed seine Nichte das erste Mal mit einem Kopftuch auf der Straße sah, rief er gleich seinen Bruder an, um ihm seine Anerkennung für die gelungene Erziehung auszusprechen: »*Mashallah*, Bruder, Gott schütze die Tugend deiner Jüngsten. Und möge deine Älteste auch endlich auf den rechten Weg finden. *Amin.*«

Für Kamil war dieser Anruf etwas Besonderes. Es kam nur selten vor, dass er von seinem älteren Bruder gelobt wurde. Meist rief Hamed an, um seinen Bruder zu belehren, dass der seine Kinder nicht im Griff habe und auch sonst nicht unbedingt das Bild eines vorbildlichen Muslim abgab. Wie könne er nur den ganzen Tag beim Zocken im Café sitzen, während seine Töchter mit offenen Haaren laut lachend im Einkaufszentrum gesichtet wurden!

»Du musst als Mann die Richtung weisen!«, predigte Hamed dann in strengem Ton und genoss seine moralische Überlegenheit, besonders wenn Kamil am anderen Ende der Leitung kleinlaut eingestand: »Du hast ja recht, Bruder. Aber glaube mir, in diesem Land ist es nicht einfach, seine Kinder richtig zu erziehen. Wir leben unter Ungläubigen, was soll ich tun? Ich kann die Mädchen ja nicht den ganzen Tag einsperren. Aber ich werde mit ihnen ein ernstes Wort reden.«

Natürlich »redete« er nicht mit ihnen, er brüllte sie an, dass sie sich wieder einmal unzüchtig benommen hätten. Es war ihm völlig egal, ob an den Gerüchten, die Hamed ihm zutrug, etwas dran war oder nicht. Viel wichtiger war ihm, dass er an seinen Bruder Vollzug melden konnte, den er meist mit entsprechenden Schilderungen der Züchtigung seiner Töchter auszuschmücken wusste. Und ohnehin glaubte Kamil immer, dass an solchen Gerüchten etwas dran war – warum sonst sollte jemand so etwas behaupten? Es war gut, dass seine muslimischen Brüder und Schwester im Glauben ihn nicht allein vor der Aufgabe stehen ließen, seine Töchter zu kontrollieren. Hameds Belehrungen nervten ihn zwar, aber schließlich stand mit einem unzüchtigen Verhalten seiner Töchter nicht nur die Ehre ihres Vaters auf dem Spiel, sondern auch die ihres Onkels. Eigentlich sogar die Ehre der ganzen muslimischen Gemeinde. Deswegen fühlten sich alle für alle verantwortlich und hatten ein scharfes Auge darauf, wenn eins der Mädchen ausscherte und sich wie eine aus der Welt der Ungläubigen benahm. Kamil fühlte sich dadurch sicherer – niemand war in seiner Religion allein.

***

An diesem Tag hatte Fatme, wie an vielen Tagen vorher, das Kopftuch, das sie sich nach dem aufwendigsten Modell des Friseursalons arrangiert hatte, die meiste Zeit getragen, aber am Nachmittag hatte sie dazu keine Lust mehr. Und wäre sie nicht Onkel Hamed beim Einkaufen mit offenen Haaren begegnet, wäre vielleicht alles nicht gekommen, wie es dann kam.

Natürlich musste Hamed gleich wieder seinen Bruder anrufen und ihn verhöhnen, dass seine Jüngste sich wohl über ihren Vater lustig machte. Kamil fühlte sich gedemütigt. Und er war wütend. Dass Fatme mit einem so wichtigen religiösen Symbol wie dem Kopftuch herumspielte, würde er nicht hinnehmen. Er war seinen Töchtern in dieser Frage immer großzügiger begegnet als andere muslimische Väter. Nie hatte er sie gezwungen, ein Kopftuch zu tragen. Und? Hatten sie es ihm gedankt? Nein. Fatmes Verhalten verletzte seine religiösen Gefühle, die er zwar nie richtig artikulierte, die ihn aber zu äußerst emotionalen Handlungen hinreißen und einen Amoklauf bei ihm auslösen konnten. Vielleicht war er in dieser Frage deshalb so empfindlich, weil er selten in die Moschee ging, eine Sünde, die er immer wieder offen bedauerte. Auch dass er bei der kleinsten Erregung schon wilde Flüche ausstieß, machte ihm zu schaffen, und stets gelobte er Besserung.

Und jetzt auch noch das: Er sah seine Tochter im Wohnungsflur stehen. Sie warf sich gerade die Tasche über die Schulter, als ihr Vater hinzutrat.

»Wo willst du hin?«

»Ich muss zum Laden.«

»Wieso trägst du kein Kopftuch? Was fällt dir ein?«

»Es ist heute so warm, Baba«, stotterte Fatme, die schon einige Male ohne Kopfbedeckung aus dem Haus gegangen war. Ihrem Vater war das wohl entgangen. Nun aber schien sich hier etwas zusammenzubrauen. Und das machte ihr Angst. »Und außerdem ist das Kopftuch eingerissen. Ich will es erst wieder nähen. Mit einem kaputten Tuch mag ich nicht aus dem Haus gehen«, versuchte sie der spürbaren Aggression noch zu entkommen.

Kamil merkte, wie Zorn in ihm hochwallte. An den unsicher gestammelten Worten seiner Tochter erkannte er, dass sie log. Für sie war das Kopftuch in Wahrheit nichts als eine modische Spielerei. Sie hatte gar nicht verstanden, warum er sie vor einiger Zeit mit heiligem Ernst gefragt hatte, ob sie es mit dem Stolz einer Muslima tragen würde. Er hatte Hoffnung geschöpft, als seine Tochter sich freiwillig für das Tuch entschied, vielleicht würde Mariam es ihr ja tatsächlich eines Tages gleichtun. Vielleicht würde er es schaffen, seine Töchter in diesem Land der vielen Versuchungen und Gefährdungen sicher und rein über die Runden zu bringen, bis sie eines Tages heirateten und er endlich die Last der Verantwortung an einen anderen Mann abgeben konnte. Wenn Fatme und Mariam ihm doch nur mehr Verständnis entgegenbringen würden! Sie hatten ja keine Ahnung, wie schwer es ihm fiel, immer wieder mit Gewalt dafür sorgen zu müssen, dass sie nicht vom rechten Weg abkamen. Wie gedemütigt er sich oft durch seinen Bruder fühlte und dies alles um ihretwillen aushalten musste.

Hawwa war ihm in der Erziehung der Mädchen keine Hilfe, die Frau war dafür einfach zu schwach. Wenn er es genau nahm, hatte sie es sogar mit zu verantworten, dass er jetzt vor einem Problem stand. Hawwa hatte bei ihm durchgesetzt, dass die Mädchen von dem Geld, das sie im Mädchenladen verdienten, etwas behalten durften. Damit war es Fatme erst möglich geworden, sich solchen Plunder zu kaufen, diese Zeitschriften zu erstehen, in denen halbnackte Frauen abgebildet waren, die ihre körperlichen Reize unverhohlen zur Schau trugen. Seine Tochter glaubte wohl, sie könnte vor ihm verheimlichen, dass sie sich solche Magazine anschaute. Aber ihm, Kamil, war das nicht entgangen. Leider war es wieder Hamed gewesen, der ihn erst mit der Nase darauf gestoßen hatte.

»Sag mal, Bruder, als ich mir heute Tabak besorgte, ist mir deine Jüngste aus dem Laden entgegengekommen. Unter dem Arm trug sie zwei von diesen obszönen Zeitschriften, die hier überall zu sehen sind. Du weißt schon, auf deren Titelbildern Frauen auf eine Art und Weise posieren, wie es sich nicht gehört.«

Wie immer hatte Kamil ihm versprochen, Fatme zur Rede zu stellen, aber er hatte es nicht getan. Er war sich so sicher gewesen, dass seine Tochter, nun da sie sich für das Kopftuch entschieden hatte, auch durch unzüchtige Bilder der Ungläubigen nicht mehr zu gefährden war. Im Fernsehen sah man ja auch dauernd solche Frauen, und nicht immer konnte er dafür sorgen, dass rechtzeitig umgeschaltet wurde. Schließlich hatte er noch anderes zu tun, als sich ständig mit seinen Töchtern herumzuschlagen.

Nun aber sah Kamil sein ganzes Gebäude hochaufgetürmter Hoffnungen zusammenstürzen. Einfach so, aus einer Laune heraus, legte seine Tochter jetzt das gerade liebgewonnene Kopftuch wieder ab, als wäre es nur ein bedeutungsloses Stück Stoff. Und Hamed – was würde Hamed dazu sagen? Nein, er würde vermutlich gar nichts dazu sagen. Was viel schlimmer war, er würde Kamil auslachen, ihn verspotten und verachten – eben das, was er meistens tat. Diesmal aber würde Kamil das zu verhindern wissen, denn noch war Fatme nicht mit offenen Haaren vor die Tür getreten, noch konnte er den Hohn und die Blamage abwenden. Und er war fest entschlossen, das auch zu tun.

»Willst du, dass alle über uns lachen? Willst du das?«, brüllte er seine Tochter an. »Ich werde dir zeigen, wie man mit Menschen und ihren Gefühlen spielt. Glaubst du etwa, du könntest mit mir spielen? Na warte!«

Fatme wich zurück, bis sie ganz an der Wand stand und es keine Fluchtmöglichkeit mehr gab. Diesmal hatte sie es nicht mehr geschafft, sich rechtzeitig aus dem Haus zu retten. Manchmal hatte das geklappt, wenn ihr Vater wieder einen Anfall hatte. Dann war sie aus dem Haus gerannt, um zu Hayat zu fliehen oder sich so lange am Gesundbrunnencenter herumzutreiben, bis auch andere aus der Familie zu Hause waren und sie nicht Kamils einziges Opfer war, falls der sich noch nicht abreagiert haben sollte. Diesmal war sie zu langsam gewesen. Und niemand außer ihnen beiden war in der Wohnung.

Noch bevor sie richtig das ganze Ausmaß der bedrohlichen Situation erkannt hatte, der sie damit ausgesetzt war, hatte Kamil sie bereits an den Haaren gepackt und ins Badezimmer gezerrt. Er schloss ab und verstaute den Schlüssel sorgfältig in der Hosentasche, bevor er hektisch Masuds Haartrimmer aus dem Spiegelschrank kramte. Es war ihm egal, dass alle Medikamente, die Hawwa und er brauchten, dabei zu Boden fielen und einige Fläschchen zu Bruch gingen, er hatte etwas vor, und dabei sollte ihn nichts und niemand aufhalten.

Am Anfang schrie Fatme noch, doch als ihr bewusst wurde, dass ohnehin niemand ihre Schreie hören würde, der Vater aber dadurch nur noch ruppiger zu Werke ging, ihr die elektrischen Klingen in die Kopfhaut jagte, ohne Rücksicht auf die Schnittwunden, die er dabei verursachte, da verstummte sie. Ein panisches Zittern überfiel sie, und sie schloss die Augen in der stillen Hoffnung, dass er vielleicht gleich aufhören und sie nicht ihrer ganzen Haarpracht berauben würde.

Kamil aber hörte nicht auf. Er wollte das zu Ende bringen. Und je länger er die Maschine durch Fatmes prachtvolle Mähne gleiten ließ, desto mehr Gefallen fand er an dem stoppeligen Feld, das er dabei hinterließ. Fast so gleichmäßig wie beim Ackerbau, dachte er sich und hatte ein merkwürdiges Heimatgefühl dabei. Als er endlich fertig war, schmiss er den Haartrimmer ins Waschbecken, schüttelte sich wie ein Bauer nach einer Schafschur, fegte mit einer heftigen Handbewegung die Haarbüschel seiner Tochter von seiner Kleidung und wusch sich gemächlich die Hände.

»So, jetzt kannst du deine Haare offen tragen«, sagte er trocken. »Mach den Dreck weg, und komm mir heute nicht mehr unter die Augen.«

Als er wenig später auf dem Sofa saß, plagte ihn sein schlechtes Gewissen. Er wusste, dass ihm wieder einmal die Sicherung durchgebrannt war. Aber Fatme hatte ihn gereizt – was also hätte er tun sollen? Unter diesen Umständen hätte er gar nicht anders reagieren können. Für Kamil war die Erklärung schlicht: Ein Schlag gegen das Knie löst nun einmal den Reflex aus, dass das Bein wie von unsichtbarer Hand gezogen in die Höhe schnellte, und bei Gott, dachte er, während er auf die flimmernden Fernsehbilder stierte, es war kein leichter Schlag gewesen, den ihm seine Tochter erteilt hatte. Es war eine Beleidigung der heiligen Botschaft, ja mehr noch, ein Tritt in den Hintern Allahs gewesen – schon dieser abscheuliche Gedanke ließ ihn ein leises Gebet sprechen, in dem er sich, die Augen auf die Wohnzimmerlampe gerichtet, für die Dreistigkeit seiner Tochter beim Allerhöchsten entschuldigte, die ihn wieder einmal den Einflüsterungen des Teufels ausgeliefert hatte.

***

Mariam half Fatme, die verschnittene Glatze, so gut es ging, zurechtzurasieren. Die beiden Schwestern hatten sich Tücher und Spangen mitgenommen und sich im Badezimmer eingeschlossen. Mariam hatte Fatme erst davon überzeugen müssen, dass auch eine Glatze etwas Gutes haben könnte, und sie dazu überredet, mit ihr ins Badezimmer zu gehen. Dann standen sie beide vor dem halbblinden Spiegel, durch den sich ein schräger Riss von oben nach unten zog, der die Gesichter der beiden Mädchen in je einer Hälfte widerspiegelte.

»Guck mal, Mariam, ich das Biest und du die Schöne – nicht einmal der Spiegel will, dass wir beide zusammen zu sehen sind«, versuchte Fatme, einen unbeholfenen Scherz zu machen. Sie hatte genug geweint, ihre Augen waren geschwollen und rot, und ihre Stimme klang wie bei einer schweren Erkältung, heiser und piepsig.

»Weißt du, Fatme, eigentlich ist so eine Glatze doch wie ein neuer Anfang, verstehst du?«

»Nee, versteh ich nicht.«

»Na ja, Babys haben doch auch Glatzen, wenn sie auf die Welt kommen. Und wenn deine Haare jetzt wachsen, so ganz ohne die Färbemittel, die du dir immer da reingehauen hast, *wallah*, ich schwöre, dann wirst du jetzt richtig schöne Haare bekommen.«

Fatme trommelte mit der geballten Faust nach hinten gegen Mariams Oberschenkel. »Ey, du bist so eine Hexe! Du versuchst mir auch noch einzureden, dass das alles gar nicht so schlimm ist.«

Beide guckten sich im Spiegel in die Augen und fingen hysterisch an zu lachen. Es war ein Lachen, in dem sich Wut und Verzweiflung entluden. Und gleichzeitig war es für Kamils

Ohren bestimmt, er sollte hören, dass er ihnen ihre Lebensfreude nicht nehmen konnte – es war ein triumphierendes Lachen, das in der Gewissheit gründete, dass sie einander hatten, was immer auch kommen mochte.

Und doch machte das Lachen Mariam auch traurig. Durch das Treffen mit Ercan hatte sie sich von der Schwester ein bisschen entfernt, hatten Vorstellungen von ihr Besitz ergriffen, in naher Zukunft vielleicht schon nicht mehr in dieser Familie zu leben, sondern ihren eigenen Träumen folgen zu können; alles mit Hilfe von Ercan, dem Jungen, mit dem sie gerade einmal eine Stunde zusammen gewesen war. Dafür, das gestand sie sich ein, war sie bereit, Fatme sich selbst zu überlassen – eine Erkenntnis, die sie wehmütig stimmte.

Heiratspläne

Das Kopftuch schenkte Fatme ein Stück Freiheit. Zwar war es nicht die Freiheit, nach der sie sich in den Tiefen ihres Herzens sehnte – eine Freiheit, die es erlaubte, lange Spaziergänge ohne Aufsicht zu unternehmen, ins Kino oder schwimmen zu gehen oder einfach nur mit offenen Haaren im Eiscafé »Venezia« am Potsdamer Platz zu sitzen und den gutaussehenden Kellnern hinterherzugucken, so wie es viele andere Mädchen in ihrem Alter gern taten. Aber immerhin durfte sie die nächsten Wochen ohne lange Betteleien um Erlaubnis zu Tante Hayat gehen – dank Kamils schlechtem Gewissen. Sogar spätabends durfte sie noch ins Gesundbrunnencenter, um bei Real noch schnell fehlende Lebensmittel zu holen oder eins von den im Nu vergriffenen Waschmitteln zum Sonderpreis zu erstehen. Wenn sie auf der Straße war, signalisierte das Kopftuch den Männern aus ihrem Kulturkreis: Ich bin anständig und nicht ansprechbar! So dachten zumindest Kamil und Masud. Rafi bedauerte es ein wenig, dass seine hübsche Schwester jetzt genauso aussah wie die meisten seiner Cousinen und Tanten, seltsam blass und mit einem so eng anliegenden Kopftuch, dass er bei ihrem Anblick zwangsläufig an ägyptische Mumien dachte.

Es stimmte tatsächlich, dass die Avancen von jungen Männern, die Fatme sonst gemacht wurden, seltener wurden, ganz allerdings blieben sie nicht aus. Es machte Fatme wütend, dass gerade einige der muslimischen Männer sich überhaupt nicht darum scherten, ob eine Frau verhüllt war oder nicht. Es gab unter ihnen sogar eine Sorte Mann, die ganz besonders scharf auf Frauen mit Kopftuch war, so als sei die Eroberung einer solchen Frau ein größerer Sieg als der einer Unverschleierten. Solche Männer waren in Fatmes Augen die widerlichsten Typen, sie hasste ihre Scheinheiligkeit, ihre Doppelmoral. Mariam nannte solche Typen schlicht »Eselsficker«.

»Du darfst dich nicht so aufregen über diese Arschlöcher. Die haben ihr Gehirn in der Hose und im Kopf nur Scheiße, Schwesterherz.«

»Eigentlich müsste man die alle abknallen!«, wütete Fatme.

»Da hab ich eine bessere Idee«, erwiderte Mariam mit einem bösen Lächeln. »Man müsste ihnen den Schwanz abhacken!«

»Ja, genau, abhacken und dann in den Mund stopfen, damit sie daran ersticken!«

Fatme und Mariam liefen kichernd an einer Gruppe arabischer Männer vorbei, die sich breitbeinig im Eiscafé im Gesundbrunnencenter niedergelassen hatten, stundenlang an ihrer Tasse Kaffee herumnuckelten und ihre Augen auf die Hintern der vorbeilaufenden jungen Frauen richteten.

»Weißt du, Fatme, eigentlich tust du mir ja leid, dass du jetzt immer dieses blöde Kopftuch tragen musst, aber, sorry, ich persönlich habe davon nur Vorteile. Jetzt darf ich immer mit dir zu Hayat gehen.« Mariam klopfte Fatme lachend auf die Schulter.

»Ey, du bist voll die Schlampe, Mariam«, erwiderte Fatme und knuffte ihre Schwester heftig in die Seite. »Warte nur, früher oder später bist du auch dran. Außerdem: Lieber finde ich mich mit dem Kopftuch ab, als mit unserem schleimigen Cousin verheiratet zu werden.«

Bei Fatmes letztem Satz blieb Mariam das Lachen im Halse stecken. Ein minutenlanger Hustenanfall überfiel sie, der ihren Hals und ihren Kopf rot anlaufen ließ.

»He, nicht ersticken«, klopfte Fatme ihrer Schwester auf den Rücken. »Du darfst doch nicht ersticken, bevor ich auf deiner Hochzeit getanzt habe, meine hübsche Schwester!«, meinte sie gehässig.

Mariam blieb stehen und guckte ihre Schwester erschrocken an. Ihr Gesicht war eine einzige Frage. Aber noch bevor sie etwas sagen konnte, erklärte Fatme ihr nüchtern: »Brauchst gar nicht so dumm zu gucken. Ich erzähl keine Märchen. Mama hat sich letzte Woche mit Hayat am Telefon unterhalten, sie wollte wissen, wie teuer der Saal war, den Hayat bei ihrer Hochzeit hatte. Sonntags ist er billiger, dann kostet er nur halb so viel wie freitags oder samstags.« Dann hakte sie sich bei Mariam ein und zog sie mit.

»Nun komm schon, du wusstest doch, dass es irgendwann soweit sein würde. Komm, wir gehen zu Hayat, dann kannst du sie ja selbst fragen.«

Mariam war urplötzlich starr vor Schreck. Das war kein Scherz, was ihre Schwester da erzählte, dazu klang Fatme viel zu überzeugend. Wäre es ein Scherz gewesen, hätte Fatme sie jetzt nicht so mitleidig angesehen. So musste es sich anfühlen, dachte Mariam, wenn man mit Vollgeschwindigkeit mit dem Auto gegen eine Wand knallt. Nur dass man danach tot war, der Körper zerfetzt, die Seele entwichen. Sie spürte eine große Leere in sich, ihre Nerven waren taub, ihre Haut war auf einmal völlig empfindungslos, der Magen schien zu kreisen. Und das Herz? – Ja, was war eigentlich mit ihrem Herzen los? Eigentlich müsste es jetzt doch einfach zu schlagen aufhören, das wünschte sie sich jedenfalls. Ein Aufprall mit Todesfolge wäre zumindest eine Variante mit erlösendem Ausgang, dachte sie. Aber tot fühlte sie sich auch jetzt an, ihr Körper funktionierte zwar ganz mechanisch, als wären es gar nicht ihre Füße, die sie Schritt für Schritt zu Hayat trugen. Überhaupt kam ihr der

Weg zu Hayat vor wie ein Weg in ihr eigenes Verderben. Sollte sie nicht vielleicht lieber umkehren, so tun, als sei gar nichts passiert, als gäbe es diese ganzen Hochzeitspläne nicht? Als wäre alles nur ein Hirngespinst ihrer glatzköpfigen Schwester, die doch nur neidisch war, dass sie, Mariam, es geschafft hatte. Sie hatte eine Arbeit und jetzt sogar noch einen Freund.

Aber nein, Mariam war zu realistisch, sie wusste zu gut, dass eine Kehrtwende, der Versuch der Verdrängung, ein Selbstbetrug wäre, der sie Zeit kosten würde, kostbare Zeit, in der sie vielleicht noch Mittel und Wege auftun könnte, um das Unheil einer arrangierten Ehe mit Jamal abzuwenden.

»Ach, übrigens, Lena hat vorhin angerufen, hab ich ganz vergessen«, plapperte Fatme jetzt dazwischen. »Sie wundert sich, dass du dich in letzter Zeit kaum noch meldest. Ich hab ihr nicht gesagt, dass wir heute zu Hayat gehen. Ich dachte, du willst bestimmt nicht, dass sie alles mitkriegt. Das verstehen die Deutschen sowieso nicht. Du sollst sie nachher anrufen, ich hab ihr gesagt, du hast jetzt zu tun und meldest dich irgendwann.«

In Fatmes Stimme schwang eine Selbstverständlichkeit mit, die ihre Schwester noch mehr verängstigte. Sollte es wahr sein, dass ihre kleine Schwester gar nicht auf die Idee kam, dass hier etwas zutiefst Unrechtes geschah? Sollte Fatme wirklich davon überzeugt sein, dass es für Mariam keinen anderen Weg gab, als stillschweigend hinzunehmen, was ihre Familie, ihre eigenen Eltern, ihr Fleisch und Blut über ihren Kopf hinweg entschieden hatten? Und einen Mann für sie bestimmten, mit dem sie das Bett teilen sollte? Glaubten Kamil und Hawwa denn wirklich, dass sie, Mariam, ihr Eigentum war, das sie wie eine Ware an den Höchstbietenden verschachern konnten? Aber vielleicht war Jamal auch gar nicht der Höchstbietende, vielleicht war es eine besondere Bringschuld, die Kamil veranlasst hatte, seine älteste Tochter einem Hirtensohn aus dem hintersten Winkel einer staubigen Dorfgemeinde am Rande Mardins zu versprechen, dem Sohn seines Bruders, der es nie geschafft hatte, einen Fuß nach Deutschland zu setzen und dem gegenüber man sich deswegen besonders verantwortlich fühlte. Schließlich waren sie im Sozialstaat Deutschland in Watte gepackt und mit Hartz IV gesegnet, während der Rest der Sippschaft sich mühsam durch den Dorfalltag quälte.

»Rettet unsere jungen Männer, holt sie nach Deutschland, dann tut ihr Gutes vor Allah, und eure Familien werden stolz auf euch sein.« Schon als Kind hatte Mariam diesen Spruch immer wieder gehört, wenn sich die Frauen aus der Familie bei den Omars in der Küche versammelten. Fast immer drehten sich die Gespräche um Kochrezepte und Verkupplungsvorschläge der älteren Frauen, die ganz selbstverständlich über die Köpfe der Jungen hinweg diskutierten und stritten, wer zu wem am besten passen könnte. Wäre es nicht so ernst gewesen, hätte man sogar lachen können über die wilden Paarkombinationen, die sie sich dabei zusammenreimten – Phantasiegebilde frustrierter Frauen, die in ihrem Leben nur einen nackten Mann gesehen und nie einen Organsums erlebt hatten. Doch es war nicht zum Lachen, es war bitterer Ernst, das ging Mariam jetzt in aller Deutlichkeit auf, eine Erkenntnis, die ihre Knie weich werden und ihre Gedanken, als wären sie fehlgeleitete Schaltkreise, in schmerzhaften Kurzschlüssen durch ihren Schädel blitzen ließ.

Lange hatte sie jeden Hinweis darauf verdrängt, dass auch sie eines Tages das Opfer solcher Heiratspläne werden könnte. Jetzt aber hallten die Stimmen der alten Weiber, die Worte aus ihrer Kindheit in ihr nach, ein schrilles Echo der Erinnerung, ohne Anfang, ohne Ende, und sie spürte die Macht dieser Worte mit einer Zeitverzögerung von vielen Jahren – eine

Macht, die die ganze Zeit über allgegenwärtig, für sie aber bis zum heutigen Tag unhörbar gewesen war. Wie konnte ich nur so blind sein, dachte sie, während sie hektisch an ihren Fingernägeln kaute, eine Angewohnheit, die sie sich vor Jahren mühsam abgewöhnt hatte, die ihr jetzt aber der einzige Trost zu sein schien.

Hayat öffnete die Tür.

»Ich muss mit dir reden«, kündigte Mariam an und drängte sich an ihrer Tante vorbei in die Küche. Hayat ahnte, was jetzt kommen würde.

***

»Mensch, Mariam, nun tu doch nicht so, als ob die Welt einstürzen würde! Du machst es einfach wie alle anderen auch. Wo ist das Problem? Du heiratest, und dann hast du deine eigene Wohnung und kannst tun und lassen, was du willst! Hauptsache, dein Mann geht jeden Tag arbeiten, dann siehst du ihn ohnehin kaum. Und wer weiß, vielleicht hast du sogar Glück. Ich habe gehört, er soll ganz okay sein. Wenn das stimmt, dann wird er dir mehr Freiheiten als deine Eltern lassen.«

Mariam war irritiert über die mangelnde Anteilnahme ihrer Tante. Sie hatte gehofft, bei Hayat Beistand und Hilfe zu finden, ja vielleicht sogar einen Rat, wie sich das Problem der drohenden Heirat mit irgendeinem kleinen Trick aus der Welt schaffen ließ, so wie Hayat doch sonst immer einen Weg fand. Nun aber sah sie, dass sie sich geirrt hatte, den Weg zu Hayat hätte sie sich sparen können. Aber sie wollte nichts unversucht lassen.

»Meinst du nicht, ich kann die Heirat irgendwie verhindern? Ich hau einfach ab!«

»Bist du wahnsinnig? Wo willst du denn hin?« Hayat war sichtlich erschrocken, dass ihre Nichte mit Ausbruchsgedanken spielte. »Willst du denn ein Leben wie die anderen Mädchen führen, die sich von ihren Familien getrennt haben? Immer auf der Flucht? Immer im Versteck? Immer in der Angst, irgendjemand aus der Familie könnte sie finden? Willst du das? Man kann nicht einfach abhauen, Mariam! Wer abhaut, hat seine Ehre verloren! Und was das bedeutet, weißt du doch selbst!«

»Ich versteck mich bei dir, Hayat, bis sie die Suche nach mir aufgeben. Dann kann ich sagen, ich war die ganze Zeit bei dir. Vielleicht gibt es dann Stress mit Kamil und Hawwa, aber niemand wird sagen können, ich hätte keine Ehre.«

»Oh, Mariam, du bist so unglaublich naiv! Und du redest, als würdest du deine eigene Familie nicht kennen! Wenn Lena einen solchen Vorschlag machen würde, dann könnte ich das ja noch verstehen – bei den Deutschen kommt man damit vielleicht durch. Aber wir sind Muslime, Mariam! Hast du das vergessen? Wenn sie dich nur einen Tag lang nicht auffinden können, dann stellen Kamil und Masud als Erstes meine Bude auf den Kopf!«

»Ich such mir ein gutes Versteck, Hayat«, bettelte Mariam, »so gut, dass sie mich wirklich nicht finden. Und wenn jemand kommt, dann steige ich einfach in die große Truhe, die bei dir im Schlafzimmer steht.«

Hayat und Fatme brachen spontan in lautes Gelächter aus und schauten Mariam an, als hätten sie es mit einer Geisteskranken zu tun.

»Mann, Mariam, ich glaub es einfach nicht«, umarmte Hayat ihre Nichte kopfschüttelnd. »Sieh doch mal, mein Schatz: Nehmen wir einmal an, du könntest dich wirklich so gut verstecken, dass keiner dich findet ...«

»Okay.« Mariam schöpfte Hoffnung, vielleicht würde Hayat ihr ja doch behilflich sein.

»Und dann?«, polterte ihre Tante jetzt los. »Wie soll es dann weitergehen? Was glaubst du, wie lange du Versteck spielen kannst? Eine Woche? Ein Jahr? Fünf Jahre?«

»Na, ganz einfach«, mischte sich Fatme jetzt ein, »sie versteckt sich, bis alle tot sind. Oder bis sie selbst so alt und hässlich ist, dass nicht einmal der letzte Penner aus dem Dorf sie noch nehmen würde!«

Wieder brachen Hayat und Fatme in spöttisches Gelächter aus. So einsam wie in diesem Moment hatte sich Mariam zuletzt als kleines Kind gefühlt.

»Wenn ihr mir nicht helfen wollt, dann bring ich mich eben um!« Fatmes Lachkrampf war selbst durch diese dramatische Ankündigung nicht zu stoppen, Hayat aber war mit ihrer Geduld am Ende. Zornig packte sie Mariam am Arm und schüttelte sie kraftvoll durch.

»Du scheinst nicht mehr klar denken zu können«, fauchte sie ihre Nichte an. »Hat deine deutsche Freundin dir solche Flausen in den Kopf gesetzt, dass es unerträglich ist, verheiratet zu werden – so wie es nun mal bei uns Sitte ist? Du weißt doch, dass bei uns die Eltern mitbestimmen, wer dich heiratet. Du bist nicht die Erste, die das ertragen muss, und auch nicht die Einzige.«

»Mitbestimmen?«, fragte Mariam ungläubig. »Wieso nennst du das mitbestimmen? Mitbestimmen hieße ja, dass ich dabei auch ein Wörtchen mitzureden habe, oder?«

Fatme war inzwischen verstummt. Sie schämte sich jetzt für ihr Gelächter. Sie wusste, dass sie selbst bald vor einer ähnlichen Situation stehen würde wie Mariam. Es war ein Thema, das alle jungen Frauen betraf. Angestrengt hörte sie zu, was Hayat zu sagen hatte.

»Du hast eben Pech gehabt, Mariam. Und du hast dir zu viel Zeit gelassen, um mit Kamil zu reden. Schließlich hast du doch gehört, dass Jamal die Frau weggelaufen ist. Und du weißt doch, dass dein Vater sich seinem Bruder verpflichtet fühlt! Warum hast du denn nie mit Kamil darüber geredet?«

»Ich habe es nicht richtig ernst genommen«, gestand Mariam kleinlaut. »Ich dachte, die reden nur so, wer mit wem und all diesen Blödsinn – so wie sie es doch immer machen, bei allen.«

»Ich sag's ja«, sagte Hayat jetzt in Fatmes Richtung. »Die ist schon voll verdeutscht. So naiv! Die weiß gar nicht mehr, wie das bei uns abläuft. Wie kann man nur so naiv sein!!«

Fatme blickte beschämt zu Boden. Sie wollte den gehässigen Spruch ihrer Tante nicht hören. Mariam tat ihr leid. So verzweifelt hatte sie ihre Schwester nicht einmal nach der schlimmsten Prügelattacke ihres Vaters erlebt. Und das sollte etwas heißen.

Hayats letzte Worte setzten sich in Mariams Kopf fest. Zusammengesunken saß sie auf ihrem Stuhl an dem frischgewischten Küchentisch, der nach Zitronenputzmittel roch, und trank still einen Tee, während im CD-Spieler »Bahane« von Sezen Aksu lief.

Irgendwann ertrug Hayat die Stille nicht mehr. Sie wusste, dass sie sehr hart zu Mariam gewesen war, doch sie sah es als ihre Pflicht an, ihre Nichte unverblümt auf den Boden der Realität zurückzuholen. Für Hayat war es selbstverständlich, dass man sich den entscheidenden Pflichten beugte, die die Familie einem auferlegte. Heiraten war nun einmal eine der wichtigsten Pflichten für ein junges Mädchen, so war es schon immer, und so würde es auch immer bleiben. Sie selbst hatte keine Wahl gehabt, als dem zuzustimmen. Warum sollte es bei Mariam anders sein?

»Du wirst eine schöne Wohnung beziehen«, versuchte Hayat, ihre Nichte zu trösten. »Wir könnten schon mal anfangen, Möbel auszusuchen. Ich habe neulich ein Schlafzimmer gesehen, ganz in Weiß, mit einem dicken Teppich, vielen Spiegeln und cremefarbenen Kissen – ein Traum, sag ich dir. Mensch, Mariam, ich weiß gar nicht, warum du darüber so unglücklich bist. Es ist doch nicht alles schlecht, was bei uns gemacht wird. Und außerdem – diejenigen, die sich ihren Mann selbst aussuchen dürfen, werden auch nicht unbedingt glücklicher. Guck dir doch mal die Türkin bei euch im Haus an, die wechselt doch ständig ihre Typen, und sieht die etwa glücklich aus? Bestimmt nicht!«

Mariam beobachtete stumm, wie ihre Tante vier Stück Zucker in das kleine Teeglas gleiten ließ. Dann blickte sie Hayat tief in die Augen und sagte mit unerwartet gefasster Stimme: »Weißt du, vielleicht ist sie nicht immer glücklich, aber sie kann wenigstens sagen, dass sie sich ihr Unglück selbst ausgesucht hat. Und vermutlich ist sie oft auch richtig glücklich. Es ist nicht das Schlimmste, mehr als einen Freund im Leben zu haben, viel schlimmer ist es, nie mit einem Menschen zusammen sein zu können, den man wirklich liebt.«

»Allah möge uns beistehen, jetzt ist sie völlig übergeschnappt!«, wandte sich Hayat wieder an Fatme. »Ich glaube, es war ein Fehler, Mariam, dich so oft mit dieser Lena zusammenkommen zu lassen. Jetzt habe ich den Ärger. Wie kriegen wir nur diesen ganzen Unsinn wieder aus deinem Kopf heraus?!«

Hayat erhob sich von ihrem Stuhl, kippte den überzuckerten Tee ins Spülbecken, ging dann stracks in ihr Schlafzimmer und kam nach einer Minute mit einem dicken Katalog unter dem Arm zurück. Ihr Gesicht strahlte, als sie anfing, Seite um Seite mit Hochzeitskleidern vor Mariams Augen aufzublättern, so als sei nichts gewesen und als könne Mariam es kaum abwarten, die neuesten Kollektionen von Princess Moda zu durchstöbern.

Mariam ließ das alles kalt. Ihr war in den letzten Minuten klargeworden, dass auch Hayat nicht die starke Frau war, die sie immer vorgab zu sein. Nein, auch Hayat war nicht besser als all die anderen in ihrer Familie, die die Einhaltung der Regeln einforderten und überwachten. Auch Hayat hatte es nie gewagt auszubrechen, ein Leben nach ihren eigenen Vorstellungen zu führen. Stattdessen hatte sie es vorgezogen, sich zu fügen, und nur hin und wieder kleine, genau dosierte Ausbrüche riskiert. Sie hatte sich ein Netz aus Lügen für ihre Mini-Fluchten gesponnen. Nur nicht zu viel Freiheit, nur nie zu viel wagen! Alles hatte seinen Preis, und Hayat war nie bereit gewesen, den Preis der Freiheit zu zahlen. Mariam ärgerte sich, dass sie die ganze Zeit so blind gewesen war, dass sie es nicht schon vorher bemerkt hatte – diese Verlogenheit, in der alle lebten, von der alle wussten, von der aber nicht gesprochen werden durfte.

»Wenn du hier bei diesem schulterfreien Kleid ein Bolero-Jäckchen drüberziehst, dann kannst du das bestimmt nehmen. Bei deiner Oberweite sieht das garantiert extrem sexy aus, meine Hübsche. Noch einen Tee?«

Mariam nickte und quälte sich ein Lächeln ab. Sie wollte den beiden am Tisch nicht mehr ihre Schwäche zeigen. Ihre Wut über Hayats und Fatmes Verhalten rief ihren Widerstandsgeist auf den Plan. Sie würde sich und ihre eigenen Vorstellungen von ihrer Zukunft nicht einfach jahrhundertealten Bräuchen opfern. Sie wollte jetzt stark sein, denn das war ihre einzige Chance, allein gegen den Rest der Welt anzutreten, um ihr Recht auf ihr eigenes Leben zu behaupten.

»Ja, steht mir bestimmt super! Sag mal, Hayat, hast du nicht noch dein Brautkleid? Das könnte ich doch mal anprobieren!« Hayat war zutiefst erleichtert über den Stimmungsumschwung ihrer Nichte und eilte mit einem zufriedenen Seufzer in ihr Schlafzimmer, um nach ihrem Hochzeitskleid zu kramen.

»Ein Brautkleid vor der Hochzeit anzuziehen bringt Unglück!«, krähte Fatme ihr nach, doch Hayat kümmerte das nicht. Zwei Minuten später stand sie im Türrahmen, in ihren Armen ein Monstrum aus Tüll und Viskose, süßlich wie Zuckerwatte, an dem noch der Geruch von billigem Parfüm klebte.

Tausend Augen

Natürlich war sie doch gesehen worden. Wie hatte sie nur so dumm sein können, in unmittelbarer Nähe ihres Zuhauses aus Ercans Wagen zu steigen! Sie wusste doch, dass alle Fenster Augen und Ohren hatten. Diesmal war es der nette Spätkaufbetreiber Muharam gewesen, einer, der gut Deutsch sprach, seinen verschleierten Töchtern Kinobesuche erlaubte und sogar RnB-Musik im Laden laufen ließ. Mariam hatte Muharam immer für moderner als die meisten anderen Väter gehalten, die den ganzen Tag im Männercafé abhingen und von Black Musik so viel Ahnung hatten wie ein Hund vom Stricken.

Doch selbst Muharam war ein Sittenwächter. Er hatte unter seinem Käppi, das er lässig zu einem sportlichen Outfit trug, neugierig hervorgeschielt, als er den röhrenden Auspuff von Ercans Daimler hörte. Gerade als er sich wieder über seine Abrechnungen beugen wollte, erkannte er Mariams Gesicht hinter der Frontscheibe. Die also auch, dachte er sich, und lauter böse Unterstellungen gingen ihm durch den Kopf. Bis zu diesem Moment war Mariam für ihn ein anständiges Mädchen gewesen, er hatte es gern gesehen, wenn sie Kontakt zu seinen Töchtern suchte. Im Sommer saßen die Mädchen gelegentlich bei ihm vorm Laden und knackten gemeinsam gesalzene Sonnenblumenkerne, bis die Sonne unterging. Kamil vertraute Muharam und ließ solche spontanen Sit-ins zu, wenn er bei Laune war; nur wenn es dunkel wurde, sollten die

Mädchen zu Hause sein, die Dunkelheit war vielen muslimischen Eltern aus dem Viertel unheimlich – es war die Nacht, die unsittlichen Gedanken Tür und Tor öffnete.

Dieses unausgesprochene Einvernehmen, dass Mädchen besonders beaufsichtigt werden mussten und man sie immer im Auge haben sollte, verband die beiden Väter, die sonst keine weiteren Interessen miteinander teilten, bis auf die Tatsache, dass sie sich zur muslimischen Umma und somit im übergeordneten Sinne zu einer gemeinsamen großen Familie zählten. Solche Überzeugungen waren der Kleister, der die muslimische Männerwelt zusammenhielt, in der den Männern sexuelle Freiheiten zugestanden wurden, während ihre Frauen einzig und allein und jederzeit ihren Ehemännern zur Verfügung zu stehen hatten. Dieser Kitt würde halten, so wie er schon viele hundert Jahre gehalten hatte, und Muharam war bestimmt nicht der Mann, der daran etwas ändern wollte.

Als er Mariam aus Ercans Auto steigen sah, wich sein aufflammender Zorn über ihr unsittliches Verhalten einer gewissen Genugtuung, dass es nicht eine von seinen Töchtern war, die sich hier so benahm, sondern die Tochter eines Fremden. Seine Töchter, da war er sich sicher, würden so etwas nicht wagen. Aber außer Frage stand für ihn, dass er jemandem aus Mariams engerem Familienkreis sagen musste, was er beobachtet hatte. Als verantwortungsbewusster Vater und Nachbar, als Bruder im Glauben war er dazu verpflichtet; das nicht zu tun, käme einem Verrat gleich – einem Verrat an den von allen geteilten religiösen Überzeugungen, an den Regeln und Gesetzen ihrer gemeinsamen Kultur, die zwar nirgends niedergeschrieben waren, die aber jedes Kind der muslimischen Gemeinschaft schon mit der Muttermilch aufnahm und verinnerlichte. Kamil *musste* davon erfahren, schweigen konnte schlimme Folgen haben. Aber Kamil selbst wollte Muharam nicht davon erzählen, der Mann war ja so cholerisch. Außerdem sah Muharam auch ihn häufiger abends im Dunkeln, wenn er auf dem Heimweg war, mit irgendeiner Frau an der Ecke herumlungern. Muharam missbilligte das. Eltern mussten ihren Kindern ein Vorbild sein – und Kamil war das ganz sicher nicht. Kein Wunder, dass seine Tochter auf Abwege geriet.

Vielleicht aber war es Mariams erstes Treffen mit einem Mann gewesen – dann konnte er, Muharam, mit einer kleinen Petzerei verhindern, dass sie sich noch einmal in das Auto eines fremden Mannes setzte. Er musste warten, bis einer der Jungs, Rafi oder Masud, zu ihm in den Laden kam. Dann würde er Mariams Schicksal zum Guten wenden, und diese Macht über das Leben eines anderen Menschen, die Muharam durch eine zufällige Beobachtung hinter der Kasse seines Spätkaufs gewonnen hatte, beflügelte ihn geradezu. Ja, er war sogar stolz darauf: Er würde seinen Teil zur Rettung der Ehre der Familie Omar beitragen. Das war er der Umma schuldig.

* * *

Rafi war dazu bestimmt, es zu erfahren. Es war Zufall, dass er zwei Tage später just in dem Moment vorbeikam, als Muharam, noch ganz gedankenversunken, die Einnahmen seiner Abendkasse zusammenzählte. Rafi wollte sich ein Sneakers kaufen, weil er keine Lust auf die aufgewärmte Bohnensuppe seiner Mutter hatte und zu faul war, sich zum nächsten Dönerladen zu schleppen.

»Sag mal, hat deine große Schwester einen Verlobten?«, wollte Muharam von Rafi wissen.

»Nee, wieso? Wer will sie denn diesmal heiraten?«, antwortete Rafi desinteressiert und blätterte konzentriert weiter in den neuesten Automobilzeitschriften, während er hastig sein Sneakers verschlang.

»Mach mir bitte keine Flecken in die Hefte, Junge. Die sollen noch verkauft werden.«

»Ist ja gut, Alter, ich guck ja nur rein, ich fress sie schon nicht auf!«

»Ich habe deine Schwester vor zwei Tagen mit einem jungen Mann gesehen, und ich glaube, das war kein Verwandter von euch«, platzte es aus Muharam heraus. Er riss Rafi die Zeitschrift aus der Hand, klopfte ihm freundschaftlich auf die Schulter und fuhr fort: »Keine Angst, das weiß keiner außer mir, das bleibt auch unter uns. Ich wollte es dir nur sagen, damit du als ihr Bruder dich mal darum kümmerst.«

Rafi hörte auf zu kauen und blickte Muharam verwundert an. Als er nach einer halben Minute immer noch nichts zu erwidern hatte, redete Muharam einfach weiter: »Muss ja auch nichts Schlimmes dabei sein, mach dir erst einmal keine Sorgen. Rede mit deiner Schwester, wer weiß, vielleicht klärt sich alles auf. Dann kannst du mir ja berichten, was war.« Er nahm Rafi das Sneakers-Papier aus der Hand, ging zu seiner Kasse und grinste Mariams Bruder mit einem Ausdruck der Überlegenheit an: »So, das macht dann 80 Cent. Und schöne Grüße an deinen Vater. Und wenn du einen Rat brauchst – du weißt ja, ich bin hier.«

Der letzte Satz kam einem Rausschmiss gleich, und Rafi ließ sich das nicht zweimal sagen. Er schluckte den letzten Bissen seines Erdnuss-Schokoriegels hinunter und lief nachdenklich nach Hause. Eigentlich hatte er sich darauf gefreut, mit seinen Schwestern heute Abend gemeinsam die neue Raubkopie zu gucken, die er auf dem Schwarzmarkt erworben hatte. Doch der kurze Abstecher in Muharams Laden hatte ihm den Appetit und jegliche Lust auf einen geselligen Videoabend mit

Fatme und Mariam verdorben. Auch wenn Rafi weniger streng war im Umgang mit seinen Schwestern als Masud, so hatten ihn die Worte Muharams doch zutiefst gekränkt. Zwar gab er sich gern cool und tolerant, prahlte auch oft damit, dass er keine Frauen schlug, und würde sich nicht seine Beziehung zu Emina, immerhin eine alleinstehende Mutter mit Kind, verbieten lassen, jetzt aber sah er auch seine Ehre verletzt. Wie konnte Mariam ihn nur in eine solche Situation bringen, dass dieser Muharam, dieser Wicht, sich vor ihm so aufspielen durfte! Wie konnte sie sich und den Rest der Familie zum Gespött der Leute machen! Das waren seine düsteren Gedanken, als er die Wohnungstür aufschloss. Er war sich nicht sicher, was er tun würde, wenn womöglich Mariam gleich vor ihm stand. Rafi war verzweifelt.

Die Wohnung war still, wie ausgestorben. Als Rafi den Flur betrat, sah er das Licht einer Kerze durch die Glasscheibe der Küchentür flackern. Er ging zur Tür und zog sie einen Spaltbreit auf. Mariam saß, ganz in Gedanken versunken, am Tisch und starrte ins Kerzenlicht, sie schien ihren Bruder gar nicht zu bemerken. Rafi verspürte Mitleid mit seiner Schwester, so wie sie dort ganz allein am Küchentisch saß, wirkte sie unendlich traurig und verloren. Sein Zorn auf sie verflog, sie war doch seine kleine Schwester, die er schon als Kind an die Hand genommen und getröstet hatte, wenn sie Kummer hatte. Aber je älter sie wurde, desto schwächer wurde ihre enge Verbundenheit und wich mit dem Eintritt in die Pubertät mehr und mehr einer Art freundschaftlicher, zuweilen liebevoller Distanziertheit. Unausgesprochen fügten sich beide der Trennung der Männer- und Frauenwelt in ihrer Kultur, deren Gemeinsamkeit auf kollektive Fernsehabende zusammenschrumpfte. Manchmal saßen sie sogar noch zusammen am Tisch und aßen gemeinsam, aber auch das war selten. Als Rafi vorsichtig wieder die Tür zuschob und in sein Zimmer ging, fiel ihm auf, wie wenig er von seiner Schwester eigentlich wusste. Er hatte keine Ahnung, mit welchen Ängsten und Problemen sie sich herumschlug – vielleicht war er seiner Pflicht als älterer Bruder doch nicht so nachgekommen, wie es sein sollte. Eins aber war ihm klar: Egal, wie sehr er sie liebte, er würde die Geschichte mit dem fremden Mann im Auto, aus dem Mariam gestiegen war, klären müssen, bevor Schlimmeres passierte. Seiner Schwester vertraute er ja, aber er hatte eine klare Meinung von den muslimischen Männern aus seinem Umfeld. Die meisten aus dem Viertel waren Aufreißer, die einem Mädchen den Himmel auf Erden versprachen, nur um es herumzukriegen und gleich danach fallenzulassen. Er musste sich eingestehen, dass er auch nicht anders gewesen war bis zu dem Tag, an dem er sich aufrichtig verliebt hatte. Aber wer konnte schon wissen, ob der Typ, mit dem Mariam im Auto gefahren war, nicht auch so ein Schwindler war wie die meisten seiner Freunde. Während Rafi so vor sich hin sinnierte, ballte er seine Hand zu einer Faust und drückte so stark zu, dass sich seine kurzgeschnittenen Fingernägel schmerzhaft in die Hand bohrten.

***

Zuerst erfuhr es Hawwa. Trotz der vielen Schwüre, die Rafi ihr abverlangte, das Anvertraute nicht dem Vater mitzuteilen, erfuhr Kamil es noch in derselben Nacht. Als der Ahnungslose aus dem Café nach Hause kam, seine von Zigaretten muffig stinkenden Kleider in die Ecke warf und sich, erschöpft von der letzten Rummy-Cup-Runde, die er nach drei Stunden mit dem Verlust seiner letzten 20 Euro beendet hatte, ins Bett warf, erzählte Hawwa ihm alles brühwarm. Schon nach den ersten Sätzen saß er kerzengerade in seinem Bett und bekam einen solchen Tobsuchtsanfall, dass selbst Hawwa, die so einiges von ihm gewohnt war, sich erschrocken in die Kissen drückte. Es war, als ob er endlich etwas gefunden hätte, an dem er seinen Frust und seine Wut über den misslungenen Spieleabend auslassen konnte. Anders konnte Hawwa sich nicht erklären, warum er schon, mit einem Gürtel bewaffnet, ins Zimmer seiner Töchter stürmte, bevor sie überhaupt zu Ende gesprochen hatte.

Im Flur schoss er an Masud vorbei, der bei dem Gebrüll seines Vaters aus seinem Zimmer gestürzt war, weil er glaubte, seine Mutter wieder einmal vor Kamils Schlägen schützen zu müssen. Rafi hatte sich schon verdrückt. Ihn hatte die Geschichte mit Mariam so sehr mitgenommen, dass er es vorzog, bei seiner Freundin Emina zu schlafen. Er konnte gehen, wann immer er wollte, deshalb ertrug er Kamils Ausbrüche besser als seine Geschwister – er wich ihnen einfach aus. Masud aber, der gar nicht wusste, worum es ging, aber sicher war, es würde wieder einmal eine dramatische Nacht im Hause Omar werden, eilte seinen Eltern in das Zimmer seiner Schwestern nach. Dabei schoss ihm das Adrenalin durch die Adern, wie jedes Mal, wenn Aufregung und Gewalt die Wohnung der Familie Omar erfüllten.

Es war kurz nach Mitternacht, und Fatme rieb sich gerade ihre von dem Stoppelwuchs juckende Kopfhaut mit Olivenöl ein, als der Vater ins Zimmer stürmte. Fatme blieb vor Schreck fast das Herz stehen.

»Wo ist die Hure?!«, schrie Kamil mit dem Blick eines Wahnsinnigen. »Wo ist die Ehrlose?? Ich werde ihr zeigen, was man mit einer macht, die sich mit fremden Männern trifft!«

Mariam lag stumm in ihrem Bett, das Gesicht zur Wand gedreht, die Knie wie ein Embryo angezogen, die Hände zum Gebet gefaltet und in den Schoß gepresst. Sie zuckte nur kurz zusammen, als Kamil die Tür auftrat. Danach blieb sie steif und stumm liegen, selbst ihr Atem war kaum zu registrieren. Sie dachte ans Sterben. Von der ersten Sekunde an, da sie die Stimme ihres Vaters durch die Wohnung dröhnen hörte, wusste Mariam, dass es um sie ging, sie hatte es gespürt, tief in ihrer Magengrube. Für einen Moment war die Angst in ihr hochgekrochen, doch dann überkam sie eine tiefe Gleichgültigkeit. Im schlimmsten Fall würde Kamil so lange auf sie eindreschen, bis sie tot war. Na und, dachte sie, dann würde endlich Ruhe sein. Sie hatte keine Angst vor den Schmerzen, sie war bereit, alles stumm zu ertragen, nur weinen wollte sie nicht, diesen Triumph wollte sie ihm nicht gönnen. Augen zu und durch, dachte Mariam, als der erste Gürtelhieb an ihren Kopf peitschte und das spitze Ende ihr Auge streifte, so dass es binnen weniger Sekunden rot anschwoll. Nun rollten ihr doch unweigerlich die Tränen über die Wange, sie konnte nichts dagegen tun.

»Baba, bitte hör auf! Lass sie doch erst einmal reden!«, bettelte Masud. »Es ist bestimmt ein Missverständnis, Baba! Was ist denn überhaupt passiert?«

Hawwa hielt Masud am Ärmel fest und stellte sich breitbeinig vor ihn, bereit, ihn zu schlagen, falls er es wagen würde, sie umzurennen. »Sei still, und mach deinen Vater nicht noch zorniger! Deine Schwester bekommt, was sie verdient! Wenn er sie nicht schlägt, wird sie womöglich endgültig eine Hure. Gott allein weiß, ob sie es nicht schon ist. Sie hat Schande über uns gebracht!«, zischte Hawwa ihrem Sohn zu. Fatme wagte erst gar nicht, dazwischenzugehen, sie hockte wie versteinert am Boden und konnte ihre Augen nicht vom tobenden Vater abwenden. Er kam ihr vor wie ein wildes Tier, das nur noch instinktiv reagierte. In einer solchen Verfassung war Kamil keinen Worten zugänglich.

***

Später kühlten Fatme und Hawwa Mariams Prellungen und Blutergüsse mit Eiswürfeln, die sie in Geschirrtücher gewickelt hatten. Hawwa klatschte ihrer Tochter die Eiswürfel so heftig an die Schläfe, dass es jedes Mal schmerzte. Der Tod möge ihre Tochter ereilen, fluchte sie dabei, wenn sie der Familie Schande gebracht hatte; es sei gut, dass sie von ihrem Vater so zugerichtet worden sei, die gerechte Strafe für ihre Unsittlichkeit. Mariam ließ auch das über sich ergehen, wie einen Sturm, dem man nicht entkommen kann. Man krallt sich an den Zweigen eines Baums fest und hofft inständig, dass alles schnell vorbei sein möge und man selbst auch danach noch auf zwei Beinen steht.

Als Hawwa endlich das Zimmer verließ, konnte Fatme nicht mehr an sich halten. »Stimmt das, was Mama gesagt hat? Warst du bei einem Fremden im Auto, Mariam? Muharam hat das behauptet!«

Mariam blickte ihre Schwester aus verquollenen Augen verwundert an. Sie konnte nicht glauben, dass das die erste Frage war, die Fatme ihr stellte, zumal sie dabei deutlich einen schadenfrohen Unterton herauszuhören glaubte, als hielte Fatme es für berechtigt, dass Kamil sie so zusammengeschlagen hatte. Mariam stieg stöhnend aus ihrem Bett, zog sich ihre Pyjamahose zurecht und trat ans Fenster. Der Mond hing heute als schmale Sichel über den Dächern der Häuser. Für einen Moment beruhigte sie der Glanz dieses Himmelskörpers – er ließ sie ahnen, wie weit das Universum doch war und wie viele Möglichkeiten es in ihm geben musste, irgendwo anders, ganz weit weg zu sein, nicht in diesem Zimmer, nicht in dieser geschundenen Haut, in der sie jetzt steckte, nicht in diesem Haus, nicht in dieser Straße, wo tausend Augen darüber wachten, was Mädchen wie sie taten. Gern hätte sie jetzt mit irgendeinem Hund auf der Straße getauscht, der einfach davonlaufen konnte, wenn er geschlagen wurde.

Sie antwortete nicht auf Fatmes Frage. Wozu? Ihre Schwester würde sie doch nicht verstehen. Beide spürten die Last des Unbehagens, die sich zwischen ihnen ausbreitete, als sie sich wieder hinlegten. Es war die Schwere der ungesprochenen Worte, die im Dunkel des Zimmers lauerten und sie nicht zur Ruhe kommen ließen.

***

»Hallo, meine Schöne. Können wir uns heute sehen?«

Am nächsten Morgen mit Kopf- und Gliederschmerzen, aber auch mit einer SMS von Ercan zu erwachen war bitter und erfreulich zugleich. Mariam hätte ihm gerne von den Vorfällen der Nacht erzählt, aber ihr Gefühl riet ihr davon ab. Wie würde Ercan auf so eine Sache reagieren? Vielleicht würde er alles zu anstrengend finden und einen Rückzieher machen. Mit ihrem letzten Guthaben schrieb sie ihm zurück: »Ich habe Stress mit meinen Eltern, muss die nächsten Tage zu Hause bleiben. Melde mich, wenn ich wieder kann.«

Sie wusste nicht, dass Ercan von Masud noch in der gleichen Nacht über alles informiert worden war. Denn nachdem Masud von seiner Mutter daran gehindert worden war, seiner Schwester zu helfen, und bedrückt zurück in sein Zimmer geschlichen war, hatte er beschlossen, den Hauptverantwortlichen für die Tragödie zur Rechenschaft ziehen. Wer anders als Ercan sollte es gewesen sein, mit dem Mariam sich getroffen hatte?

Es dauerte eine Weile, bis Masud ihn übers Handy erreichte. Ercan war an diesem Abend, wie so oft, in einer Bar in Mitte, wo er seinen Wagen meist quer über dem Bordstein vor der Tür parkte und mit den Türstehern, die er alle aus seinem Fitnessstudio kannte, ein Schwätzchen hielt, ohne dabei die jungen Party-Mädchen – »Frischfleisch«, wie er es nannte – aus den Augen zu verlieren.

»Yo, Alter, was ist denn los? Hast ja schon tausendmal versucht, mich anzurufen. Bist doch sonst nicht so anhänglich«, spottete Ercan ins Telefon, als Masud ihn endlich an der Strippe hatte.

»Hör auf zu lachen! Mariam wurde eben gerade übel von meinem Vater zusammengeschlagen!«

»Waaas?«

»Mein Vater hat erfahren, dass sie bei dir im Auto war. Konntest du denn nicht besser aufpassen? Mann, ich hab dir doch gesagt, ihr sollt euch auf keinen Fall hier in der Gegend blicken lassen!«, brüllte Masud so laut ins Telefon, dass Ercan das Handy vom Ohr nehmen musste.

»Ey, Alter, mach mal halblang. Deine Schwester hat so getan, als sei das okay. Sie muss doch am besten wissen, was geht und was nicht geht, oder? Hätte ich gewusst, dass euer Alter wie die Stasi ist, hätte ich mich schon anders verhalten.«

»Wo bist du überhaupt, warum ist das da so laut?«

»Pass mal auf, Masud. Ist ja schön und gut, dass du mit meiner Cousine zusammen bist. Ich finde deine Schwester ja auch ganz süß. Aber wenn du jetzt denkst, wir machen hier einen auf Schwager und so und wenn du glaubst, dass du mich kontrollieren kannst, dann lassen wir das Ganze lieber. Ist mir sowieso zu anstrengend, ehrlich, Alter, nichts für ungut. Du hast wohl Angst, dass dein Alter von deiner Beziehung zu Eda erfährt, oder? Wird ihm nicht gefallen, dass du mit einer Alevitin zusammen bist, so wie der drauf ist!«

Ercans Reaktion war so cool, dass Masud völlig überfordert

war. Er kam sich plötzlich wie der letzte Idiot vor, der gutmütig seine Schwester anbietet und dafür auch noch verhöhnt wird. Dieser eingebildete Penner, dachte er, und beendete das Gespräch, ohne sich von Ercan zu verabschieden. Aber er wusste: Ercan hatte recht, er würde bald mit seinen Eltern über Eda reden müssen. Auch das würde wieder Streit und Auseinandersetzung bedeuten. Mit dieser Erkenntnis quälte er sich in einen unruhigen Schlaf. Er nahm sich fest vor, Eda in Zukunft auf jeden Fall den Kontakt zu ihrem Cousin zu verbieten.

* * *

In den darauffolgenden Tagen musste Mariam in ihrem Zimmer bleiben, Hawwa wachte darüber, dass sie es nicht verließ. Kaum einer aus der Familie sprach mit Mariam. Am dritten Tag erwischte Hawwa ihre Tochter rauchend am offenen Fenster, fortan wurden die Rollläden auch tagsüber heruntergelassen, und Hawwa befahl Mariam, sie ja nicht anzurühren.

»Dein Vater hat mir schon aufgetragen, mit dir zum Arzt zu gehen, du kannst froh sein, dass Hayat ihm das ausgeredet hat.«

Zum Arzt gehen? Mariam rätselte, was ihre Mutter damit gemeint haben könnte. Wollten ihre Eltern sie in eine Psychotherapie schicken? In Anbetracht des Umstandes, dass sie seit Tagen schon nichts mehr aß und wie ein Gespenst in ihrem Zimmer hauste, hätte sie das auch nicht einmal als abwegig empfunden. Für einen kurzen Moment glaubte Mariam tatsächlich, ihren Eltern läge ihre Befindlichkeit am Herzen, schließlich hatte sie nichts wirklich Unanständiges verbrochen, und für das Fehlverhalten, das man ihr vorwerfen konnte, war sie bereits genug bestraft worden. Erst als ihre Mutter vor sich hin schimpfte, dass man heute ja nie sicher sein könne, was passiert, dämmerte Mariam allmählich, welchem Zweck der Arztbesuch dienen sollte.

»Ihr Mädchen seid ja so dumm!«, wetterte Hawwa. »Da kommt der Erstbeste dahergelaufen, und schon passieren die schlimmsten Sachen!«

Da erst begriff Mariam, dass es bei dem Arztbesuch um einen Jungfräulichkeits-Check gehen sollte! Mariam war fassungslos: Sie, die nicht einmal dann einen Frauenarzt aufsuchen durfte, wenn sie an heftigen Unterleibsschmerzen litt, sollte jetzt, nur weil sie mit einem Mann in einem Auto gesessen hatte, auf diesen Stuhl steigen, der für alle Mädchen aus ihrer Familie bis zur Eheschließung ein absolutes Tabu war! Sie war entsetzt und zugleich erleichtert, dass es Hayat gelungen war, ihr dieses Schicksal zu ersparen.

* * *

Fatme durfte nach zwei Tagen wieder auf die Straße. Kamil hatte sie anfänglich einfach mitbestraft, weil er in Mariams Schwester automatisch eine Verbündete seiner unehrenhaften Ältesten sah. Doch Hawwa hatte den Hausarrest von Fatme bald wieder aufgehoben, sie brauchte die Tochter für die täglichen Einkäufe und Besorgungen. Sie war es nicht gewohnt, allein unterwegs zu sein, sie sprach kaum Deutsch und fühlte sich unwohl, wenn sie ohne ihre Töchter auf der Straße war. Hawwa kannte das nicht. In ihrem ganzen Leben war sie eigentlich immer umgeben von anderen Frauen, von Tanten, Cousinen oder sonstigen Verwandten. Dann ging sie gern einkaufen, sie genoss diese einzige Freizeitbeschäftigung, die sie hatte, geradezu. Und deswegen durfte Fatme das Zimmer jetzt auch wieder verlassen.

»Und wann darf ich wieder raus?« Mariam war selbst überrascht, dass sie sich getraut hatte, diese Frage zu stellen.

»Dein Vater geht in Schande auf die Straße, und du kannst es kaum abwarten, wieder deinen Hintern vor den Männern zu schwingen! Sei froh, dass er dir nicht alle Knochen gebrochen hat«, empörte sich Hawwa. »Du bleibst so lange zu Hause, bis dein Mann dich holt, dann hat er die Verantwortung. Und iss endlich etwas, sonst wird dein Vater es in dich hineinprügeln!«

Hawwa knallte ihrer Tochter das Tablett so heftig aufs Bett, dass die Bohnensuppe lauter rote Spritzer auf dem Laken hinterließ, und schlug die Tür hinter sich zu. Das gestattete sie sich nur, wenn Kamil nicht zu Hause war. In seiner Gegenwart erlaubte sie sich solche Gefühlsausbrüche kaum jemals, die waren einzig und allein ihm vorbehalten. Alle anderen hatten sich gefälligst zu kontrollieren – auch das war ein ungeschriebenes Gesetz im Hause Omar.

Eingesperrt

Von diesem Tag an wurde Mariams Welt dunkel. Nicht nur blieb das Tageslicht ausgesperrt, auch der Blick aus dem Fenster – das Einzige, was ihr geblieben war, um sich abzulenken und Stoff für ihre Tagträume zu sammeln – war ihr damit verwehrt. Sie fürchtete die depressive Stimmung, die sie so oft überkam, wenn sie eingesperrt war. Stundenlang hockte sie jetzt auf dem Boden, starrte auf das Teppichmuster und versuchte, ihrer Hoffnungslosigkeit zu entkommen, die wie Blei aufs Gemüt drückte. Sie verlor jedes Zeitgefühl, mal schienen sich die Stunden endlos zu dehnen, mal vergingen sie wie im Flug.

Die alten Zeitschriften, die sich unter Fatmes Bett stapelten, hatte sie schon so oft durchgeblättert, dass sie sie fast auswendig kannte. Es waren Fatmes Zeitschriften, sie gab gern das wenige Geld, das sie hatte, für den kleinen Hauch von Glamour aus, den sie mit den Hochglanzbildern der Stars in ihre kleine Welt holte. Gemeinsam hatten die beiden Schwestern oft die Beautytipps der Frauenmagazine vorm Spiegel ausprobiert, sich selbstgerührte Masken aus Joghurt und Honig ins Gesicht geschmiert, Erdbeerhälften auf die Wangen gelegt und Spaß daran gehabt, sich das klebrige Zeug gegenseitig ins Gesicht zu klatschen, wohl wissend, dass es nichts anderes als eine große Sauerei war. Wenn Mariam daran zurückdachte, lächelte sie zaghaft. In ihrer Erinnerung tauchten viele solcher glücklichen Augenblicke mit Fatme auf. Eigentlich war ihre kleine Schwester immer ihre einzige verlässliche Verbündete gewesen. Kummer und Freude hatten sie miteinander geteilt, zusammengehalten, wenn es darauf ankam, der anderen den Rücken freizuhalten oder sie gegen die Übergriffe des Vaters zu verteidigen; und dennoch, jetzt, in der Stunde ihrer größten Not, hatte Mariam das Gefühl, ihrer Schwester nicht mehr voll vertrauen zu können. Fatme schien sich mit einem Leben abzufinden, in dem Kamil und Hawwa darüber bestimmten, was mit ihren Töchtern zu geschehen habe. Für Mariam aber war eins so sicher wie die Gewissheit, dass alles Leben einmal ein Ende haben würde: Sie würde ihren Cousin Jamal niemals heiraten. Sie würde kämpfen.

Niemand hatte das Recht, ihr ihre Freiheit zu nehmen, niemand durfte sie kontrollieren, über sie verfügen, sie schlagen, wenn sie sich den Regeln nicht beugte. In Deutschland durfte man doch nicht einmal seinen Hund prügeln, das wusste sie. Sie wusste schon immer, was richtig und was falsch war, und trotzdem war sie seit ihrer Geburt dazu verdammt, ein falsches Leben zu leben, ein Leben, das nicht ihr Leben war, sondern das ihrer Eltern. Aber nicht einmal die lebten ihr eigenes Leben, da war sie sich sicher, auch sie lebten nur das Leben ihrer Eltern. Und wenn Mariam so darüber nachdachte, während sie auf dem Boden hockte und wie in Trance hin- und herschaukelte, dann stellten sich Bilder von Menschen vor ihrem inneren Auge ein, die sich in einer Endlosschleife aneinanderreihten – von Menschen, die sie nicht kannte und über deren Leben sie doch alles zu wissen glaubte: Sie alle lebten in Unfreiheit, gefangen in ihrer Familie, gefangen in einem Regelwerk, von dem niemand wusste, wer es dereinst aufgestellt hatte, dem sich aber alle unterwarfen, obwohl es jeden unglücklich machte.

Sie aber hatte es gewagt, gegen die Regeln aufzubegehren,

sich mit einem Jungen zu verabreden, und dafür sollte sie jetzt den Preis bezahlen. Dabei hatte sie sich bis auf den Ausrutscher mit Ercan nie ernsthaft etwas zuschulden kommen lassen. Schon gar nicht etwas Unehrenhaftes. Klar, sie war öfter mal heimlich ausgebrochen, hatte Dinge getan, die ihre Eltern verboten hatten, die aber nicht so schlimm waren, dass man sie dafür mit Einsperren bestrafen und mit einer Zwangsheirat bedrohen durfte. Denn sie hatte stets darauf geachtet, anständig und rein zu bleiben. Nie wäre es ihr in den Sinn gekommen, sich einem Jungen körperlich hinzugeben, sie fand, mit ihren achtzehn Jahren konnte sie da ganz stolz auf sich sein. Die meisten Mädchen in ihrem Alter hatten wenigstens schon einmal einen echten Kuss erlebt. Aber so etwas konnte sie ihren Eltern nicht erklären, das hätte nur den Verdacht geschürt, dass sie von Dingen wusste, von denen sie nicht wissen durfte. Es war alles so kompliziert, zum Verzweifeln kompliziert! Sie stellte sich vor, wie sie ihrem Vater erklärte, dass sie nie auch nur in die Nähe der Lippen eines Jungen gekommen sei – und schon würde seine Hand durch die Luft sausen, um auf ihrer Wange eine schallende Ohrfeige zu platzieren. Dabei war alles, was sich jetzt über ihr zusammenbraute, nichts als nacktes Unrecht.

Wenn sie so drüber nachdachte, kam Wut in ihr hoch. Und eigentlich war sie auch ein bisschen stolz auf sich, dass sie noch immer keinen Bissen gegessen hatte. Bilder von anderen Menschen tauchten vor ihr auf, von denen sie im Fernsehen gehört hatte, die sich in China oder auf Kuba oder anderswo auf der Welt im Hungerstreik befanden oder im Gefängnis saßen, weil sie die Willkür der Tyrannei nicht hinnehmen wollten. Sie waren bereit, für die Freiheit zu sterben. Und auch sie, Mariam Omar, würde nicht aufgeben.

Sie ging an ihren Kleiderschrank, öffnete die knarrende Tür

und holte eine alte Keksdose heraus. In dieser Dose hatte sie seit ihrer Kindheit Familienfotos aufbewahrt. Mariam wusste nicht, warum sie sich plötzlich wie magisch von den Fotos angezogen fühlte; es kam ihr vor wie eine kleine stumme Abschiedszeremonie, als sie einige der Bilder wie ein Puzzle vor sich ausbreitete. Auf dem einen war Rafi zu sehen, damals vielleicht sieben, acht Jahre alt, ein magerer Junge, der am Hosenbein seines Vaters lehnte. Rafi trug ein schwarzweißgeringeltes Shirt, eine abgewetzte blaue Cordhose, seine Füße steckten in braunen Sandalen, und sein großer Zeh guckte aus einem Loch am Strumpf hervor. Er schaute ernst und stolz in die Kamera, als habe er gerade ein Lob von seinem Vater bekommen, dass er schon ein so großer Junge sei. Auch Kamil guckte ernst, seine Haare waren damals noch voll und zu einem seitlichen Scheitel gekämmt. Er trug eine beigefarbene Trevirahose und ein enganliegendes weißes Hemd, dessen Knöpfe leicht über seinem Bauch spannten.

Das Foto musste aus der Zeit ihrer ersten Wohnung in der Schöningstraße stammen, wo sie im Erdgeschoss des Vorderhauses gewohnt hatten. Im Hintergrund waren zwei Sessel mit allerlei gehäkelten bunten Deckchen zu sehen, neben dem Ofen hing ein mit Tesafilm befestigtes Poster an der bunt tapezierten Wand, das eine Berglandschaft zeigte. Mariam stiegen die Tränen in die Augen, während sie auf das Foto starrte. Es war doch nicht immer alles schlecht oder falsch, dachte sie. Es gab auch Zeiten, Momente in ihrer Kindheit, in denen sie eine richtige Familie waren. Sie musste an die gemeinsamen Ausflüge in die Rehberge denken, wenn die ganze Familie mit Sack und Pack zum Picknick in den großen Park zog, der sich in der Nähe ihrer kleinen dunklen Wohnung befand. In Mariams Erinnerung verbrachten sie fast den ganzen Sommer täglich in diesem wunderschönen Park, mit Ballspielen, essen und schwatzen. Als er noch jünger und unbeschwerter war, konnte Kamil manchmal richtig lustig sein, Späße machen und herzhaft lachen. Doch irgendwann verlor er seinen Humor, mit jedem Tag, mit jedem Jahr, das verging, wurde er schwermütiger und gewalttätiger. Erklären konnte Mariam sich das nicht.

Sie dachte an die Nacht in einem verschneiten Winter, als Kamil eines Abends spontan zwei Schlitten vom Trödler ersteigert hatte, um mit den Kindern nach Mitternacht noch Schlitten fahren zu gehen. Sie rodelten damals so lange den gefährlich steilen Hang im Humboldthain hinunter, bis Masud in einer Kurve die Kontrolle über sein klappriges Gefährt verlor, gegen einen Baum knallte und mit den Tränen rang, die schließlich dann doch, vermischt mit dem Blut, das aus seiner Nase tropfte, seinen weißen Schal befleckten, so dass Mariam vor Schreck gleich mit einem hemmungslos lauten Heulen einstimmte. Wenn die Geschwister sich später über solche Erlebnisse unterhielten, mussten sie lachen; damals allerdings mussten sie Ohrfeigen einstecken – von Kamil, weil er kein Erbarmen kannte, wenn eins seiner Kinder sich ungeschickt anstellte, und von Hawwa, weil sie alle mit völlig durchnässten Klamotten nach Hause kamen und mindestens einer von ihnen am nächsten Tag fieberkrank sein würde. Dennoch war es für Mariam eine schöne Zeit, vielleicht die schönste in ihrem bisherigen Leben.

***

All die Jahre hindurch hatte Mariam unangenehme Erlebnisse und Erfahrungen immer wieder beiseitegeschoben. Sie wollte sich von ihnen nicht erdrücken und das Leben noch schwerer machen lassen. Vielleicht würde ja eines Tages alles besser werden, wenn sie selbst erwachsen war, eine Arbeit hatte und ihr Leben selbständiger bestimmen konnte. Außerdem gewöhnte man sich auch an schlechte Stimmungen zu Hause – in anderen Familien, so hatte sie sich immer einzureden versucht, ging es vermutlich auch nicht anders zu. Erst als sie den Alltag in Lenas Familie kennenlernte, sah sie, dass Eltern auch ganz anders mit ihren Kindern umgehen konnten, dass es nicht »normal« war, was Fatme und sie an Prügel, Strafen und Verboten einstecken mussten. Mariam wusste wohl, dass auch Lenas Familie eher außergewöhnlich war, gemessen an dem, was sie aus anderen deutschen Familien im Wedding kannte, bei denen nie genug zu essen im Kühlschrank war, bei denen die Eltern ihren Kummer über ihre gescheiterten Existenzen im Alkohol zu ertränken suchten, während ihre Kinder wie herrenlose Hunde bis spät in der Nacht auf den Straßen herumlungerten. Aber durch den Kontakt zu Lena erfuhr Mariam, was es bedeuten konnte, ein liebevolles Elternhaus zu haben. Jedes Mal, wenn sie bei Lena war, wurde sie von einer Mischung aus Neid und Freude, aus Missgunst und Staunen überfallen.

Ach Lena! Mariam fürchtete, dass sie die Freundin für immer verloren hatte. Vor zwei Tagen war Lena gekommen und hatte sie besucht. Es war eine ganz verklemmte Begegnung gewesen. Mariam hatte ihr etwas vorgemacht, sie belogen. Das Entsetzen und die Enttäuschung auf Lenas Gesicht hatte sie sehr wohl registriert. Aber sie konnte ihre Freundin jetzt nicht ertragen. Lena würde nur alles schlimmer machen. Hawwa hatte Kamil natürlich von dem Besuch der »Deutschen« erzählt, und Kamil hatte strikte Anweisung gegeben, Lena nicht mehr in die Wohnung zu lassen. Mariam war das nur recht. Lena konnte ihr in dieser Situation ohnehin nicht helfen. Und wer weiß: Womöglich würde sie das Jugendamt alarmieren. Deswegen hatte Mariam Fatme gebeten, Lena eine SMS zu schicken, dass sie, Mariam, sich bald bei ihr melden würde. Sie hoffte sehr, dass sie Lena bald wiedersehen würde.

Manchmal malte sie sich in diesen Tagen aus, wie es wohl wäre, wenn sie, all ihren Mut zusammennehmend, mit ihrem Vater reden würde – so wie sie es zwischen Pierre und Lena erlebt hatte, wenn es Probleme zu besprechen gab. Vielleicht würde Kamil nicht einmal brüllen, wenn es Mariam gelang, einen Moment abzupassen, an dem ihr Vater besser drauf war als gewöhnlich. Dann würde er sie vielleicht sogar ausreden lassen, um ihr dann allerdings mit Nachdruck zu widersprechen. »Dein Cousin kommt aus einem guten Haus. Einen besseren kannst du gar nicht kriegen. Lern ihn doch erst einmal kennen«, würde er vermutlich sagen und sich darauf berufen, dass arrangierte Ehen einfach länger hielten als die selbstgewählten. »Liebe kommt und geht, aber Familie bleibt. Du siehst doch, was mit anderen ist, die nicht auf ihre Eltern hören. Wenn man einen Fremden in die Familie holt, geht das nie gut. Fremdes Blut bleibt immer fremd, das war so, und das wird immer so sein. Familie ist immer das Beste, mein Kind«, würde er sie beschwichtigen wollen. So redete er immer, noch nie hatte Mariam aus seinem Mund etwas anderes vernommen.

Wie sie es auch drehte und wendete, sie kam zu keinem positiven Ergebnis. Selbst wenn ein solches Gespräch mit Kamil zustande käme, so stünde doch das Ergebnis von vornherein fest – es war eben nicht so wie in Lenas Familie, wo Pierre und Mechthild die Vorstellungen ihrer Tochter respektierten; selbst wenn sie damit nicht übereinstimmten, bemühten sich alle darum, ein Ergebnis auszuhandeln, mit dem beide Seiten einverstanden sein konnten. So lief das bei den Omars nicht. Dabei wäre Mariam sogar bereit, ihrerseits einiges zu einem Kompromiss beizutragen: Sie würde auf den Kontakt zu Ercan verzichten, sie würde nicht mehr heimlich mit Lena und Hayat in einen Club ziehen, sie würde ihre Eltern nicht mehr belügen, um sich kleine Freiräume zu erkämpfen, sie würde voll und ganz ihre häuslichen Pflichten erfüllen und eine vorbildliche Tochter sein, wenn sie nur nicht diesen furchtbaren Jamal zum Mann nehmen müsste. Vielleicht würde Kamil ihr gestatten, ihn kennenzulernen, aber was hieß das schon? Es hieß, dass ihr Cousin zu den Omars nach Hause käme und Mariam sich mit ihm in Anwesenheit von Rafi oder Masud unterhalten dürfte. Dabei könnte Mariam ihm auch all die Fragen stellen, die zu stellen ihre Tanten und Cousinen ihr eingeschärft hatten: Was hast du gelernt? Wie denkst du über das Zusammenleben von zwei Menschen? Und natürlich die wichtigen Fragen nach Spielsucht, Alkoholkonsum und abendlichen Freizeitaktivitäten, denn Mariam kannte genug Geschichten aus dem Leben anderer Frauen, das meistens so aussah, dass die Frau schon bald nach der Hochzeit die Abende allein zu Hause oder bei ihren Eltern oder Schwiegereltern verbrachte, während der frisch Angetraute sich im Männercafé, in Bars, Diskotheken oder auch im Puff aufhielt. Eigentlich kannte sie niemanden, bei dem es ganz anders lief – außer bei einigen Frauen, die es tatsächlich schafften, ihre Männer umzuerziehen. Auch das war ein ständiges Thema in den weiblichen Küchengesprächen.

Eine Frau macht einen Mann, hieß es dann, was nichts anderes bedeutete, als dass – gleich, welches Fehlverhalten ein Mann an den Tag legte – seine Frau doch immer eine gewisse Mitschuld traf; den Fehler müsse sie zuerst bei sich suchen. Ein Fehler konnte sein, dass man nicht streng genug zum Ehemann war oder dass man nicht genug Eifersucht zeigte oder –

das Allerschlimmste – dessen leibliche Gelüste nicht in vollem Maße befriedigte. Kochen, putzen, ficken brachte Fatme die Pflichten einer Ehefrau auf den Punkt; bis vor kurzem hatte Mariam darüber noch lachen können, doch jetzt sah sie sich selbst einem solchen Schicksal ausgesetzt, und da blieb ihr das Lachen im Halse stecken.

***

Sie öffnete den Kleiderschrank und nahm sich die neue Sporttasche, die Rafi für seine Besuche im Fitnessstudio gekauft hatte; sie war, wie viele andere Sachen, die er in seinem winzigen Zimmer nicht unterbringen konnte, im Schrank seiner Schwestern verstaut. Mariam begann, sie zu packen, erst langsam und zögerlich, dann immer entschlossener und hektischer, weil sie es ernst meinte und unter keinen Umständen von irgendjemandem jetzt noch erwischt und womöglich aufgehalten werden wollte: Sie würde gehen.

Immer, wenn sie kurz stockte, weil eine plötzliche Angst vor dem Alleinsein und vor einer ungewissen Zukunft in ihr hochkroch, rief sie sich die Bilder des Abends ins Gedächtnis, an dem sie mit Hayat, Fatme und Lena unterwegs gewesen war und sich so frei gefühlt hatte, als der Wind ihr durch das Haar blies und ihr beim Anblick der vielen jungen Menschen auf den Straßen Berlins so klar wurde, dass das Leben mehr zu bieten hatte als die verblichenen Fotos einer schöngeträumten Kindheit. Sie hatte keinen Plan, sie wusste nur eine Person, an die sie sich in ihrer Not wenden könnte: Nora Nolte. Seit ihrer ersten Begegnung mit ihrer Chefin war für Mariam klar, dass Nora die Frau sein würde, an die sie sich wenden würde, wenn es zu einer auswegslosen Situation kommen sollte. Zwar hatte Mariam nie wirklich daran geglaubt, dass dieser Moment irgendwann einmal tatsächlich eintreten könnte, aber die Gewissheit, einen Menschen zu kennen, dem man vertrauen konnte und der in der Lage war, einem aus einer schwierigen Situation herauszuhelfen, beruhigte Mariam auch jetzt sehr. Frau Nolte würde wissen, was zu tun war.

Mariam stopfte ein, zwei Jeans, vier T-Shirts, einen Pullover, Unterwäsche und Socken in die Tasche. In ihren Tagträumen hatte sie immer schon darüber nachgedacht, was sie in ein anderes Leben mitnehmen würde, und dabei festgestellt, dass sie eigentlich nicht viel brauchte und mit so wenig Ballast wie möglich gehen wollte. Nur von den Fotos wollte sie sich nicht trennen. Die ganze Kiste konnte sie nicht mitnehmen, also setzte sie sich noch einmal daran, jene Fotos auszusortieren, auf die sie keinesfalls verzichten wollte. Am Anfang liefen ihr dabei noch die Tränen übers Gesicht, und sie schluchzte leise vor Selbstmitleid. Sie wollte sie mitnehmen, diese Bilder, die von einer glücklichen Kindheit voller Lachen zu erzählen schienen! Vielleicht sollte sie eine Art Tagebuch der Vergangenheit führen, nur um all das nie zu vergessen. Schon der bloße Gedanke, mit ihrem Fortgehen könnten womöglich die Erinnerungen verblassen, machte ihr Angst. Sie sah sich allein in einer fremden Wohnung sitzen, ohne Familie, ohne eine Geschichte.

Doch mit jedem Foto, das sie wieder in die Kiste packte, wuchs auch ihr Ärger über dieses Selbstmitleid, das ihr die Kehle zuzuschnüren und sie handlungsunfähig zu machen drohte. Du darfst jetzt nicht einknicken, zischte sie sich selbst zu und guckte dabei immer wieder in den Spiegel, nur um sich drastisch vor Augen zu führen, wie schlecht sie aussah, weil sie hier in dieses Gefängnis eingesperrt und ohne Rechte war. Du musst hart bleiben, Mariam, du musst endlich tun, was richtig ist, redete sie sich ein.

Doch was war eigentlich richtig? Darauf wusste sie auch keine Antwort. Natürlich war es nicht richtig, einen Mann heiraten zu müssen, den man nicht liebte. Aber war es denn richtig, dafür die Familie zu verlassen, Schande über die Eltern zu bringen, ihren und auch den eigenen Ruf zu ruinieren? Konnte sie damit leben, nie wieder die vorzeigbare, die ehrbare Tochter von Hawwa und Kamil zu sein? Sicher war sie sich nicht. Vielleicht würde sie die Ehe, die sie jetzt ablehnte, in zwei, drei, vier oder zehn Jahren herbeisehnen. Vielleicht wäre sie sogar glücklicher mit diesem Mann, den ihr Vater ausgesucht hatte, glücklicher als manche ihrer Cousinen oder Tanten, die etwas freier als sie hatten wählen dürfen. Bei diesem Gedanken klatschte sich Mariam mit der flachen Hand gegen die Stirn. Etwas freier? Was hieß das schon: *etwas* freier? Das hieß doch nur, dass man nicht zum erstbesten Vorschlag der Eltern ja sagen musste. Dann wurde eben der zweite oder dritte Kandidat der Ehemann – selbst gewählt aber war der auch nicht. Hör endlich auf, dir was vorzumachen, schalt sie sich selbst.

Mariam musste innerlich lachen, zum ersten Mal in ihrem Leben hatte sie sich bei ernsthaften Selbstgesprächen ertappt. Siehst du, fuhr sie damit fort, jetzt wirst du auch noch verrückt, sie haben so lange auf deinen Kopf geschlagen, bis auch das letzte bisschen Hirn nicht mehr richtig funktioniert. Und du sitzt hier, heulst herum und sortierst Familienfotos! Und damit warf sie die Dose mit den Fotos in den Kleiderschrank, nahm sich die zwei Bilder vom Boden, die sie ausgesucht hatte, und stopfte sie zwischen ihre Klamotten in die Tasche. Auf dem einen war sie mit ihren Geschwistern zu sehen, 2006 bei der Fußballweltmeisterschaft, sie und Fatme lachend im Vordergrund, Masud ernst in die Kamera schauend und im Hintergrund Rafi, der die Deutschlandfahne schwenkte. Mariam konnte sich noch genau an den Tag erinnern, als sie gemeinsam mit ihren Geschwistern zum Public Viewing auf dem Potsdamer Platz war. Ihren Eltern erzählten sie, dass sie die Übertragung im Humboldthain gucken würden, und Kamil hatte tatsächlich den ganzen Park durchkämmt, eigentlich in der Absicht, sich zu seinen Kindern zu gesellen. Aber als er merkte, dass von denen weit und breit keine Spur war, fing er, wieder zu Hause, vor Hawwa an zu toben. Aber sie hatten sich am Abend geschickt rausreden können und Glück gehabt – Kamil war so sehr mit anderen Dingen beschäftigt, dass er keine Lust hatte, sich intensiver mit seinen ungehorsamen Kindern zu befassen. Außerdem waren ja die beiden Brüder bei den Mädchen gewesen; wären Mariam und Fatme allein unterwegs gewesen, hätten sie Prügel bezogen.

Am Potsdamer Platz war an dem Tag die Hölle los gewesen. Das Sonycenter war so überfüllt, dass die Geschwister sich nur noch mit Ellbogengewalt einen Platz direkt vor der Leinwand erkämpfen konnten, von dem aus sie mit starrem Hals die Spiele verfolgten. Doch all das war Mariam egal, es war alles zu aufregend, um sich an belanglosen Unannehmlichkeiten zu stören. Nur die kontrollierenden Blicke von Masud empfand sie als lästig, der eifrig darüber wachte, dass kein männliches Auge länger als drei Sekunden auf seinen Schwestern ruhte. Doch sobald Masud sich auf das Spiel konzentrierte, flirtete Mariam eifrig hinter seinem Rücken, erwiderte den Blick, wenn jemand ihr gefiel, und lächelte sogar zurück, aber immer nur so kurz, dass es bei einem Blickwechsel blieb. Alles andere hätte ihr nur Ärger eingebracht.

Wenn sie auf das Foto schaute, spürte sie für einen kurzen Moment das Glück, das sie damals empfunden hatte. Selbst als Deutschland, ihr Favorit, den Einzug ins Finale verpasste, war es für Mariam immer noch einer jener wunderbaren Tage, die sie ihr Leben lang nicht vergessen würde. Das Foto musste unbedingt mit. Das zweite Foto war ein Porträt der beiden Schwestern, aufgenommen auf einer Hochzeit: Die Haare beider Mädchen waren hochgesteckt, und mit ihren türkisglitzernden Oberteilen und einem perfekten Make-up strahlten sie so betörend in die Kamera, als würden sie den ganzen Tag nichts anderes machen, als gut auszusehen. Mariam fand sich auf dem Foto besonders schön, das wollte sie unbedingt noch vielen anderen Menschen zeigen. Ein Bild von ihren Eltern nahm sie nicht mit. Es würde nur schmerzen. Und wenn es um große Entscheidungen in ihrem Leben ging, pflegte Mariam abergläubisch zu sein – ein Foto ihrer Eltern in der Tasche hätte den Abschied von ihnen für immer besiegelt.

Dann warf sie noch ein paar Schminkutensilien in die Tasche, Zettel und Stift, Nähzeug und Duschgel und verstaute die halbvolle Tasche danach sorgfältig im Schrank, als wäre alles nur ein Probelauf gewesen. Und vielleicht gab es ja doch noch Hoffnung, vielleicht würde irgendjemand sie aus dieser Situation erlösen, vielleicht musste sie gar nicht fliehen. Immerhin hatte sie die letzten Abende mit intensivem Beten verbracht. Und Gott, wenn er denn gerade über sie wachte – ganz sicher war das nicht –, würde es doch bestimmt nicht zulassen, dass ein junges Mädchen wie sie zu einer Heirat gezwungen wurde. War Er es denn nicht, der alle Menschen liebte und den Menschen die Liebe gebracht hatte? Aber in ihrem Kopf schwirrten auch andere Sprüche umher, Sätze, die sie immer wieder von ihrer Mutter gehört hatte: »Es ist Gottes Wille, mein Kind, dass du deine Eltern glücklich machst. Es ist nun einmal unsere Tradition und unser Glaube, dass ein Mädchen ab einem bestimmten Alter verheiratet wird, so will es unser Prophet. Es ist eine heilige und gute Sache, hab keine Angst.« Wenn das stimmte, dann konnte das nur heißen, dass ihre Eltern einen anderen Gott hatten als sie, dass Mariams Gott ein anderer war. Nie würde er wollen, dass man sie so ungerecht behandelte.

Verlorene Hoffnung

Reden würde nichts helfen, sie musste handeln. Die Möglichkeit, all dem, was sie quälte, jederzeit ein Ende setzen zu können, gleich ob durch Flucht oder durch Freitod, über den sie auch schon länger nachgedacht hatte, beschwingte Mariam richtig – so dass ein Lächeln auf ihrem Gesicht lag, als Fatme ins Zimmer trat.

»Na endlich! Du scheinst ja wieder gute Laune zu haben, Schwesterherz. Und, schon was gegessen? Mama hat Sarma gemacht.«

Mariams Magen knurrte, als habe er Fatmes Frage verstanden und bäte darum, erlöst zu werden von dem Hunger, der ihn seit Tagen quälte.

»Lass uns hier zusammen etwas essen, Fatme. Kannst du es holen?«

»Na, klar. Ist sowieso besser, wenn du das Zimmer nicht verlässt, das könnte falsch verstanden werden, womöglich als Ausbruchversuch oder so.«

Fatme lachte, als sei die Situation, in der ihre Schwester steckte, nichts als ein Spiel. Doch noch bevor sie in die Küche gehen konnte, um die Speisen für sich und Mariam auf einem großen Tablett zu arrangieren, wie sie es oft taten, wenn sie allein sein wollten, betrat Hawwa das Zimmer und bat die Mädchen zu Tisch. Mariam durfte also wieder das Zimmer verlassen, zumindest fürs Essen, und das war schon ein Fortschritt. Vielleicht würde sie ja bald wieder mit ihrer Schwester ins

Center gehen, vielleicht wäre der ganze Spuk binnen kurzem wieder vorbei, und niemand würde mehr von Heirat sprechen. Vielleicht hatte ihr Cousin ja inzwischen erfahren, dass sie ihn nicht wollte, und vielleicht hatte Jamal sich so darüber geärgert, dass er selbst von der Brautwerbung zurückgetreten war, aus verletztem Stolz oder weil er auch keine Frau haben wollte, die ihn nicht liebte. Vielleicht.

Kamil hatte bereits gespeist, sein mit Brot sauber ausgewischter Teller stand noch auf dem Tisch, als Mariam und Fatme sich setzten. Hinten im Wohnzimmer lief eine arabische Gameshow im Fernsehen.

»Kannst du deine Chefin nicht mal fragen, ob wir die Feier bei euch im Mädchenladen machen können?«, platzte Hawwa mit einer Frage heraus, als sie ihrer ältesten Tochter den mit Weinblättern, Bulgur und Joghurt gefüllten Teller hinstellte.

»Wie jetzt? Welche Feier denn?«

»Mädchen, hat dir der Hunger die Wahrnehmung getrübt? Deine Feier natürlich! Es kommen bestimmt sechzig Leute zum Hennaabend. Und wenn die Frauen auch noch tanzen wollen, dann ist es bei uns wirklich zu eng. Wäre doch schön, wenn wir das bei euch machen könnten, dann bliebe auch unsere Wohnung sauber.«

Darum also ging es! Deswegen hatte sie ihr Zimmer verlassen dürfen! Das wurde Mariam, die sich eben noch matt, erschlagen und unendlich müde gefühlt hatte, so müde, dass sie sich am liebsten wieder schlafen gelegt hätte, schlagartig klar. Jetzt aber war sie plötzlich hellwach und konnte spüren, wie ihr Puls hochschnellte. Nichts war vom Tisch, gar nichts! Wie hatte sie nur so dumm sein können, sich Hoffnung zu machen! Die Vorbereitungen schienen bereits auf vollen Touren zu laufen. Während sie in ihrem dunklen Zimmer trauerte, hatte ihre Mutter sich in die Pläne für die anstehende Hochzeit gestürzt.

***

Der nächste Tag unterschied sich in nichts von den vorangegangenen Tagen. Hawwa kam am Morgen ins Zimmer und ging leise ans Fenster, um die Rollläden für eine halbe Stunde hochzuziehen und das Fenster zum Lüften zu öffnen. Die Herrin übers Tageslicht, dachte Mariam, die längst wach war, sich aber schlafend stellte. Eine Macht, die ihre Mutter offenbar auskostete, denn warum würde sie sonst so großen Wert darauf legen, dass Mariam nicht mehr aus dem Fenster schaute? Kamil hätte davon doch ohnehin nichts mitbekommen, vermutlich wäre es ihm auch egal, ob sie aus dem Fenster sah oder nicht – nein, an ihrem Vater lag das nicht. Es war Hawwa, die eine Gefahr darin sah, so wie sie in vielem eine Gefahr sah. Wenn sie ihre Töchter beim Lachen erwischte, sagte sie, dann kommt der Teufel; wagten sie gar zu pfeifen, dann war der Teufel schon in ihnen; baten sie um mehr Freiheiten, dann, so meinte sie, könnte es passieren, dass der Teufel sie in eine Falle lockte. Der Blick aus dem Fenster war ein Stück Freiheit, und Freiheit, so sagte Hawwa, sei gefährlich, besonders für Mädchen und Frauen.

Für ihre Mutter war man eine Frau, wenn man keine Jungfrau mehr war. Wie absurd, dachte Mariam, während sie im Bett lag und aus dem offenen Fenster in einen klaren blauen Himmel starrte. Eine Frau war man doch nur, wenn man erwachsen, also selbst verantwortlich für sein Leben war, Geld verdiente, eine eigene Wohnung unterhielt, sich ein Leben aus eigenem Antrieb und nach eigenen Vorstellungen aufbaute. Aber so eine Frau, das wusste sie, würde sie nie sein können, wenn sie sich der Entscheidung ihrer Eltern beugte. Sie würde immer nur die Frau von jemandem sein oder die Tochter oder die Schwester, aber niemals nur Mariam.

Mit diesem Gedanken quälte sie sich aus dem Bett. Sie wartete noch, bis Fatme mit dem Staubsauger einmal durchs Zimmer gefegt war, und ging dann duschen. Das heiße Wasser war der einzige Luxus, den sie sich täglich gönnte, danach fühlte sie sich für einen Moment von ihren Sorgen reingewaschen, es war eine Art Ritual, am liebsten wäre sie dreimal am Tag duschen gegangen.

»Wie kommt Mama denn auf die Idee, dass du im Mädchenladen deinen Hennaabend feiern könntest? Ist die denn völlig bekloppt?«, wollte Fatme wissen, als Mariam aus der Dusche kam. »Frau Nolte fragt schon seit Tagen, warum du nicht mehr zur Arbeit kommst, und hat auch schon einige Male hier angerufen«, erzählte Fatme, während sie eifrig Staub im Zimmer wischte. Wenn Fatme nichts Rechtes mit sich anzufangen wusste, putzte sie die Wohnung – eine Angewohnheit, die Mariam nervig fand.

»Was hat sie gesagt?«

»Keine Ahnung. Baba hat mit ihr geredet. Er hat gesagt, dass du nicht mehr kommen kannst, sondern zu Hause helfen musst, weil Mama krank ist. Dass die Nolte sich jemand Neues suchen soll, denn du würdest bestimmt nicht wiederkommen.«

»Das hat er gesagt? Wie kann er das einfach so entscheiden? Ich bekomme doch Ärger mit dem Amt. Die streichen mir das Geld, das weiß er doch!«

In Wahrheit machte Mariam der Ärger, den sie mit dem Arbeitsamt kriegen würde, weniger Kummer als die Vorstellung, dass sie einen Job, an dem sie hing, jetzt wieder verlieren würde. Denn immer noch hoffte sie, dass sie eines Tages wieder arbeiten gehen dürfte, schließlich waren ihre Eltern scharf auf das Geld, das sie nach Hause brachte.

»Mensch, Mariam, denen ist doch scheißegal, ob du deinen Job verlierst. Baba wollte sowieso nie, dass wir arbeiten. Ich bin jetzt auch schon immer voll vorsichtig, damit er ja nicht auf die Idee kommt, mir auch noch die Arbeit zu verbieten!«

»Ja und was hast du der Nolte gesagt, was ich mache und warum ich nicht mehr komme?«

»Na, was soll ich ihr schon gesagt haben? Bestimmt nicht, dass die dich hier eingesperrt haben und du bald heiraten wirst und deswegen nicht mehr kommst. Stell dir das doch mal vor, dann wäre wahrscheinlich längst die Polizei hier!«

»Wäre doch gar nicht so schlecht«, erwiderte Mariam trocken, »vielleicht würden sie Baba dann sogar wegen Freiheitsberaubung einsperren. Und wir hätten dann endlich Ruhe vor ihm.«

***

Wäre Nora Nolte nicht gewesen, hätte Mariam mit großer Wahrscheinlichkeit noch Tage in ihrem Zimmer verbracht, ohne eine konkrete Idee, wie es weitergehen könnte. Mariam hatte keine Ersparnisse, ohne Geld aber würde sie nicht weit kommen. Es gab auch niemanden, bei dem sie hätte untertauchen können. Klar, Lena hätte sie aufgenommen, aber ihre Geschwister, allen voran Fatme, wären darauf gleich gekommen. Und außerdem wollte Mariam niemandem Unannehmlichkeiten bereiten, denn sie wusste ja nicht einmal selbst, welche Konsequenzen eine gescheiterte Flucht haben könnte. Oft hatte sie sich ausgemalt, was im Hause Omar los wäre, wenn sie plötzlich weg, wenn sie spurlos verschwunden wäre. Manchmal stellte sie sich dann vor, dass ihre Eltern sich große Sorgen machten und sich verzweifelt an die Polizei wenden und keine Ruhe geben würden, bis sie ihre Tochter wieder in die Arme schließen konnten. An Tagen aber, an denen Mariam weniger optimistisch in die Zukunft blickte, hatte sie eher schlimme Horrorszenarien vor Augen, an deren Ende sie sich blutüberströmt am Boden liegen sah. Aber selbst diese

Vorstellung faszinierte sie. Gestorben für die Freiheit, würde es dann in der Presse heißen, so wie sie es immer wieder mal über Ehrenmorde in den Schlagzeilen einschlägiger Boulevardblätter gelesen hatte.

Aber als Nora Nolte eines Tages erneut anrief und nicht lockerließ, bis Hawwa ihre Tochter ans Telefon holte, hatte Mariam bereits den festen Entschluss gefasst, dass sie unter keinen Umständen eines unnatürlichen Todes sterben wollte, sie wollte leben, um jeden Preis. Daher fiel es ihr auch nicht schwer, die Anweisungen, die Nora ihr knapp am Telefon gab, sofort zu kapieren.

»Mariam, ich weiß alles. Hört gerade jemand, was ich sage?«

»Nein.«

»Gut, du musst jetzt immer nur mit Ja und Nein antworten, und wenn du magst, erzähl zwischendrin irgendetwas, damit niemand Verdacht schöpft, okay?«

»Ja, danke, mir geht es sehr gut. Und wie geht es euch so?«

»Möchtest du von zu Hause abhauen?«

»Ja – ich werde nicht mehr arbeiten kommen, hab keine Zeit mehr. Sonst geht es mir gut. Aber ja, gerne doch!«

»Okay. Kannst du morgen aus dem Haus?«

»Nein, das wird nicht gehen.«

»Du musst morgen Mittag zwischen eins und zwei versuchen, aus dem Haus zu kommen – bring den Müll runter, oder lass dir irgendetwas einfallen. Dann läufst du auf den Hof, zu den Mülltonnen, ich werde dort auf dich warten.«

»Ja, vielen Dank für den Anruf. Wenn ich wieder mehr Zeit habe, komme ich euch einmal besuchen. Danke.«

»Mariam? Versuch, deinen Pass mitzunehmen, wenn es irgendwie geht!«

»Ja, okay, alles klar. Tschüs.«

»Mach dir keine Sorgen. Wenn es morgen nicht klappen

sollte, melde ich mich wieder bei dir. Du musst keine Angst haben, du bist nicht allein. Sei vorsichtig! Tschüs.«

»Tschüs.«

Mariam legte den Hörer auf und grinste ihre Mutter an, die ihr aufmerksam zugehört hatte. Mariam erzählte ihr, dass ihre Chefin sich nach einer neuen Hilfskraft umsehen würde, sich aber noch einmal gemeldet haben wollte, um sicher zu sein, dass Mariam den Job aufgab.

»Du hättest sie doch gleich fragen können, ob du dort deinen Hennaabend machen kannst!«, meinte Hawwa vorwurfsvoll. Damit gab sie Mariam eine zündende Idee.

»Am besten, ich gehe sie morgen persönlich fragen. Das ist besser als am Telefon. Ich nehme ihr ein paar Fladenbrote von dir mit, die mag sie doch so gern, dann sagt sie bestimmt nicht nein, Mama.«

»Na gut«, meinte Hawwa, »du kannst morgen mit deiner Schwester gehen. Ich werde mit deinem Vater reden.«

* * *

Am nächsten Tag durfte Mariam nirgendwohin. Fatme wurde beauftragt, sich in Mariams Namen über die Anmietung der Räume für einen Hennaabend zu informieren. Hawwa vergaß auch nicht, ihr etwas von dem Fladenbrot mitzugeben, das »die Deutsche«, so nannte sie Frau Nolte knapp, so mochte.

Es schien für Mariam unmöglich, sich mit Nora Nolte zu treffen. Alle Versuche, das Haus zu verlassen, scheiterten an Hawwas und Kamils Misstrauen. Nicht einen Augenblick war sie allein in der Wohnung, Hawwa bewachte ihre Tochter wie ein Wärter, dessen ganze Existenz davon abhing, dass die Gefangene ihre für sie bestimmte Strafe empfing, den Ehemann, der in den nächsten Tagen eintreffen sollte.

Jetzt schien die Zeit knapp zu werden, mit jedem Tag, der verging, schwand Mariams Hoffnung auf einen guten Ausgang der Geschichte. Dabei hatte sie sich bereits ihren Pass aus dem Schubfach des Wohnzimmerschranks geholt und in ihrer präparierten Sporttasche verstaut. Sie würde nur ein paar Sekunden brauchen, um die Tasche aus dem Fenster in den Hof abzuseilen, und auch zehn Euro siebzig hatte sie zusammenkratzen können, das würde für einige U-Bahn-Tickets oder einen Döner reichen. Aber sosehr sie auch lauerte, nie ergab sich eine Möglichkeit, auf die Schnelle die Wohnungstür zu öffnen und hinter sich zu schließen, ohne dass es jemand bemerken würde. Selbst ihre Gänge ins Badezimmer blieben nicht unbeobachtet. Immer wenn sie ihr Zimmer verließ, ließ ein Blick ihrer Mutter sie wissen: Ich sehe alles, was du tust, also gib acht.

Hawwa hatte nicht wirklich die Befürchtung, dass Mariam vor ihren Augen aus dem Haus rennen und fliehen würde, es ging ihr vielmehr darum, ihre Tochter einzuschüchtern, sie immer wieder an ihre Sünden zu erinnern. Sie war überzeugt, dass es das Recht einer Mutter war, über das Leben der Tochter zu bestimmen, so wie man über einen Hund bestimmt: Sitz! Aus! Platz! In Hawwas Augen war das die höchste Form der Liebe, die sie ihrer Tochter entgegenbringen konnte. Das Interesse einer Mutter an einer standesgemäßen Ehe ihrer Tochter und, damit verbunden, an der Einhaltung der Sitten und Bräuche ihrer Religion und Kultur war für sie die größte Pflicht einer Mutter ihrer Familie und der ganzen Verwandtschaft gegenüber. Sie war so durchdrungen von diesem Glauben, dass sie gar nicht ahnte, wie sehr sie mit jedem Tag, an dem sie Mariam diesen Kontrollwahn spüren ließ, dazu beitrug, dass der Entschluss ihrer Tochter zur Flucht aus dem elterlichen Käfig sich nur festigte.

»Sei froh, dass dein Vater dich nur einmal geschlagen hat – mein Vater hätte mich umgebracht für das, was du getan hast. Euch jungen Leuten geht es heutzutage ja viel besser. Du müsstest deinem Vater eigentlich die Füße küssen, dass er dich nicht totgeschlagen hat. Er kümmert sich jetzt sogar noch um deine Hochzeit, Mariam. Sei froh, dass du einen solchen Vater hast.«

Das waren die Sätze, die sie ihrer Tochter wieder und wieder predigte, wenn sie Mariams stummen Vorwurf spürte. Dann wurde Hawwa innerlich zornig über dieses undankbare Kind, das nicht zu schätzen wusste, wie gut seine Eltern es mit ihm meinten.

* * *

Fatme durfte wieder im Mädchenladen arbeiten. Frau Nolte nahm ihr die paar Fehltage, die sie unentschuldigt zu Hause geblieben war, nicht übel. Viel wichtiger schien ihr, weiterhin Kontakt zu Mariam halten zu können, von deren bevorstehender Hochzeit sie aus Fatmes knappen Erzählungen erfahren hatte. Auch Lena war bei ihr gewesen und hatte völlig aufgelöst davon erzählt. Wie es zu der plötzlichen Heiratsidee gekommen war, wusste sie nicht. Und Fatme hielt sich zurück, wenn Nora Nolte genauer nachzubohren versuchte, was die wirklichen Gründe für Mariams Fernbleiben waren. Es war vor allem diese auffällige Zurückhaltung, die Nora Nolte aufhorchen ließ. Die war so untypisch für Fatme. Von Anfang an vermutete Nora, dass an der Sache etwas faul war. Aber sie wollte geduldig sein und herausfinden, was es war. Ein Telefonat mit Mariam hatte genügt, um ihr klarzumachen, dass sie richtig lag mit ihren Befürchtungen, dass Mariam gar nicht heiraten wollte, sondern vermutlich von ihren Eltern dazu gezwungen werden sollte. Sie konnte nur hoffen, dass Mariam eine Möglichkeit fand, um doch noch rechtzeitig zu fliehen. Die Polizei wollte Nora Nolte noch nicht einschalten, sie wollte sie erst dann zu Hilfe holen, wenn alles andere nicht gelingen sollte. Erst einmal vertraute sie Mariams Kraft und Willen, sich allein aus der Situation zu befreien, in der sie sich befand. In den vielen Jahren, in denen Nora Nolte immer wieder mit Problemfällen wie diesem konfrontiert gewesen war, hatte sie so viel Erfahrung im Umgang mit der Freiheitsberaubung muslimischer Mädchen durch ihre eigenen Familien gesammelt, dass sie genau wusste, wann es an der Zeit war, die Hilfe der Polizei zu beanspruchen. Doch solange es noch eine kleine Möglichkeit gab, dass Mariam es allein schaffte, wollte sie abwarten. Und so kam ihr Fatmes Anfrage zur Anmietung der Räume für Mariams Hennafeier gerade recht. Es war der Abend, an dem sie Mariam endlich wiedersehen sollte.

***

Mariam bereute es, ihr letztes SMS-Guthaben ausgerechnet für Ercan geopfert zu haben. Seit ihrem letzten kurzen Gespräch hatte sie nichts mehr von ihm gehört. Mariam hatte auch kaum etwas anderes erwartet; sie wusste, dass sie in ihn viel mehr hineinprojiziert hatte, als tatsächlich in ihm steckte. Ja, schön war er, und irgendwie hatte sie sich an seiner Seite geborgen gefühlt, aber vermutlich hätte sie sich in einer Situation wie damals an der Seite fast jeden jungen Mannes geborgen gefühlt, der einfach nur nett und ein bisschen aufmerksam zu ihr war. Ercan war auch nichts anderes als einer dieser PMs, die Abkürzung für Pimmel-Männer, wie Fatme Typen nannte, denen sie unterstellte, dass die ihr ohnehin schon unbedarftes Gehirn in den Lenden trugen. Für Mariam war er jedenfalls gestorben, und erstaunt stellte sie fest, dass es nicht einmal schmerzte. Was wollte sie mit einem halbstarken Wichtigtuer mit dickem Portemonnaie und leeren Versprechungen? Liebe musste anders sein, dachte Mariam, sie musste einen wie ein brennender Pfeil mitten ins Herz treffen, natürlich beide Herzen zur gleichen Zeit, so wie bei Romeo und Julia eben. Eine solche reine und bedingungslose Liebe, wie in den zahllosen Hollywoodfilmen, die sie kannte, hatte sie allerdings in ihrem ganzen Leben noch bei niemandem erlebt. Aber irgendwo da draußen in Berlin, in Deutschland, ja vielleicht sogar irgendwo in der großen weiten Welt würde es einen solchen Romeo geben, der nur darauf wartete, sie kennenzulernen. Da war sie sich ganz sicher. Diese Vorstellung half ihr, die Flucht akribisch und umsichtig vorzubereiten.

Sie führte oft in diesen Tagen Zwiegespräche mit Gott, und diese bestärkten sie in ihrem Vorhaben. Der Glaube daran, dass es eine höhere Macht gab, die ihr das Recht auf ein freies Leben, das Recht auf Liebe zubilligte, dämpfte ihr schlechtes Gewissen gegenüber ihren Eltern. Und so machte es ihr auch nichts aus, dass ihre Mutter neuerdings auf Wolken zu schweben schien, weil sie doch tatsächlich glaubte, Mariam würde sich auf ihre Hochzeit freuen – wie anders wäre es sonst zu deuten, dass ihre Tochter wieder einen gesunden Appetit zeigte und sich ständig ihre Lieblingsspeisen wünschte? Vielleicht freute sie sich nun doch, dass Jamal gestern eingetroffen war. Gesehen hatte Mariam ihn noch nicht, das schickte sich nicht. Aber Kamil hatte mit dem jungen Mann gesprochen, der bei Hamed wohnte. »Es wird alles gut. *Insallah*«, hatte Kamil zu Hawwa gesagt, als er nach Hause zurückkehrte.

Am nächsten Tag war Hawwa mit Fatme losgelaufen und hatte das grüne Hennakleid gekauft, das sie vor einigen Tagen schon bei Princess Moda gesehen hatte. Sie hatte es zum Sonderpreis von 79 Euro ergattert, ein Schnäppchen, denn das

Kleid sah fast aus wie für eine Oscarverleihung gemacht. Hier und da hatte man es mit der Platzierung der Nähte nicht so genau genommen, und allzu heftig durfte man sich in dem Kleid nicht bewegen, dann rissen ständig die Perlen und Pailletten ab, die in Form von dunkelgrünen Blättern den Saum des bodenlangen Kleides aus Satin schmückten. Aber Mariam schien es zu gefallen.

»Wow, Mariam! Wenn Jamal dich so sieht, wird er gar nicht mehr bis zur Hochzeitsnacht warten können, sondern dich gleich vergewaltigen wollen!«

Mariam war schockiert über die drastische Ausdrucksweise ihrer Schwester, ignorierte aber Fatmes Sprüche. Sie empfand Mitleid mit ihrer kleinen Schwester. Bald schon würden der Hennaabend und alles, was ihm folgen sollte, für sie selbst nur noch ein dunkler Fleck in ihrer Vergangenheit sein. Aber was war mit Fatme? Fatme würde einen solchen Schritt, wie Mariam ihn jetzt machte, nie wagen, im Gegenteil: Sie würde schon beim ersten Heiratsanwärter einknicken. Und wenn Mariam erst einmal weg war, würde der Druck auf Fatme noch zunehmen. Wahrscheinlich würde Kamil sie erst einmal verprügeln, entweder dafür, dass sie von den Fluchtvorbereitungen ihrer Schwester nichts gemerkt hatte, oder er würde ihr den Vorwurf der Mittäterschaft machen. In jedem Fall würde er sie schlagen, weil er die Wut auf Mariam irgendwie rauslassen musste.

Mariam quälte Schuldbewusstsein. Sie hatte Fatme nicht eingeweiht, weil sie nicht an den Mut und die Kraft ihrer kleinen Schwester glaubte, mit ihr zu fliehen oder sie wenigstens in ihrem Vorhaben zu unterstützen. Mit ihrer Flucht würde sie Fatme dem Zorn des Vaters ausliefern. Sie opferte ihre Schwester. Er wird sie schon nicht umbringen, versuchte sie sich selbst zu beruhigen, aber ganz sicher war sie sich nicht.

Sie ging ins Badezimmer, um sich zur Feier des Tages Make-up aufzulegen.

»Lass mich dich doch schminken«, bettelte Fatme.

»Nein, das möchte ich allein machen. Du kannst mich dann ja für die Hochzeit schminken.«

Fatme wunderte sich über Mariams Verhalten und war sauer, dass ihre Schwester sie nicht an den Vorbereitungen teilhaben ließ. Immerhin war eine Hochzeit jenes große Event im Leben eines Mädchens, an dem normalerweise alle weiblichen Familienmitglieder bis vor die Zimmertür der Hochzeitsnacht an dem Schicksal der Braut teilnahmen. Heiraten hieß, sich schön machen zu lassen von Freundinnen, Schwestern und Cousinen, hieß, alle Intimitäten mit den anderen zu teilen – was Mariam schon immer verstört hatte. Sie konnte sich an Situationen in ihrer Kindheit erinnern, wo sich die Frauen in den Küchen lebhaft über Größe und Beschaffenheit der Genitalien ihrer Männer austauschten oder sich Horrorgeschichten von gewaltsamen Liebesnächten erzählten, in denen ihre Ehemänner sich wie wilde Tiere auf sie gestürzt hatten. Wenn die Frauen bei solchen Berichten auch noch hysterisch lachten, fast so, als würden sie sich damit rühmen wollen, als gute Ehefrauen ihren Männern für jegliche Gelüste zur Verfügung gestanden zu haben, hielt sich Mariam manchmal die Ohren zu – so unangenehm war ihr das, was sie hörte. Die Frauen lachten sie dann aus und küssten sie ab und versuchten, sie zu trösten: »Ist doch nur Spaß, was wir hier so reden!«, beteuerten sie dann. Aber Mariam begriff, dass es alles andere als Spaß war, es war die Normalität eines Lebens, das sie nicht leben wollte.

Die Flucht

Es war nicht leicht, das T-Shirt unter dem Kleid so anzuziehen, dass man von außen nichts sah. Mariam hatte sich die extra engen Stretch-Jeans einen Tag vorher noch auf die Heizung gelegt, damit sie rechtzeitig trocken wurden. Hawwa hatte ihr das Kleid eine Nummer zu groß gekauft, sie fand es unschicklich, wenn man die Konturen des Hinterns einer jungen Frau durch den Stoff sehen konnte. Sonst hätte sich Mariam tierisch darüber aufgeregt, aber in diesem Fall war sie sogar dankbar dafür, denn so konnte sie tatsächlich die Jeans unter dem Kleid tragen, ohne dass man die Nähte der Hose sah, wenn sie sich bückte.

Sie fühlte sich wie eine Presswurst, als sie das Badezimmer verließ. Ihre bequemen Turnschuhe hatte sie bereits am frühen Morgen zusammen mit ihrer seit Tagen gepackten Tasche aus dem Fenster abgeseilt und darauf geachtet, dass die Sachen hinter der Hecke landeten, die sich neben dem Balkon der Hochparterrewohnung einer alten Dame befand. Sie musste sich auf ihr Glück verlassen und hoffen, dass niemand die Sachen vorher fand und mitnahm, und malte sich aus, was sie tun würde, wenn ein Hund daraufpinkelte. Sie würde die Sachen trotzdem mitnehmen, ohne Frage. Aber würde sie auch schon bald eine Gelegenheit finden, alles wieder zu waschen? So ein Scheiß, Mariam, warum denkst du nur an so einen Scheiß, führte sie ihre stummen Selbstgespräche. Du hast doch nur Angst, deshalb beschäftigst du dich mit solchem Mist; hör endlich auf damit, konzentrier dich!

Trotz aller Aufregung, die sie ergriffen hatte, ärgerte sich Mariam darüber, dass sie alle anderen Kleidungsstücke, Schuhe und Schminke zurücklassen musste. Nicht, dass sie sehr an materiellen Dingen hing, aber das wenige, was sie ihren persönlichen Besitz nennen konnte, hätte sie gern bei sich gehabt, denn sie wusste nicht, wann sie sich je wieder etwas zum Anziehen würde kaufen können. Wie weit würde sie überhaupt ohne Geld kommen? Diese Ungewissheit zerrte an ihren Nerven und ließ sie immer wieder mutlos werden, obwohl sie jetzt doch so dringend alle Kraft benötigte, um ihr Vorhaben bis zum Ende durchzuziehen. Ihren Pass hatte sie in ihre Jeans am Rücken geklemmt, die Plastikränder schnitten ihr bei jeder Bewegung in die Haut. Doch dieser Schmerz war nichts im Vergleich zu dem Trauerkloß, der in ihrem Hals saß und ihr bei dem Gedanken, ihre Familie vielleicht nie wieder zu sehen, den Atem nahm.

Sie hatte in der letzten Nacht erstaunlich gut geschlafen, so als würde der nächste Tag ein ganz gewöhnlicher wie jeder andere in ihrem Leben werden. Doch als sie nun noch einmal in das Mädchenzimmer trat, um einen Blick in den Spiegel zu werfen, wurde ihr dieses letzte Mal so bewusst, dass sie den Tränen nahe war. Sie kämpfte mit aller Macht dagegen an, dabei wäre es an diesem Tage sogar ganz normal gewesen, wenn sie geweint hätte, niemand hätte Verdacht geschöpft, schließlich heulten die meisten Mädchen aus ihrem Verwandtenkreis kurz vor der Hochzeit. Das gehörte sich sogar, denn immerhin war es ein Abschied von dem alten, bisherigen Leben. Das Haus der Eltern zu verlassen hatte in ihrem Kulturkreis etwas so Endgültiges, dass Mariam es manchmal mit dem Tod verglich. Es gab kein Zurück, nur ein Verharren im Zustand des Verheiratetseins; schließlich hatte jedes Mädchen nur eine Jungfräulichkeit zu vergeben, und dieser Einsatz musste dann, egal was passierte, über ein ganzes Leben tragen.

Das letzte Mal dieses Zimmer sehen, die gestapelten Matratzen, die vollgestopften Kisten und Kartons auf dem schiefen Schrank mit dem Riss im Spiegel, alles zum letzten Mal – dieser Gedanke beschäftigte sie plötzlich so sehr, dass sie sich wunderte, nicht schon vorher den Verlust selbst so einfacher Dinge empfunden zu haben, denen sie früher kaum Beachtung geschenkt hatte. Und mit einem Mal stellte sie sich vor, sie ginge nicht in die Freiheit, sondern in den Tod, denn der Tod schien ihr der beste Vergleich für einen Abschied, der vielleicht für immer war. Nie wieder würde sie dieses Zimmer betreten, in dem sie ihr ganzes Leben verbracht hatte. Gehen bedeutet auch ein bisschen zu sterben, Freiheit bedeutet auch Verlust – bist du wirklich bereit, diesen Preis zu zahlen, Mariam? Das fragte sie sich, als sie ihr Bild im Spiegel sah. Doch noch bevor sie sich diese Frage beantworten konnte, riss Fatme sie aus ihren Gedanken. »Los, komm schon, du siehst gut aus. Sind sowieso nur Weiber da, ist doch scheißegal, wie man da aussieht. Die werden platzen vor Neid, wenn sie sehen, wie schön du bist!«

***

Drei Tage zuvor hatte Hawwa alle ihr nahestehenden weiblichen Verwandten aufgefordert, zu backen und zu kochen. Die Tische in dem Partyraum bogen sich unter den vielen türkischen und arabischen Köstlichkeiten, und in der Küche roch es nach Hennapaste, die von Hawwa persönlich mit schwarzem Tee angerührt wurde. Sie hatte die Paste extra bei einer Nachbarin aus Syrien bestellt, weil die angeblich besser war als das mit Chemie versetzte grüne Pulver, das man auf dem Markt bekam.

Die arabische Folkloremusik dröhnte so laut aus der Anlage, dass die Boxen zu bersten drohten, und Nora Nolte lief ständig aufgeregt hin und her und versuchte, den Frauen immer wieder aufs Neue klarzumachen, dass der Lautstärkepegel eine gewisse Grenze nicht überschreiten sollte – vergeblich, denn kaum hatte es eine der vielen Frauen, die im Raum herumwuselten, begriffen und die Musik auf eine erträgliche Lautstärke eingestellt, fummelte schon wieder die nächste Frau an den Knöpfen, um die Anlage voll aufzudrehen.

Auch in der Küche herrschte das absolute Chaos. Krabbel- und Kleinkinder wirbelten heulend durcheinander und rissen alles aus den Regalen, was in greifbarer Nähe war. Den Müttern schien das egal zu sein, sie waren ausgelassen am Schwatzen, Kichern und Tanzen, fast so, als hätten sie seit Jahren zum ersten Mal wieder Freigang und müssten das auskosten. Sie waren so sehr mit sich selbst beschäftigt, dass sie es vermutlich nicht einmal bemerkt hätten, wenn Mariam gar nicht mehr aufgetaucht wäre, oder sie hätten die Abwesenheit der künftigen Braut erst bemerkt, wenn Hawwa mit dem Blech voller Hennapaste aus der Küche getanzt wäre und nach ihrer Tochter Ausschau gehalten hätte.

Nora war erstaunt und zugleich entsetzt über das Benehmen der Partygäste. Gerade von Menschen aus dem orientalischen Kulturkreis hatte sie sich etwas mehr Sensibilität im Umgang mit ihrer großzügigen Gastfreundschaft versprochen. Als dann auch noch die Toilette überfloss, weil irgendjemand ganze Rollen Klopapier reingestopft hatte und alle zu Nora rannten, damit sie sich um den Schaden kümmerte, war sie kurz davor, die Party für beendet zu erklären und alle rauszuschmeißen. Sie musste sich zusammenreißen, um nicht loszubrüllen, denn heute ging es um mehr als ein paar zerbrochene Gläser und eine verstopfte Toilette. Sie hatte am Morgen noch mit Mariam telefoniert und war als Einzige auf alles vorbereitet. In einem Briefkuvert hatte sie vorsorglich eine Adresse und etwas Geld bereitgelegt, denn wenn Mariam heute wirklich flüchten sollte, könnte sie sie nicht begleiten, das wäre aufgefallen. Mariam musste allein gehen, und Nora hoffte beim Anblick der vielen überforderten jungen Mütter, die sie an diesem Tag sah, inständig, dass Mariam den Schritt wagen und tatsächlich gehen würde. Ihre Zweifel aber konnte sie kaum unter Kontrolle halten. Sie hatte es schon oft erlebt, dass Frauen aus schwierigen Familienverhältnissen flüchten wollten und es am Ende doch nicht schafften oder einige Wochen später reumütig zurückkehrten und sich den Schikanen der Angehörigen aussetzten. Die meisten der Mädchen, mit denen sie in den letzten zehn Jahren zu tun gehabt hatte, zogen es vor, sich den Lebensvorstellungen der Eltern zu fügen, anstatt gegen Unterdrückung und Zwang aufzubegehren.

***

Die Sonne blendete, als Mariam gemeinsam mit Fatme das Haus verließ. Die Perlen und Pailletten auf ihrem Kleid schillerten im Glanz der Strahlen in lauter Gold- und Grüntönen, und Mariam nahm das dünne Tuch ab, das Fatme ihr vorsorglich um die Schultern gelegt hatte, damit das Kleid auf der Straße nicht so auffiel. Ein letzter Gang durch meine Straße, dachte Mariam, als sie gemeinsam mit ihrer Schwester die Prinzenallee entlangschritt und sie ihr Spiegelbild in den Schaufenstern der Geschäfte sah.

»Komm, Fatme, lass uns einen kleinen Umweg machen, lass uns mal am Center vorbeigehen.«

Fatme fand es zwar sehr befremdlich, dass Mariam auf dem Weg in den Mädchenladen, wo die Gäste warteten, mit ihr auch noch Umwege machen wollte, war aber gleichzeitig wahnsinnig gespannt darauf, wie die Menschen auf der Straße beim Anblick ihrer Schwester im Ballkleid reagieren würden. Die Leute vor dem Gemüsehandel und an der Currybude starrten Mariam an, als sei sie ein Fabelwesen, das sich von einem fremden Stern in den Wedding verirrt hatte. Mariam ging mit festem Schritt, betont langsam und so aufrecht wie noch nie. Sie war stolz auf ihre Erscheinung und auf die Willenskraft, die sie in der Zeit ihrer Gefangenschaft gewonnen hatte – alle Welt sollte sehen: Sie war die ArabQueen.

»Wenn dein Verlobter sehen würde, wie du hier so mit dem Hintern wackelst, würde er dich bestimmt gleich wieder einsperren, Mariam!« Mariam beachtete Fatmes Warnung gar nicht, für sie gab es keine Verlobung, keine Hochzeit mehr, und einsperren lassen würde sie sich auch nie wieder im Leben, das hatte sie sich fest vorgenommen.

Als sie die Millionenbrücke erreichten, stockte Mariams Schritt plötzlich, und sie drehte schnurstracks um.

»Was ist denn los? Geht's dir nicht gut?« Fatme war ganz erschrocken.

»Da .... da ist er ...«, stotterte Mariam und zeigte mit dem Finger auf einen dunkelhaarigen Typen, der etwas weiter die Straße hinunter an ein Auto gelehnt stand und telefonierte.

»Wer denn?«, wollte Fatme wissen. Da aber hatte Mariam sich schon wieder gefangen, gab sich einen Ruck und meinte nur trocken, während sie weiter unbeirrt in Richtung des jungen Mannes lief: »Das ist Ercan, der Typ, wegen dem Baba mich fast totgeschlagen hat. Mann, erkennst du ihn nicht mehr? Der Cousin von Eda!«

»Ja und? Hast du was mit dem, oder was?«

Noch bevor Mariam ihrer Schwester antworten konnte, hatten sie Ercan schon erreicht. Als er die beiden erblickte, fiel ihm das Handy aus der Hand, mit offenem Mund starrte er zu Mariam hinüber, die auf der anderen Seite der Straße ungerührt weiterging, ohne den Mann, der ihr den ganzen Ärger eingebrockt hatte, auch nur eines Blickes zu würdigen.

»Mariam! Maaaariam«, hörte sie ihn rufen. Sie reagierte nicht. Als Fatme stehen blieb, zog ihre Schwester sie zornig am Arm weiter.

»Was bleibst du stehen, wenn fremde Männer dir nachrufen«, fuhr sie Fatme an, »das ist doch nur einer von vielen PMs. Scheiß auf den Typen, komm jetzt, sonst sieht uns noch jemand!«

Bevor Mariam und Fatme den Mädchenladen erreicht hatten, holte Ercan sie in seinem Auto ein und fuhr im Schritttempo neben ihnen her. Er wollte einfach nicht begreifen, dass Mariam für ihn nicht zu sprechen war. Er glaubte immer noch, ihrer Zuneigung und Bewunderung sicher sein zu können. Dass eine Frau ihn einfach stehenließ, konnte er nicht auf sich sitzenlassen, er wollte eine Erklärung. Schließlich hatte er mit Mariam bereits ein Date gehabt, sie hatten telefoniert, Koseworte ausgetauscht, und so glaubte er, Ansprüche auf Mariam anmelden zu können.

Fatme geriet in Panik, als sie Ercan bemerkte, und fing an zu laufen. Mariam aber blieb ganz ruhig, drehte sich um und starrte den Mann, in den verliebt zu sein sie vor einiger Zeit geglaubt hatte, stumm und mit durchdringendem Blick an. Sie verzog keine Miene dabei.

»Was ist los, Süße, bist du sauer auf mich? Komm, ich fahr euch, ihr geht doch bestimmt auf eine Hochzeit, oder? Siehst richtig sexy aus. Pass bloß auf dich auf, nicht dass dich jemand mir wegschnappt!« Ein verkrampftes Lächeln huschte über sein Gesicht. Als Mariam immer noch nicht antwortete und auch sonst keine Anstalten machte, auf seine Sprüche zu reagieren, sondern ihn weiterhin einfach nur anstarrte, wurde er unruhig, legte den nächsten Gang ein und gab, halblaut türkische Flüche ausstoßend, Gas.

»Was hast du ihm gesagt, wie bist du ihn losgeworden?«

»Weißt du, Fatme, bei manchen Typen muss man gar nichts sagen, da wäre jedes Wort verschenkt. Man muss denen auch mal zeigen, dass man ihnen gar nichts zu sagen hat.«

* * *

Hawwa wartete schon ungeduldig vor der Tür, als Fatme und Mariam um die Ecke bogen. Sie strahlte bei Mariams Anblick. »Möge Gott deine Schönheit vor den bösen Blicken der Neider beschützen«, flüsterte sie ihrer Tochter zu und küsste sie auf die Stirn. Als Mariam den Raum betrat, fingen die Frauen an zu kreischen und zu klatschen und standen Spalier zum Empfang der künftigen Braut. Mariam fühlte sich wie auf einer Theaterbühne, sie die Hauptfigur, um sie herum die ganzen Statisten und eine große bunte Show. Nur das Publikum fehlte. Wie sinnlos, dachte sie in diesem Moment, da feiert man eine Riesenparty hinter herabgelassenen Rollos, nur damit einen keiner sieht ...

Nora Nolte empfing sie mit einer herzlichen Umarmung, raunte ihr dabei etwas ins Ohr und drückte ihr den Umschlag in die Hand, den Hawwa und die anderen Frauen für ein Henna-Geldgeschenk hielten. Zum Dank erntete Frau Nolte, die einzige Deutsche außer Lena, die sich auf der Party befand, ein wohlwollendes Lächeln.

Viel Zeit blieb Mariam jetzt nicht mehr, draußen auf der Straße hinter dem Hof, das hatte Frau Nolte ihr zugeflüstert, wartete bereits ein Taxi mit laufendem Motor. Jeden Moment würden die Frauen sie auf den in der Mitte des Raumes platzierten Stuhl setzen, der über und über mit bunten Tüchern geschmückt war, um dann mit dem Hennatablett, auf dem viele Kerzen entzündet würden, um sie herumzutanzen. Traurige Abschiedslieder wurden sie dabei für die Braut singen und sie von diesem Moment an nicht mehr von der Tanzfläche lassen. Jetzt schon würde man sie kaum noch unbeobachtet und allein auf die Toilette gehen lassen, immer würde sich jemand an ihre Seite drängen, um ihr wohlgemeinte Ratschläge für die Ehe mit auf den Weg zu geben oder um einfach nur den neuesten Familientratsch mit ihr auszutauschen.

Mariam blickte sich um. Die erste Aufregung über ihre Ankunft schien verflogen, die meisten Frauen wandten sich gerade dem üppigen Büfett zu; nur Hayat winkte ihr von der anderen Seite des Raumes aus zu, und Lena drängte sich, Bestürzung auf dem Gesicht, gerade durch das Gewühl, um zu ihr zu kommen. Oje, dachte Mariam, ich kann nicht mit ihr sprechen, auf keinen Fall. Es tat ihr leid, dass sie Lena nichts erklären konnte, aber sie musste die günstige Gelegenheit nutzen und handeln: Sie rief Fatme noch zu, sie müsse kurz aufs Klo, griff sich den Schlüssel vom Brett und eilte zur Toilette.

Und dann ging alles rasend schnell, als hätte Mariam die nächsten Minuten tausendmal geübt. Geschmeidig wie eine Katze kletterte sie aus dem Fenster, raffte den Saum des Kleides hoch und stürzte über den Hof auf die Straße. Immer wieder hatte sie sich diese Szene ausgemalt, hatte im Geiste jeden einzelnen Schritt durchgespielt, vom Verlassen der Wohnung bis zur Flucht aus dem Klofenster. Und jetzt ging alles so schnell, dass sie es selbst kaum begriff; es war, als würden ihre Beine sich von allein in Marsch setzen, als wüssten sie, dass vielleicht ihr Leben davon abhinge. Gegen alle Ängste und Widerstände, die in ihr waren, trugen sie Mariam weg von diesem Ort, weit weg, irgendwohin, wo niemand sie finden konnte. Als sie die Tür vom Taxi aufriss und sich keuchend auf den Rücksitz fallen ließ, schreckte der Fahrer, ein älterer Berliner, aus seinem Nickerchen auf. Da hatte Mariam sich schon schwer atmend in den Sitz zurückgelehnt und ihm den Zettel mit der Adresse nach vorne gereicht, den Nora ihr ins Kuvert gesteckt hatte.

»Hier steht ooch noch ne Uhrzeit druff, dit schaffen wir aba nich mehr, nur det Se det wissen, det is jetzt zu spät. Soll ick trotzdem fahr'n?«

»Ja, bitte einfach losfahren«, waren Mariams letzte Worte, bevor sich ihre Angst und Aufregung, ihre Trauer und Wut mit einem Stoßseufzer in einem Meer von Tränen entluden.

Nach einer halben Stunde durch den zähen Berliner Berufsverkehr erreichten sie eine verkehrsreiche Kreuzung, die Mariam noch nie zuvor gesehen hatte. Sie kannte nicht viel von der Stadt, die sie ihre Heimat nannte. Die meisten Bezirke waren ihr fremd, nur dort, wo zufällig ein Verwandter der Omars wohnte, war sie schon und hier und da mal zu Besuch gewesen.

»So, jetzt sin wir hier jenau an die Ecke, die hier uff'n Zettel steht. Soll ick Se hier rauslassen, junge Frau?«

»Ja, bitte«, schluchzte Mariam kaum hörbar.

»Det macht dann 22 Euro, und nüscht vajessn«, fügte der Taxifahrer mit einem mitleiderfüllten Blick auf seine in Tränen aufgelöste Kundin hinzu, »det jeht allet mal vorbei, ejal wie schlimm det jetz is, irjendwann scheint ooch wieder die Sonne. So is det Leben, meen Kind, det darf man nur nich vajessn.«

Mariam nickte nur stumm, gab ihm das Geld, warf ihm noch einen dankbaren Blick zu und stieg aus dem Auto. Das Mitgefühl dieses fremden Mannes tat ihr gut.

***

Während sie sich noch umblickte, um sich an diesem fremden Ort zu orientieren, tippte jemand von hinten an ihre Schulter.

»Mariam? Bist du Mariam Omar?«

»Ja.«

»Gut, dann lass uns gleich losfahren. Ich heiße Hülya und arbeite für Papatya.« Die Frau mit der sanften Stimme und den kurzen Haaren lächelte Mariam an. In ihren klugen Augen konnte Mariam lesen, dass Hülya sie auch ohne viele Worte verstand, sie fühlte sich gleich ungewohnt sicher an der Seite dieser fremden Frau, der sie, ohne weitere Fragen zu stellen, folgte.

Die Krisenunterkunft für Mädchen war von außen ein schmuckloser Bau. Innen drin aber war es gemütlich. Die sparsam möblierten Räume waren in warme Farben getaucht. Überall liefen junge Frauen umher. Die Küche schien das Herzstück zu sein, Mariam konnte ein Stimmengewirr aus der halboffenen Tür vernehmen, eine Kaffeemaschine blubberte vor sich hin. Auf dem Weg zur Einrichtung hatte Hülya sie nach und nach in ein Gespräch verwickelt, ihr einige Fragen zur Familie gestellt, sich nach ihrem Befinden erkundigt und ansonsten viel über die Einrichtung, die Regeln und den Tagesablauf erzählt.

»Du kannst mit uns über alles reden, auch über deine Ängste«, hatte Hülya gesagt und ihr dabei vertrauensvoll den Arm um die Schulter gelegt. Mariam schämte sich plötzlich. Noch nie hatte sie von einer Fremden so viel Hilfe angeboten bekommen. Man gab ihr sogar das schöne Einzelzimmer, mit der lilafarbenen Schlafcouch und dem Balkon, auf dem ein Korbstuhl stand. Ein großes buntes Sitzkissen lag in der Ecke ihres Zimmers, darüber war eine Leselampe an der Wand befestigt, und daneben stand ein weißes Regal, das vollgestopft war mit Büchern. An der einen Wand war ein kleiner Sekretär, auf dem eine schlichte Glasvase mit einer gelben Tulpe stand. Alles war an seinem Platz, es war nicht viel, was sich in dem Raum befand, aber genau das gefiel Mariam. Durch das blankgeputzte Fenster schien die Sonne auf den frisch gebohnerten honigfarbenen Holzfußboden. Mariam fühlte sich hier auf Anhieb wohl.

»Hier kannst du deine Sachen auspacken und dich ein wenig einrichten. Nimm am besten gleich einen Zettel und einen Stift und schreib auf, was du brauchst, Wäsche, Kosmetikartikel und so weiter. Die Mädchen kochen gerade, später können wir alle zusammen essen, und du kannst die anderen kennenlernen. Aber vorher trinken wir beide noch zusammen einen Tee, und du fragst mich alles, was du wissen willst. Und wenn du heute noch nicht mit allen am Tisch sitzen willst, dann kannst du auch gern im Zimmer bleiben – wie immer du willst.«

Hülya zwinkerte ihr noch einmal freundschaftlich zu, bevor sie die Tür hinter sich zuzog und Mariam allein ließ.

* * *

Nun hatte sie es also geschafft. Jetzt war sie weg von zu Hause. Abgehauen. Der ungewohnte Geruch des Zimmers, die nette Frau, die sie hierherbegleitet hatte, das Treiben der vielen fremden Frauen in der Küche – Mariam wusste, dass sie jetzt in einer anderen Welt angekommen war, in einer Welt, die noch nicht ihre war, die ihr noch ganz unvertraut war. Aber das war nicht das Schlimmste. Viel schlimmer war, dass sie sich schlagartig, nun, da alle Aufregung überstanden war, mutterseelenallein fühlte. Eigentlich hatte sie sich diesen Moment immer ganz anders ausgemalt. Sie hatte sich vorgestellt, wie aufregend es sein musste, eine eigene Wohnung zu haben, allein zu entscheiden, wann man das Haus verließ und wo man hinging. Nie hatte sie an die Einsamkeit gedacht. Sie zog sich das grüne Satinkleid aus, in dem sie sich jetzt ganz albern vorkam, setzte ich aufs Sofa und seufzte tief. Sie hatte Heimweh, so groß und schwer lag ihr die Sehnsucht auf der Brust, dass sie wieder zu weinen anfing.

Was hast du dir nur gedacht, Mariam, was hast du dir dabei nur gedacht? Jetzt ist alles zu spät, sie werden schon gemerkt haben, dass du weg bist, wahrscheinlich wird jetzt die Hölle los sein. Rafi und Masud werden losgezogen sein, um dich zu suchen. Bestimmt sind sie zu Lenas Wohnung gegangen. Gut, dass Lena nichts weiß. Fatme hat garantiert Schläge bekommen. Mama bestimmt auch. Vielleicht ist Baba ja auch zur Polizei gegangen. Oh Gott, Mariam, was hast du nur getan?

Die Stärke, auf die sie glaubte, sich verlassen zu können, und die sie wie eine Zauberkraft aus dem Klofenster ins Taxi und vom Taxi bis hierher getragen hatte, war wie weggeblasen, zurück blieb ein Häufchen Elend und Jammer. In diesem Moment hätte sie am liebsten alles ungeschehen gemacht – sie sah sich schon mit hennabeschmierten Händen, umzingelt von jauchzenden Frauen, auf einem mit bunten Tüchern umwickelten Klappstuhl sitzen. Was war denn daran eigentlich so schlimm?

Doch es war zu spät. Ungeschehen konnte sie nichts mehr machen. Ich habe die Ehre der Familie zerstört, murmelte sie vor sich hin. Egal, was ich jetzt mache, die Ehre ist zerstört und kann nie wiederhergestellt werden. Ein Zurück gibt es nicht mehr.

Im Zwiegespräch mit sich selbst gingen ihr wirre Gedanken von Schuld und Sühne durch den Kopf. Sie musste an all die Ermahnungen denken, die ihre Eltern ihr so oft hatten zukommen lassen, wenn sie von anderen hörten, von ungehorsamen Töchtern, von denen man sich in der Familie und unter Bekannten erzählte. »Ein Mädchen, das sein Haus verlässt, ist kein Mädchen mehr«, hatte ihre Mutter immer wieder gesagt; ein Mädchen, das über längere Zeit nicht im Kreise seiner Familie ist, gilt als unehrenhaft, vermutlich entjungfert und verunglimpft damit die ganze Familie. »Möge Allah uns vor solch einer Schande bewahren!«, hatte Hawwa dann immer im Anschluss gebetet. Schluchzend, das Hennakleid fest an sich gedrückt, betete Mariam zu Gott, er möge ihr helfen, dass alles noch gut ausgehen würde, und dabei schlief sie erschöpft ein. Ihr Schlaf war tief, und erst am frühen Abend wagte Hülya, sie sanft zu wecken.

* * *

Wäre Mariam in diesen quälenden Stunden auf sich allein gestellt gewesen, vielleicht wäre sie dann doch reumütig nach Hause zurückgekehrt; und wenn sie dann die Folgen ihrer Flucht zu spüren bekommen hätte, spätestens dann hätte sie es bereut, wieder umgekehrt zu sein.

Hülya rief bei Mariams Eltern an. Rafi war am Apparat. Nachdem Hülya mit ihm einige Worte gewechselt hatte, reichte sie Mariam den Hörer, so wie sie es besprochen hatten. Mariam wollte mit Hawwa reden, doch am anderen Ende der Leitung brüllte Kamil in den Hörer, so laut, dass auch Hülya jedes Wort verstehen konnte: »Ich werde dich umbringen! Ich werde dich finden, und dann schlitze ich dich auf, du Hure!! Ich bring dich um!!!« Mehrfach wiederholte er diese zwei Sätze, Mariam kam gar nicht zu Wort. Verkrampft hielt sie den Hörer in der Hand, bis Hülya ihn ihr aus der Hand nahm und auflegte.

»So, jetzt sind wir unserer Pflicht nachgekommen, deine Familie weiß, dass du in Sicherheit bist und deine Eltern sich keine Sorgen machen müssen. Ein weiteres Mal musst du dir das nicht antun, Mariam. Wie geht es dir? Ist alles in Ordnung? Möchtest du reden?«

Mariam schwieg, biss sich auf die Lippen und hätte sich am liebsten selbst geohrfeigt. Noch vor wenigen Minuten wäre sie vielleicht nach Hause gegangen, nun aber schien ihr Verstand wieder einzusetzen. Sie war erleichtert, dass der Mann, der ihr nach dem Leben trachtete, nicht wusste, wo sie war.

»Ich würde jetzt gern etwas essen und dann schlafen. Reden würde ich gern erst morgen.«

Es dauerte keine Woche, bis Mariam sich gut in den Alltag der Kriseneinrichtung eingelebt hatte. Jedes der sechs Mädchen, die zurzeit dort untergebracht waren, hatte eine Horrorgeschichte zu erzählen, von Gewalt und Zwangsehe, von Missbrauch und Folter. Im Vergleich zu ihrem Leben schien Mariam das, was andere erlebt hatten, fast noch harmlos zu sein. Sie war Gott dankbar dafür, es hätte also alles noch viel schlimmer sein können, dachte sie.

Und trotzdem, lange sollte sie nicht in ihrem schönen Einzelzimmer bleiben können; die Gefahr, dass irgendjemand sie hier aufspüren würde, war einfach zu groß. Um weiterhin sicher leben zu können, um den Schulabschluss nachzuholen und eine Ausbildung zu machen, musste sie Berlin verlassen. Auch um ihrer Seele willen musste sie weg. Sonst würde sie bei jedem Gang aus dem Haus fürchten müssen, an irgendeiner Ecke Kamil, Rafi, Masud oder Hamed zu begegnen. Sie musste weg, je schneller und weiter, umso besser. Die Betreuerinnen von Papatya brauchten keine großen Überredungskünste, um Mariam von einem Umzug in eine andere Stadt zu überzeugen. Der Tag des Abschieds rückte näher und mit ihm ihr Verlangen, noch ein letztes Mal Lena zu sehen.

Abschied

Mit Kopftuch, Sonnenbrille und hochgeschlagenem Jackenkragen wartete Mariam am vereinbarten Treffpunkt am Messegelände. Hier würde so leicht niemand aus ihrer Familie vorbeikommen. Die Sehenswürdigkeiten der Stadt hatten ihre Eltern noch nie interessiert, und wenn sie damals nicht den Ausflug mit ihrer Schule auf den Funkturm gemacht hätte, wüsste auch Mariam nicht, wie schön ihre Stadt aus der Vogelperspektive war.

Als die Freundinnen einander erblickten, fielen sie sich in die Arme und hielten sich stumm minutenlang fest. Lena musste heftig mit den Tränen kämpfen, und Mariam guckte beschämt zu Boden, als Lena ihr eine Tüte in die Hand drückte. »Hier, für dich. Hat meine Mutter eingepackt und von mir ist auch noch was drin. Aber erst aufmachen, wenn du im Zug sitzt. Du fährst doch mit dem Zug, oder?«

»Ja, aber ich darf dir nicht sagen wohin, weil …« Bevor Mariam weiterreden konnte, unterbrach Lena sie: »Ich weiß, ich will es auch gar nicht wissen. Mir reicht, wenn ich weiß, dass es dir gutgeht und du dich ab und zu bei mir meldest. Ich bin froh, dass es nicht bei unserer letzten Begegnung in deinem Zimmer geblieben ist. Da warst du so abweisend, so verstört, so kalt, dass ich völlig geschockt war. Lass uns den Tag, den wir heute noch haben, genießen. Irgendwann einmal, das weiß ich, werden wir uns wiedersehen. Ich komm dich bestimmt mal besuchen, Mariam.«

Sie fuhren gemeinsam den Funkturm hinauf, und Lena erzählte Mariam, was nach der Flucht alles passiert war. Fatme hatte nach ihrer Schwester gesucht und das offene Klofenster mit den Perlen und Pailletten entdeckt, die sich von Mariams Kleid gelöst hatten und auf dem Fensterbrett zurückgeblieben waren. Danach, sagte Lena, müsse alles ganz schnell gegangen sein: Fatme alarmierte Hawwa, die sei erst einmal in Ohnmacht gefallen, so dass ein Teil der Frauen damit beschäftigt war, Hawwa mit nassen Tüchern und Ohrfeigen wieder auf die Beine zu bringen, während alle anderen zu den Handys gegriffen und ihre Ehemänner sowie Mariams Vater und Brüder informiert hätten. Binnen weniger Minuten standen die Männer im Laden. Es wurde eine aufgeregte und laute Krisensitzung abgehalten, bei der auch Lena und Nora Nolte zur Rechenschaft gezogen wurden.

»Ich dachte echt, dein Vater stürzt sich im nächsten Moment auf mich.«

»Und dann? Was ist dann passiert?«

»Na ja, dann war der ganze Spuk auch genau so schnell wieder vorbei, wie er begonnen hatte. Frau Nolte hat, als dein Vater auch auf sie losgehen wollte, mit der Polizei gedroht, und da waren alle im Nu aus dem Laden verschwunden. Das ganze Essen, das Hennatablett und die Kerzen, alles haben sie einfach zurückgelassen.«

»Und Fatme, was war mit Fatme?«

»Die hat die ganze Zeit wie ein kleines Kind geheult. Dein Vater hat sie am Arm gepackt und aus dem Laden gezerrt. Ich weiß nicht, wie es ihr geht. Ich habe sie seitdem nicht mehr gesehen, ihr Handy ist auch tot. Rafi war total fertig, ich glaube, der hatte Tränen in den Augen. Nur Masud war wie ein tollwütiger Hund, der hat mich ständig beleidigt und war der Meinung, ich wüsste von allem. Mensch, Mariam, das hast du echt gut gemacht, ich bin stolz auf dich. Das war doch kein Leben, ich hätte nicht gedacht, dass die so ausflippen können.«

Mariam hörte Lena aufmerksam zu und blickte dabei durch das zerkratzte Glas in die Ferne. Der Himmel war klar, sie konnte die silberne Kugel des Fernsehturms sehen, und ein paar Kilometer weiter, dort hinten, wo ein grüner Fleck zu sehen war, dort musste der Wedding mit dem Humboldthain sein. Dort saßen Kamil und Hawwa jetzt vielleicht zu Hause vor dem Fernseher, Fatme war wahrscheinlich in ihrem Zimmer eingesperrt, Rafi hatte vermutlich wieder das Weite gesucht, und Masud machte sich wohl Gedanken, wie er Kamil und Hawwa seine Geschichte mit Eda jetzt noch erzählen konnte. Vielleicht aber hatte sich der erste Sturm auch gelegt, und alle lebten wieder genauso wie zuvor, nur dass sie, Mariam, jetzt fehlte. Aber fehlte sie denn wirklich? Wem sollte sie schon fehlen, dachte Mariam. Ja, Rafi und Fatme würden sie vermissen, sie selbst vermisste die beiden schließlich auch. Aber ihre Eltern, denen fehlte doch nur ihre abhandengekommene Ehre, wie sonst sollte sie sich den Hass erklären, der ihr am Telefon entgegengeschlagen war. Sie wollte sich jetzt nichts mehr schönreden, sie wollte niemanden mehr »verstehen«, dazu war die Situation zu ernst. Ihren Eltern war es ja gar nicht wichtig gewesen, dass sie in Sicherheit war, wahrscheinlich hätten sie viel lieber gehört, dass sie tot wäre – eine tote Tochter wäre für sie erträglicher als eine unehrenhafte Tochter, die ihr eigenes Leben lebt. Mariam bereute es nicht, den Schritt in die Freiheit gewagt zu haben.

* * *

Lena und Mariam verbrachten noch den ganzen Tag gemeinsam, schlenderten am Lietzensee entlang und erzählten sich kleine Anekdoten aus ihrer gemeinsamen Vergangenheit, Mariam parodierte dann Fatme oder Hayat und brachte Lena immer wieder zum Lachen. Es tat ihr gut, wenn sie andere zum Lachen brachte, sie spürte dann, dass sie immer noch genug Freude am Leben hatte, genug, um auch anderen davon zu schenken, trotz der vielen schlechten Dinge, die sie in erlebt hatte.

»Ich werde dich vermissen, Mariam.« Lena blieb stehen und sah auf den See hinaus, der in der Abenddämmerung glitzerte. Es entging ihr nicht, dass Mariam sich unauffällig mit dem Ärmel eine Träne aus dem Augenwinkel wischte.

»Du wirst mir auch fehlen, Lena. Aber unser Abschied muss ja nicht für immer sein. Wer weiß, vielleicht können wir sogar irgendwann einmal zusammen verreisen, weit wegfahren. Zelten zum Beispiel. Das wolltest du doch immer schon mit mir machen. Wart nur ab, bald geh ich wieder zur Schule. Ich will endlich einen guten Abschluss machen. Nebenbei kann ich mir vielleicht ein bisschen Geld verdienen, und dann steht uns die Welt offen.«

Mariam wunderte sich selbst über die Zuversicht, die aus ihren Worten sprach. Wieder spürte sie diese Stärke in sich, diesen Willen zu leben, der sie selbst in den schwersten Zeiten auf den Beinen gehalten hatte. Sie war stolz auf sich und hatte sich wieder so weit unter Kontrolle, dass sie nicht weinen würde, schließlich sollte es kein Abschied für immer sein.

»Komm, ist schon spät, ich bring dich noch zur Bahn, und dann fahr ich heim, muss noch meine Tasche packen. Morgen geht's los.«

Auf dem Bahnsteig nahm Mariam Lena in den Arm, drückte sie noch einmal ganz fest, lächelte sie an und verabschiedete sich: »Ich melde mich, sobald ich angekommen bin. Und bitte, grüß deine Eltern von mir und sag ihnen Dank für alles. Keine Sorge, wir werden uns wiedersehen. Versprochen!«

Dann schloss sich zischend die Tür der U-Bahn. Mariam sah, wie Lena hektisch in ihrer Umhängetasche fummelte, dann plötzlich blitzschnell ihr Handy zückte und durch die Scheibe der Tür ein Foto von der winkenden Mariam machte. Nachdem der Zug aus ihrem Sichtfeld verschwunden war, blieb Mariam noch eine Weile auf dem leeren Bahnsteig stehen, atmete die frische Abendluft ein und genoss den Moment der Einsamkeit, denn sie wusste, es gab Menschen, denen sie etwas bedeutete. Und das machte sie glücklich.

***

Als Mariam am nächsten Morgen im Zug nach Hannover saß, hatte sie ein flaues Gefühl im Magen. Obwohl sie sich seit Tagen schon gedanklich auf eine fremde Stadt, auf fremde Menschen eingestellt hatte, wurde sie jetzt, wo es soweit war, doch von Angst heimgesucht. Schon wieder würde sie Neues erwarten, vielleicht würde sie sich unwohl fühlen und bereuen, gegangen zu sein, vielleicht würden die Frauen dort nicht so nett sein wie die in Berlin. Aber Hülya hatte ihr zugesagt, dass sie – wenn nötig – jederzeit zurückkommen könnte. Allein diese Gewissheit sollte sie eigentlich beruhigen, doch Mariam konnte nicht verhindern, dass sie eine große Unruhe bei dem Gedanken an das Ungewisse packte, das auf sie wartete.

Zum ersten Mal in ihrem Leben saß sie in einem Zug, der aus der Stadt hinausfuhr. Am Morgen hatte sie ihre neuen Stretchjeans angezogen, dazu die rosafarbenen Chucks, die sie sich von ihrem Taschengeld zusammengespart hatte, und ein enganliegendes schlichtes weißes Shirt, das einen lebhaften Kontrast zu ihren üppigen schwarzen Haaren darstellte, die sie offen trug. Auf die Lippen hatte sie einen kräftigen Rotton aufgetragen. Die letzten Tage hatte sie Stunden auf dem Balkon in der Sonne verbracht und so einen feinen Bronzeton im Gesicht und an den Armen bekommen. Mit der False-Lash-Effect-Mascara wirkten ihre Wimpern doppelt so lang und dicht, ihr kunstvoll gezogener Lidstrich ließ ihre Augen wie riesige Katzenaugen erscheinen, und die Männer in den Abteilen, durch die sie laufen musste, um ihren Sitzplatz zu finden, guckten ihr auffällig nach. Sie genoss diese Blicke, auch wenn sie sich gleichzeitig ein bisschen genierte, dass alle sie so anstarrten. Die Mahnungen, die sie sich seit ihrer Kindheit hatte anhören müssen, dass es sich nicht gehörte, die Männer so zu reizen, dass sie sich eigentlich dafür schämen müsste, ihre Schönheit so zur Schau zu stellen, ließen sich nicht so leicht abschütteln. Aber sie hatte sich fest vorgenommen, gegen diese Scham anzukämpfen, ihr Beautyprogramm am Morgen, kurz vor ihrer Abreise, sollte ein erster Schritt auf diesem Weg sein. Jetzt musste sie nur noch lernen, den Blicken standzuhalten, nicht ständig verschämt wegzugucken, und, was ihr ganz besonders wichtig schien, sie musste endlich lernen, immer, unter allen Umständen, einen aufrechten Gang an den Tag zu legen. Meistens krümmte sich ihr Körper und nahm eine leicht gebeugte Stellung ein, wenn sie sich unsicher fühlte.

Sie setzte sich auf ihren Fensterplatz in Fahrtrichtung und packte die Tüte aus, die Lena ihr gegeben hatte. Aus einem pinkmetallicfarbenen Paket zog sie ein goldenes Fotoalbum heraus, auf das jemand liebevoll mit glitzernden Buchstaben den Schriftzug »ArabQueen« geklebt hatte. Es enthielt viele Fotos, die Lena in den Jahren ihrer Freundschaft zusammengetragen hatte. Jetzt erst wurde Mariam bewusst, dass Lena ständig ihr Handy zückte, um Fotos zu schießen. Auch gestern wieder. Früher war ihr das gar nicht besonders aufgefallen, schließlich machte das jeder, der eine Handykamera besaß. Wenn der Speicher voll war, wurden die Fotos meist wieder gelöscht. Doch Lena hatte offensichtlich alle Fotos auf dem Computer gespeichert und dann ausgedruckt. An die meisten Szenen konnte sich Mariam gar nicht mehr erinnern, umso spannender war es, sie sich jetzt wieder mit Hilfe der Bilder ins Gedächtnis zu rufen. Auf die linke Hälfte jeder Doppelseite hatte Lena ein Foto geklebt, auf die rechte hatte sie etwas geschrieben; manchmal waren es nur kurze Sprüche, manchmal längere Widmungen, die unmittelbar mit dem Bild in Verbindung standen. So hatte sie zum Beispiel ein Foto von ihrem heimlichen Diskobesuch aufgeklebt. Auf der einen Seite sah man, wie sich Hayat und Mariam mit ihren Cocktailgläsern zuprosteten und einen Kussmund in die Kamera hielten, auf der nächsten Seite war ein Foto, das einige Stunden später in Hayats Küche entstanden sein musste. Mariam starrte darauf trübsinnig auf die Plastiktischdecke, rechts daneben hatte Lena geschrieben: »Beim nächsten Mal wird alles besser!« Mariam dachte lächelnd an den gestrigen Abschied von Lena. Dass ihre Freundin sie an der U-Bahn wieder fotografiert hatte, war wie ein Versprechen: Bestimmt würde Lena jetzt ein neues Album anlegen.

Bevor Mariam weiterblätterte, zog sie einen Umschlag aus der Tüte. Er war von Mechthild. Sie hatte 100 Euro in das Kuvert gesteckt und einen Brief. Mariam war schockiert über das viele Geld, damit hatte sie nicht gerechnet. Der Brief war kurz, Mechthild wünschte ihr viel Glück, lobte sie für diesen mutigen Schritt und versicherte ihr, dass Mariam sich jederzeit an sie wenden könnte, wenn sie Hilfe benötigte. Das Geld, so schrieb sie, sollte Mariam als Startkapital in eine bessere Zukunft betrachten. Mariam war gerührt. Eigentlich war sie ja immer ein bisschen auf Distanz zu Lenas Mutter geblieben und hatte eher ätzende Kommentare über sie gemacht, doch insgeheim hätte sie auch gern so eine Mutter gehabt. Aber es fiel ihr schwer, sich das einzugestehen, es kam ihr wie ein Verrat an ihrer eigenen Familie vor.

Auf der letzten Seite des Albums stieß sie auf ein Foto, auf dem ihre Mutter, ihr Vater, Rafi, Masud, Fatme und sie beim Essen zu sehen waren. Es war ein einzigartiges Dokument, denn Mariam konnte sich nicht erinnern, wann sie alle zuletzt gemeinsam am Tisch gesessen hatten. Der Anblick ihrer Familie traf sie wie ein Stich ins Herz. Sie musste den Blick von dem Bild abwenden und tief durchatmen. Lena hatte einen längeren Text dazu auf die rechte Seite geschrieben, doch als Mariam ihn lesen wollte, verschwammen die Buchstaben, unweigerlich waren ihre Augen mit Tränen gefüllt. Sie klappte das Album zu, schloss die Augen, lehnte sich zurück und konzentrierte sich auf das gleichmäßige Ruckeln der Bahn. Die sanften Schwingungen beruhigten sie, und sie fiel in einen leichten Schlaf.

Sie träumte von ihrer Familie, wie sie alle bei einem Picknick im Grünen waren, sah, wie Kamil lachend eine riesige Wassermelone in Scheiben schnitt, wie ihre Mutter ihr ein Stück Fladenbrot reichte und wie sie selbst als kleines Mädchen mit geflochtenen Zöpfen zu ihren Geschwistern rannte, die an einem Klettergerüst herumturnten. Es war eine Szene aus ihrer Kindheit, ein Bild, das sich in ihrem Unterbewusstsein festgesetzt hatte, um irgendwann einmal vor ihrem inneren Auge wieder aufzutauchen. Es war einer dieser schönen Momente aus Kindertagen, der schon lange in Vergessenheit geraten war, jetzt aber, da sie diesen großen Verlust empfand, in ihrem Traum zu neuem Leben erwachte.

Als der Zug in Hannover einfuhr, wurde Mariam wach und griff nach ihrer Tasche; ein letzter prüfender Blick in den Spiegel, dann stieg sie aus und trat auf den Bahnsteig. Mit erhobenem Haupt und festem Schritt lief sie zum Ausgang und war sich sicher, dass dort hinten, wo die Taxis standen und wo sie gleich abgeholt werden sollte, ein neues Leben auf sie wartete, selbstbestimmt und frei.

Dank

Ich danke meinem Lebenspartner Nihat Turan, der immer an mich glaubt und mich in allen meinen Vorhaben unterstützt; ich danke ihm für seine Liebe, seine Fürsorge und auch für seine schonungslose Kritik.

Ich danke meiner Lektorin Ingke Brodersen für ihre guten Ideen, für ihre Inspirationen und für ihre unablässige Ermutigung.

Ich danke meinen Geschwistern Guli, Verdi und Sille dafür, dass sie immer zu mir stehen und für mich da sind. Ich danke meiner Mutter für ihre Stärke, sie ist mir ein Vorbild. Der Rückhalt meiner Familie hat mir Freiheit gegeben.

Ich danke Gabriele Heinemann für ihr Engagement für Menschenrechte und für ihre Freundschaft, die mich schon fast mein ganzes Leben lang begleitet.

Ich danke Bürgermeister Heinz Buschkowsky für seinen Mut und seinen unermüdlichen Kampf für eine gelungene Integration – ein Politiker wie er macht Hoffnung.

Wichtige Adressen in Notsituationen

Die hier aufgeführten Einrichtungen helfen Mädchen und jungen Frauen in Notsituationen. Einige beraten, manche gewähren auch Zuflucht vor der Familie, wenn eine Zwangsheirat oder Gewalt droht.

Hier kann nur eine Auswahl solcher Einrichtungen aufgeführt werden, über die inzwischen alle Bundesländer und viele Städte verfügen. Umfangreiche Informationen, ein ausführliches Adressverzeichnis und Beratung erhält man bei Terre des Femmes. Auch Lehrer finden dort viele Fallbeispiele und informatives Material, mit dessen Hilfe das Thema im Unterricht aufgegriffen werden kann; auch die Adressen von Frauen, die bereit sind, dieses Thema in Schulen oder Jugendeinrichtungen mitzugestalten, finden sich in der Info-Broschüre.

Terre des Femmes
Menschenrechte für die Frau e. V.
Konrad-Adenauer-Str. 40
72072 Tübingen
0 70 71-79 73 0
info@frauenrechte.de

Der Verein Solwodi hat ein ganzes Netz von Beratungsstellen überall in der Bundesrepublik und einige Schutzwohnungen für Mädchen und Frauen, die in Not sind oder auch aufenthaltsrechtliche Probleme oder Integrationsschwierigkeiten haben.

SOLWODI Deutschland e.V.
Propsteistraße 2
D-56154 Boppard-Hirzenach
0 67 41-22 32
info@solwodi.de

IMMA e.V. ist eine Münchner Initiative, in der Mädchen, die unter familiärer Gewalt oder sexuellem Missbrauch leiden, Schutz finden können. Der Verein bietet auch Beratungen an, Betreuungen und themenbezogene Workshops mit Schülerinnen.

IMMA e.V.
Jahnstr. 38
80469 München
0 89-23 88 91 10
E-Mail: info@imma.de

Der Verein Papatya, der in dem Buch »ArabQueen« eine Rolle spielt, hilft bei drohender Gewalt mit einer geheimen Zufluchtsadresse.

Papatya
c/o Jugendnotdienst
Mindener Str. 14
10589 Berlin
0 30-61 00 63
info@papatya.org

In Berlin gibt es darüber hinaus, insbesondere für Mädchen zwischen 12 und 18 Jahren, den

Mädchennotdienst
Obentrautstr. 53
10963 Berlin
0 30-21 00 39 90
maedchennotdienst@wildwasser-berlin.de

In mehreren Städten gibt es Mädchenhäuser, in denen sich Mädchen zwischen 12 und 17 Jahren melden können, wenn sie von Gewalt oder Zwangsheirat bedroht sind.

Mädchenhaus Bremen
Rembertistr. 32
28203 Bremen
info@maedchenhaus-bremen.de
Der Mädchennotruf 04 21-34 11 20 ist rund um die Uhr besetzt.

Mädchenhaus Hamburg
Kriseneinrichtung 0 40-42 84 92 65
Beratungsstelle 0 40-42 84 92 35

Mädchenhaus Hannover
Färberstr. 8
30453 Hannover
05 11-44 08 57
info@maedchenhaus-hannover.de

Mädchenhaus Kassel
Annastr. 9
34119 Kassel
05 61-7 17 85
maedchenhauskassel@web.de

Mädchenhaus Mainz FemMa e. V.
Raimundistr. 2
55118 Mainz
0 61 31-61 30 68
maedchenzuflucht@maedchenhaus-mainz.de

Autonomes Mädchenhaus Kiel
Holtenauer Str. 127
24118 Kiel
04 31-64 20 69
kontakt@maedchenhaus-kiel.de

In Nordrhein-Westfalen hilft die

Beratungsstelle gegen sexualisierte Gewalt Bonn
Wilhelmstr. 27
53111 Bonn
02 28-63 55 24
info@beratung-bonn.de

Ein Krisentelefon rund um die Uhr gibt es auch in Sachsen sowie in Sachsen-Anhalt und Thüringen:

Anonyme Mädchenzuflucht Dresden
Postfach 300108
01131 Dresden
03 51-2 51 99 88
zuflucht@vsp-dresden.de

Frauenberatungsstelle
Friedrichstr. 154
38855 Wernigerode
0 39 43-65 45 12
sozialamt@stadt-wenigerode.de

Mädchenprojekt Erfurt e.V.
Kronenburggasse 13
99084 Erfurt
03 61-78 92 98 92